BULGARIEN

W0178972

REISE-TASCHENBUCH

Vordere Umschlagklappe: Übersichtskarte Bulgarien

Hintere Umschlagklappe: Stadtplan Sophia

Helmuth Weiß

BULGARIEN

DuMont

Titelbild: Veliko Tarnovo: Mädchen beim Zeichnen der Häuser in Hügellage über der Jantra
Umschlaginnenklappe vorne: Café über dem Sonnenstrand von Nessebar
Umschlaginnenklappe hinten: Ikonenstand in Sofia
Umschlagrückseite: Das Rila-Kloster im Rilatal – Wahrzeichen des orthodoxen Glaubens in Bulgarien (oben); beim Rosenfest von Karlovo im Rosental werden farbenprächtige Kostüme getragen (Mitte); Blick auf den Küstenort Nessebar (unten)
Vignette S. 1: Blumenverkäuferin im Luftkurort Sandanski
Abbildung S. 2/3: Schafherde an der Küste nördlich von Sosopol

Über den Autor: Helmuth Weiß, geb. 1953, lebt und arbeitet als freier Autor und Lektor in Bremen.

Danksagung: Das Kapitel Gesellschaft und Kultur wurde zusammen mit Dr. Elka Tschernokosheva verfaßt. Ihr und Mitko Boitschev dankt der Autor für wertvolle Hilfe bei den Recherchen zu diesem Reiseführer.

© DuMont Buchverlag, Köln
2., aktualisierte Auflage 1998
Alle Rechte vorbehalten
Umschlaggestaltung: Groschwitz, Hamburg
Satz und Druck: Rasch, Bramsche
Buchbinderische Verarbeitung: Bramscher Buchbinder Betriebe

Printed in Germany   ISBN 3-7701-2782-X

INHALT

LAND & LEUTE

Bulgarien im Überblick

Gesellschaft und Kultur

UNTERWEGS
IN BULGARIEN

Streifzüge durch Sofia und Umgebung

Die schönsten Routen durch das Land

Urlaub am Schwarzen Meer

TIPS & ADRESSEN

LAND & LEUTE

Bulgarien im Überblick

Ein Geographie und Klima

Vegetation und Tierwelt

Wirtschaft und Politik

Daten zur Geschichte

Johannes-Aliturgetos-Kirche in Nessebar

Land im Wandel

Was fällt Ihnen spontan ein, wenn Sie an Bulgarien denken? Vielleicht das Balkangebirge oder Baden im Schwarzen Meer? Oder etwa bulgarischer Schafskäse und Joghurt, die Sie aus Ihrem Supermarkt kennen? Geben Sie es ruhig zu, viel wird es nicht sein, was Sie über dieses Land wissen. Das ist auch nicht weiter verwunderlich, prägt Bulgarien doch selten die Schlagzeilen unserer Medien.

Ohne Zweifel: Die bulgarische Schwarzmeerküste steht im Zentrum des Besucherinteresses. Lange Sandstrände, Plantschen im Wasser, Faulenzen am Strand – und das alles zu äußerst günstigen Preisen wie sonst in kaum einem anderen Urlaubsland – diese ›Sonnenseite‹ Bulgariens lockt jährlich Hunderttausende in touristische Zentren wie Sonnenstrand, Goldstrand oder Albena. Ohne dieses Urlaubsvergnügen trüben zu wollen, man sollte es nicht versäumen, mehr von diesem Land kennenzulernen.

Balkan heißt so viel wie »Gebirge« und Berge sind es auch, die den Charakter der bulgarischen Landschaft am nachhaltigsten prägen. Rila- und Piringebirge mit ihren nur auf Wanderpfaden erreichbaren eiskalten Gebirgsseen erinnern an die Alpen. Die meist sanfteren, bewaldeten Hügel des Balkan und besonders der Rhodopen wirken eher melancholisch. Vielfältige kulturelle Hinterlassenschaften weisen auf eine jahrtausendealte Geschichte hin, in der Einflüsse östlicher und westlicher Traditionen zusammenflossen: einmalige Gold- und Silberfunde auf hohem künstlerischen Niveau aus der thrakischen Epoche, steinerne Zeugnisse aus griechischer und römischer Zeit, byzantinische Kirchenbauten aus den nachfolgenden Jahrhunderten, bauliche Reste des Ersten und Zweiten Bulgarischen Reiches, weit über 100 Klöster, Moscheen aus osmanischer Zeit, Bürgerhäuser aus der Zeit der ›Wiedergeburt‹ im 19. Jh. und vieles andere mehr.

Eine Reise durch das Land führt aber auch zu einer Begegnung mit dem neuen Bulgarien. Sehr schnell wird dem Besucher klar, daß sich das Land mitten in einem schmerzhaften Umorientierungsprozeß befindet. Die Verabschiedung vom ›Staatssozialismus‹ führt nicht umstandslos zu einer neuen, klar definierten Perspektive im gesellschaftlichen Wandel. Noch ist man in Bulgarien auf der Suche nach einer veränderten, eigenständigen Identität. Vor allem die wirtschaftlichen Probleme sind dabei unübersehbar.

Auf touristischem Sektor hat dieser Wandel zunächst zu einer Zer-
schlagung der staatlichen Institutionen geführt, die den Tourismus jahr-
zehntelang ›fest im Griff‹ hatten. Öffentliche Informationsstellen wird
der Besucher daher vergeblich suchen. Zwar bestimmen Privatanbie-
ter von Jahr zu Jahr stärker das Bild, doch vor Ort sind Reiseinforma-
tionen und Serviceangebote vielfach noch Mangelware.

Das ›Ausprobieren‹ und ›Ausgestalten‹ von Marktwirtschaft erweist
sich als ein zäher Prozeß. So sollte man nicht überrascht sein, wenn
manches Hotel im Landesinneren nicht unseren Vorstellungen entspricht, die Speisekarte im Restaurant bescheiden ausfällt oder das
Verhältnis von Preis und Leistung bisweilen erstaunt. So manches
Unternehmen, in einer Phase der Euphorie gegründet, erweist sich
schnell als unrentabel und verschwindet wieder.

Üben Sie also Nachsicht, wenn die eine oder andere Information
dieses Buches trotz sorgfältiger Recherche von der Wirklichkeit bereits
›überholt‹ wurde. Das gilt auch für viele Straßen- und sogar Städtenamen, die seit einiger Zeit zunehmend umbenannt werden. Probleme,
sich zu orientieren, werden Sie deshalb nicht haben. Alle kennen noch
die alten Bezeichnungen, und vielleicht ergibt sich ja auf diese Weise
ein intensiverer Kontakt zu den Einheimischen. Die meisten sind gern
zu einem Schwätzchen bereit und können Einblicke in dieses Land
gewähren, wie sie ein Buch kaum eröffnen kann.

Geographie und Klima

Die maximale Länge Bulgariens von West nach Ost beträgt 520 km, die maximale Breite 330 km. Will man eine grobe Einteilung des Landes vornehmen, so lassen sich drei landschaftliche Zonen unterscheiden: die große Donauebene zwischen Balkangebirge und Donau, die bulgarischen Gebirge mit dem Balkan und den Rhodopen als den zentralen Massiven und die Ebene um das Mariza-Becken im Südosten.

Beherrschend für das Land ist das **Balkangebirge**, auch *Stara Planina* genannt, was soviel wie »das alte Gebirge« bedeutet. Es teilt das Land vom Nordwesten bis ans Schwarze Meer, fungiert als Klima- und Wasserscheide und wird nur von einem einzigen Fluß durchbrochen, der Iskar nördlich von Sofia. Zahlreiche, häufig schon seit Jahrtausenden als Handelswege genutzte Pässe ermöglichen die Überquerung dieses teilweise rauhen Gebirges. Fällt der Balkan im Süden relativ steil ab, so geht er im Norden eher stufenförmig ins Donauplateau über. Auf seiner Gesamtlänge von 600 km zeigt sich das Balkangebirge äußerst abwechslungsreich. Es weist sowohl sanfte, bewaldete Hügelflächen auf als auch rauhe Hochgebirgsgipfel. Mit seinen 2376 m bildet der Botev die höchste Erhebung.

In der fruchtbaren **Donauebene**, die sich durchschnittlich 150 m über dem Meeresspiegel erhebt, erstrecken sich weite Obst-, Gemüse- und Getreidefelder. Zahlreiche Flüsse durchschneiden die Ebene vom Balkan her und münden in die Donau. Die Donau, die auf 471 km die Grenze zu Rumänien bildet, ist der einzige heute noch schiffbare Fluß des Landes und somit eine bedeutende Verkehrsader.

Parallel zum Balkangebirge erhebt sich südlich davon das **Sredna-Goragebirge** mit dem Bogdan (1604 m) als höchster Erhebung. Westlich davon schließt sich das **Vitoschagebirge** an. Im Süden direkt hinter Sofia aufsteigend, stellt es nicht nur ein zentrales Naherholungsgebiet, sondern auch ein wichtiges Wasser- und Frischluftreservoir für die Bewohner der Hauptstadt dar. Der Tscherni Vrach ragt als höchste Erhebung heraus (2290 m). Große Teile des Gebirges stehen mittlerweile unter Naturschutz. Die südlich anschließenden Hochgebirge, das **Rila- und Piringebirge**, können als die Alpen Bulgariens bezeichnet werden. Urwüchsige, nur mit spärlichem Pflanzenwuchs bedeckte Bergregionen, Höhen ewigen Schnees findet man ebenso wie weite Waldflächen. Mehrere Zweitausender – darunter der Mussala mit 2925 m – locken Wanderer, Skifahrer und Naturfreunde. Die **Rhodopen** als größter Gebirgszug im südlichen Landesteil setzen sich auf griechischem Territorium fort. Liebliche, von Wäldern bedeckte Hügelketten sind hier typisch. Dazwischen

›Steckbrief‹ Bulgarien

Hauptstadt	Sofia
Höchster Berg	Mussala (2925 m)
Längster Fluß	Iskar (368 km)
Fläche	111 000 km^2
Verwaltungsgliederung	9 Regionen *(oblasti)*
Bevölkerung	8,5 Mio.
Bevölkerungsdichte	80 Einw./km^2
Städtische Bevölkerung	68 %
Bevölkerungswachstum	0,3 % per anno
Minderheiten	
Türken	ca. 10 %
Roma	ca. 5 %
Pomaken	ca. 2 %

Religion
Knapp die Hälfte aller Bulgaren bekennt sich offiziell zu einer Religion, davon sind ca. 96 % orthodoxe Christen.

Lebenserwartung	Männer 68 Jahre, Frauen 75 Jahre

Wirtschaftsdaten
Verglichen mit 1985 fiel der Index der Produktion 1996 auf die Hälfte. Im selben Zeitraum verringerte sich das reale Lohnniveau auf 66 % des Wertes von 1985. Lehrer und Ärzte im öffentlichen Dienst z. B. verdienen weniger als 200 DM pro Monat, Fabrikarbeiter erhalten knapp das doppelte Einkommen.

ragt der Goljam Perelik mit 2191 m empor.

Auf 378 km Küstenlinie grenzt Bulgarien an das **Schwarze Meer,** das für das Land vor allem von touristischer Bedeutung ist. Das Schwarze Meer ist ein halbgeschlossenes Meer, das einen relativ geringen Salzgehalt von ca. 18 Promille aufweist. Im Sommer beträgt die mittlere Wassertemperatur 23° Celsius. Ein ausgeglichenes Klima – mit nicht zu heißen Sommern, einem etwas später einsetzenden Frühling und einem längeren Herbst – ermöglicht an seinen Stränden eine lange Saison.

Große, **natürliche Seen** sind in Bulgarien seltener, fast alle größeren Wasserflächen sind künstliche Stauseen. Sehr idyllisch liegen die zahlreichen kleinen Karstseen (ca. 260) im Rila- und Piringebirge. Nahezu unberührt, sind sie nur durch

längere Wanderungen zu erreichen.

Klima

Weite Landesteile Bulgariens bestimmt ein gemäßigt kontinentales
Klima, lediglich in den südlichen
Regionen und an der Schwarzmeerküste ist ein Übergang zu me-
diterranem Klima zu spüren. Der
Sommer ist fast überall im Lande
heiß, die Durchschnittstemperatu-
ren liegen im Juli zwischen 23°
und 25° Celsius. Der Winter bringt
keine extreme Kälte, die Durch-
schnittstemperatur liegt bei nur 0°
Celsius.

Ausschlaggebend für Wetterla-
gen und Temperaturen sind die vielen Gebirge, vor allem das Balkangebirge, das sich quer durch das
Land zieht. Kalte Luftmassen aus
dem Norden können im Winter nur
selten über diesen Gebirgszug hinweg einströmen, so daß Kälteein-
brüche vor allem nördlich des
Hauptkammes erfolgen. Die leichteren und wärmeren Luftmassen
aus dem Süden überwinden das
Balkangebirge um so eher und sind
an den Nordhängen dann als war-
mer Föhn zu spüren.

Die durchschnittliche Nieder-
schlagsmenge beträgt im Jahr
672 mm, wobei es natürlich regionale Unterschiede gibt. An der
Schwarzmeerküste sind es 400 bis
500 mm Niederschlag, der vor
allem im Herbst und Winter zu
verzeichnen ist. Reichlich Schnee

Schafherde kreuzt...

und Regen fällt in Gebirgsgegen-
den, die höher als 1000 m liegen.
Hier liegt die jährliche Nieder-
schlagsmenge bei 1200 mm, er-
freulich für Skifahrer – die Saison
dauert bis zu 6 Monaten –, aber
auch ein wichtiger Hinweis für
Wanderer.

Vegetation und Tierwelt

In Bulgarien wurden über 170
Pflanzenformationen festgestellt
(ca. 3200 Arten), von denen mehr
als 90 auf natürlichem Entwick-

600 m), Eichenwaldgürtel (bis 1100 m), Buchenwaldgürtel (bis 1500 m), Nadelwaldgürtel (bis 2100 m) sowie Knieholz- und Latschengürtel (bis 2800 m). In den südlicheren Landesteilen säumen Platanen, Erlen und Linden die Flußufer.

Beim **Buschwerk** sind Weißdorn, Hagebutten, Schwarzdorn, Christusdorn und Perückensträucher vorherrschend, hinzu kommen Flieder und Drosselbeeren, die vorwiegend auf Kalkböden anzutreffen sind. In den höher gelegenen Teilen der Gebirge wächst Nadelbuschwerk wie Wacholder und Bergkiefer. In großen Höhen trifft man bisweilen auf Alpenrosen und sogar auf Edelweiß. Äußerst zahlreich sind dagegen die verschiedensten Heilpflanzen vertreten (s. Thema *Rezepte der Natur: Heilpflanzen*, S. 115).

lungsweg entstanden sind, d. h. ohne menschlichen Einfluß.

Einen ganz besonderen Reichtum Bulgariens stellen seine **Wälder** dar, sie bedecken allein ein Viertel der Landesfläche. Es dominieren Laubwälder mitteleuropäischen Charakters, vor allem Buchen-, Eichen-, Zirneichen-, Ulmen-, Ahorn-, Eschen- und Lindenwälder. In den Mittelgebirgen trifft man häufiger auf Mischwälder, die in höheren Regionen in Nadelwald übergehen. Unter den Nadelhölzern herrschen Fichten sowie Schwarz- und gemeine Kiefern vor. Einige Schwarzkiefern sind sogar über 1000 Jahre alt.

Im Hochgebirge können fünf **Vegetationsgürtel** unterschieden werden: Baum- und Wiesengürtel (bis

Fauna

So vielfältig wie die Landschaft zeigt sich auch Bulgariens Tierwelt. Typische Bewohner der Donauebene sind Uferschwalben und Wildgänse; sogar die sehr seltenen Krauskopf-Pelikane machen hier Station. Sehr häufig wird man auf Rebhühner, Wachteln und Lerchen treffen, mit etwas Glück aber auch kuriose Tiere wie den Steppenstinkmarder oder die Steppenspringmaus aufspüren.

In den Wäldern des Balkanvorgebirges leben in einer Höhe bis zu

Umweltschutz

Die Chancen für den Umweltschutz standen in Bulgarien nicht schlecht – zumindest auf dem Papier. In 40 Jahren Sozialismus wurden zahllose Gesetze und Verordnungen zum Erhalt der natürlichen Lebensgrundlagen erlassen, 1971 gar das erste Umweltministerium der Welt ins Leben gerufen. Dutzende von Nationalparks und Naturschutzgebieten wurden eingerichtet, um erhaltenswerten Pflanzen und Tieren einen besonderen Schutz zu gewähren. Auch die Verfassung Bulgariens (Artikel 31) sprach ein deutliches Wort: »Der Schutz und die Erhaltung der Natur und der Naturreichtümer, der Gewässer, der Luft und des Bodens wie auch der Kulturdenkmäler ist Pflicht der Staatsorgane, Betriebe, Genossenschaften und gesellschaftlichen Organisationen sowie Pflicht jedes Bürgers.« – Wie so oft sah die Realität anders aus. Von Jahr zu Jahr nahm die Verschmutzung von Luft, Wasser und Boden zu und erreichte in einigen Regionen bedrohliche Ausmaße. Vor allem große Industriebetriebe nahmen Umweltschäden und Geldbußen gelassen hin, die Planerfüllung und der unmittelbare ökonomische Nutzen beherrschten das Denken der Verantwortlichen.

Obwohl Bulgarien zu den wasserärmsten Ländern des Balkanraumes zählt, wird Trinkwasser unbedacht vergeudet, trotz gesetzlichen Verbots zu Industriezwecken entnommen und mit hochgiftigen Chemikalien verseucht. Die zulässigen Normen der Trinkwasserverunreinigung werden in einigen Regionen um ein Vielfaches überschritten. Durch defekte Leitungsnetze versickert in Sofia z. B. jährlich mehr Trinkwasser als die Stadt insgesamt verbraucht.

Die zunehmende Luftverschmutzung vor allem in Ballungsgebieten mit hoher industrieller Konzentration verweist auf das grundsätzliche Dilemma, vor dem Bulgarien steht: Eigene Technik für moderne Filter-

1000 m zahlreiche Rehe, Hirsche und auch Dachse; in einigen Regionen stößt man auf Auerhähne und Fasane, Marder und Schakale. In Laubwäldern sind Eichhörnchen stark verbreitet. Der alpine Gürtel wird überwiegend von Kriechtieren bevölkert, neben Alpendohlen und Steinhühnern können so seltene Vögel wie Bartgeier und Steinadler beobachtet werden.

In den südlichen Landesteilen (Oberthrakische Tiefebene, Flußtäler) leben wärmeliebende Tiere wie Falken, Drosseln und Fasane, Reismaus und Nattern, Ameisenlöwe

anlagen, die nicht nur Staubemissionen zurückhalten, steht nicht zur Verfügung, westliche Technikimporte können nicht bezahlt werden.

Über 1 Mio. ha Anbauflächen, das entspricht 11 % des Staatsgebietes, sind in Bulgarien für die landwirtschaftliche Nutzung nicht mehr geeignet, weil der Boden bereits zu stark verseucht ist.

Wie allen Meeren droht auch dem Schwarzen Meer in einigen Jahrzehnten der biologische Tod, wenn es mit der Abwassereinleitung so weitergeht wie bisher. Einige Fischarten wie die Makrele sind schon ganz verschwunden. Immerhin hat in den letzten Jahren die internationale Zusammenarbeit mit den übrigen Anrainerländern eingesetzt; unter anderem wurde ein ökologisches Netzwerk ›SOS Schwarzmeer‹ gegründet. Fehlende Finanzmittel und Kontrollmechanismen setzen jedoch jeglichem Optimismus enge Grenzen. Daß auch Westeuropa zur Verschmutzung dieser Region beiträgt, zeigt die Fracht von 1,2 Mio. t schwermetallhaltiger Stoffe, die die Donau jährlich im Schwarzen Meer ablagert.

Nach der Katastrophe von Tschernobyl rückte auch das bisher einzige Kernkraftwerk Bulgariens, das AKW Kosloduj an der Donau ins Blickfeld der westlichen Öffentlichkeit. Ende der 60er Jahre war mit seinem Bau begonnen worden, sein fünfter Block ging 1987 ans Netz. Vor allem seit der Stillegung des baugleichen Reaktortyps in Greifswald mehren sich die Zweifel am Sicherheitsstandard des Atommeilers. In den 90er Jahren enthüllte die Internationale Atomenergie-Organisation IAEO, daß sich in Kosloduj in den Jahren 1974–1990 261 ›Zwischenfälle‹ zugetragen haben. Die Tatsache, daß 40 % des bulgarischen Stromverbrauchs im Atomkraftwerk Kosloduj erzeugt werden, stärkt die Fraktion der AKW-Befürworter. Die vier älteren Blöcke sind jedoch so weit von westlichen Sicherheitsstandards entfernt, daß sie, selbst wenn man sie mit Millionenaufwand nachrüstet, weiterhin beträchtliche Gefahrenpotentiale darstellen werden.

und Gottesanbeterin. An der Schwarzmeerküste trifft man neben Möwen- und Stockentenschwärmen gerade nahe der Flußläufe und Seen auf Silber- und Fischreiher. Selten geworden ist mittlerweile der große Rosapelikan. Fischfang und Meeresverschmutzung haben zwei Meeresbewohner zur Rarität werden lassen: Delphine und die Schwarzmeerrobbe. Bei den Süßwasserfischen dominieren Forellen, Barben und Karpfen.

Von besonderem Interesse ist Bulgariens **Höhlenfauna** mit 350 verschiedenen, meist wirbellosen

Kleinstlebewesen. Da diese dem Nichtspezialisten kaum auffallen, werden hier wohl allein die Fledermäuse Beachtung finden.

Wirtschaft

Schon seit längerem steht Bulgariens Wirtschaft vor riesigen Problemen. Bereits in den 80er Jahren, noch zu Zeiten Todor Schivkovs, wurden erste Reformversuche eingeleitet. Sie blieben jedoch äußerst halbherzig und stellten das System der Wirtschaftsorganisation nicht prinzipiell in Frage. Die zentral gesteuerte Planwirtschaft zeigte sich unfähig, auf die Bedürfnisse des Marktes zu reagieren, unterschiedliche Unternehmensformen als wirklich gleichberechtigt zu akzeptieren und untere Entscheidungsebenen stärker zu berücksichtigen.

Die wirtschaftliche Ausgangssituation Ende der 80er Jahre erweist sich heute, unter völlig veränderten nationalen und internationalen Bedingungen als fatal. Bulgariens Wirtschaft war komplett in den **RGW-Wirtschaftsraum** (»Rat für Gegenseitige Wirtschaftshilfe«, vergleichbar mit der Europäischen Wirtschaftsgemeinschaft EWG) eingebunden. Die Konzentration auf den RGW-Handel wurde in den 80er Jahren nur noch von Kuba und der Mongolischen Volksrepublik übertroffen: Allein 82 % der Exporte und 79 % der Importe wurden ›intern‹ abgewickelt, während die sozialistischen Nachbarstaaten bereits auf stärkere Differenzierung im Außenhandel setzten. Noch 1987 gingen 61 % des Exports in die Sowjetunion, umgekehrt bezog Bulgarien von dort 57 % der Importe. Bulgarien exportierte u. a. Transportfahrzeuge (Gabelstapler), Computer und Haushaltsgeräte. Fast 90 % des produzierten Nationalprodukts entfielen auf den öffentlichen Sektor, die ca. 500 staatlichen und 670 kommunalen Firmen hatten Planvorgaben zu erfüllen. Ansätze zur Selbstverwaltung, Teilprivatisierung und zur Aufwertung von Genossenschaften blieben in den Anfängen stecken. Der private Sektor spielte nur eine marginale Rolle, bestand in der Landwirtschaft und im Dienstleistungsbereich aus Kleinbetrieben und war zahlreichen Restriktionen ausgesetzt (max. 10 Beschäftigte, keine Außenhandelsmöglichkeiten etc.). Viele Güter und Dienstleistungen des täglichen Lebens wurden subventioniert. Dies schlug sich zwar positiv in den Lebenshaltungskosten nieder und sicherte breiten Teilen der Bevölkerung ein bestimmtes Lebens- und Konsumniveau, spiegelte andererseits aber nicht die realen Kosten dieser Güter und Dienstleistungen wider. Das Erscheinungsbild der tatsächlichen Wirtschaftslage wurde verzerrt.

Nach dem Sturz Schivkovs 1989 und den ersten freien Wahlen 1990 versuchten die regierenden Sozialisten, den Übergang zu einer sozial

Gemüsehändlerin in Plovdiv

›abgefederten‹ Marktwirtschaft einzuleiten. Dieser Versuch scheiterte aber am Widerstand der bürgerlichen Opposition, die den ehemaligen Kommunisten ein grundsätzliches Mißtrauen entgegenbrachte und jegliche Zusammenarbeit verweigerte. Erst mit dem Wahlsieg der Bürgerlichen im Herbst 1991 wurde ein **Programm des radikal marktwirtschaftlichen Kurses** verabschiedet. Dieses Programm, dessen Umsetzung noch nicht abgeschlossen ist, sieht vor, die heimische Wirtschaft mehr oder minder schockartig dem Weltmarkt auszusetzen. Die Subventionen für Lebensmittel, Dienstleistungen und Treibstoff wurden aufgehoben, eine Preisexplosion von mehreren hundert Prozent war die Folge. Ein paralleler Anstieg der Löhne und Renten erfolgte nicht, so daß das durchschnittliche Realeinkommen dramatisch sank (1996 auf ein Drittel des Jahres 1985, die Mehrheit der Bevölkerung lebt damit unterhalb der Armutsgrenze).

Mit ihren Produkten soll sich die bulgarische Wirtschaft nun am ›freien‹ Weltmarkt behaupten. Die einstigen Hauptabnehmer, die ehemaligen sozialistischen Nachbarstaaten sowie Länder der Dritten Welt, stehen jedoch selbst vor riesigen ökonomischen Problemen und treten als Handelspartner in den Hintergrund. Da die bulgarische Industrieproduktion in Struktur und Qualität auf RGW-Anforderungen zugeschnitten war, ist sie dem Wettbewerb mit Produkten entwickelter Industrienationen kaum gewachsen. Landwirtschaftliche Erzeugnisse scheitern auf dem von Überproduktion und Zollschranken gekennzeichneten europäischen Markt. Daß das energiearme Bulgarien – nur ein Drittel der benötigten Energie kann es aus eigenen Energiequellen beziehen – seine Erdöleinfuhren fortan ebenfalls in Devisen bezahlen muß, trifft das Land besonders hart. Bis 1985 konnte es sowjetisches Erdöl weit unter Weltmarktpreisen beziehen.

Die **Privatisierung** staatlicher Unternehmen konzentrierte sich anfangs auf kleinere Betriebe, viele wurden versteigert. Die Entflechtung und Privatisierung größerer Unternehmen erweist sich als schwieriger: Veraltete Produktionsanlagen lassen ihre zukünftige Rentabilität mehr als fragwürdig erscheinen. Von administrativer Seite wurden die Bedingungen für ausländische Investitionen wesentlich erleichtert und attraktiv gestaltet. Ausländer können zwar kein Eigentum an Grund und Boden erwerben, doch dürfen sie Grundstücke für 70 Jahre pachten und bestehende Firmen komplett erwerben.

Die Arbeitslosenzahlen lagen in den letzten Jahren zwischen 13 und 15 %, wobei sie nur sehr unzureichend das Ausmaß an Unterbeschäftigung und Armut trotz eines Arbeitsplatzes widerspiegeln (Lohnniveau s. S. 15, *Steckbrief*). Von ursprünglich 170 000 auf privater Basis neu gegründeten Unternehmen waren nach kurzer Zeit zwei Drittel wieder verschwunden.

Die Mehrzahl privater Unternehmen ist nicht im Produktionssektor, sondern im **Handels- und Dienstleistungssektor** tätig und stellt in Form von Kiosk- und Cafébetreibern nur eine Übergangserscheinung dar. Von 5000 neuen Betrieben im produzierenden Sektor mußten bereits nach kurzer Zeit zwei Drittel Konkurs anmelden. Daß mittlerweile vor allem junge und überdurchschnittlich gut ausgebildete Bulgaren aus Mangel an beruflicher Perspektive ihre Heimat verlassen haben, erleichtert den wirtschaftlichen Neuanfang nicht.

Die weitere wirtschaftliche Entwicklung Bulgariens ist mehr als ungewiß. Sie hängt nicht nur von innenpolitischen Entscheidungen, sondern auch von der Außenwirtschaftspolitik anderer Länder, vor allem der EU, ab. Das fängt beim Aushandeln vertretbarer Kredit- und Rückzahlungsmodalitäten an und geht bis zum weitgehenden Verzicht auf Altschulden für Kredite, die Schivkovs Regime in den 80er Jahren gewährt worden waren. Dringend erforderlich ist eine Öffnung der europäischen Märkte für bulgarische Produkte. Die Aufhebung von Zollschranken und die Gewährung technischer und organisatorischer Hilfen seitens der EU könnten erste Schritte auf dem Weg Bulgariens zu neuen Absatzmärkten sein. Für die Westeuropäer steht mit der wirtschaftlichen Labilität Bulgariens aber auch die politische Stabilität des Balkan auf dem Spiel.

Zurück auf eigener Scholle

Eine Fahrt auf Bulgariens Straßen gewährt seit einiger Zeit neue Anblicke. Altertümliche Esels- und Ochsenkarren, die bei uns so manchem Museum zur Ehre gereichen würden, bestimmen in vielen ländlichen Gebieten das Bild. Autofahrern ist entsprechende Vorsicht anzuraten, denn auch auf Schnellverkehrsstraßen muß man mit derartigen Gefährten rechnen. Vor allem abends und an Wochenenden sind neuerdings ›Freizeitbauern‹ unterwegs, die Landwirtschaft als Nebenerwerb betreiben. In beschwerlicher und wenig produktiver Handarbeit bewirtschaften sie ihre rückerstatteten Felder. Die eingefahrene Ernte bleibt gering, denn für Traktoren und Maschinen fehlt nicht allein das Geld, auch die durchschnittliche Anbaufläche ist zu gering.

Der Anblick erinnert an die Zeit vor 50 Jahren, als Bulgarien noch ein reines Agrarland war. Kleine Landwirtschaftsbetriebe, denen in der Regel keine Maschinen zur Verfügung standen, beherrschten damals das Bild. Über 80 % der in der materiellen Produktion Beschäftigten arbeiteten in der Landwirtschaft, 58 % des Nationaleinkommens und fast 90 % der Exportgüter wurden dort erwirtschaftet. 40 % des Exports entfielen allein auf Tabak; dies entsprach schon fast einer Monokultur.

Der nach dem Zweiten Weltkrieg einsetzende Kollektivierungsprozeß vollzog sich in Bulgarien sehr rasch; fehlte die Bereitschaft der Bauern, wurde mit Druck nachgeholfen. Bereits 1959 war dieser Prozeß beendet: Mehr als 90 % der Agrarflächen waren kollektiviert, nur noch 1,4 % des Agrarlandes lag in privater Hand, der Rest entfiel auf Staats- und Genossenschaftsbetriebe. In den folgenden Jahrzehnten wurde die Mechanisierung der Landwirtschaft rasch vorangetrieben. Das Vorherrschen großer Betriebsstrukturen ermöglichte einen relativ produktiven Einsatz. In den 60er und 70er Jahren übertrafen die Landwirtschaftsexporte den Wert der importierten Landwirtschaftsgüter bei weitem, Hauptabnehmer war auch hier die Sowjetunion. Die Produktion tierischer und pflanzlicher Produkte verzeichnete kontinuierliche Zuwächse. Erst in den 80er Jahren häuften sich die Schwierigkeiten: Im Bereich der Pflanzenproduktion führten insgesamt fünf Mißernten zu schweren Einbrüchen. Seit Mitte der 80er Jahre ist Bulgarien gezwungen, große Mengen an Getreide einzuführen, zum Teil mehr als 1 Mio. t jährlich.

Der politisch-ökonomische Umbruch Osteuropas hat die Probleme der bulgarischen Landwirtschaft Anfang der 90er Jahre noch verschärft. Zwischen 1980 und 1991 ging die landwirtschaftliche Produktion um 8 % zurück. Da die ehemaligen Hauptabnehmer, allen voran die Sowjetunion, selbst unter großen ökonomischen Schwierigkeiten leiden, fallen sie infolge fehlender Devisen zunehmend aus. Gleichzeitig wird auch in der Landwirtschaft auf ein radikal marktwirtschaftliches Programm gesetzt. Deshalb stand die Auflösung der großen Produktionsgenossenschaften und staatlichen Güter im Mittelpunkt der Wirtschaftspolitik, galten sie doch als Horte sozialistischen Wählerpotentials. Eine Rückgabewelle der kollektivierten und enteigneten Güter hat eingesetzt, für die es allerdings einige Auflagen gibt: Kein Antragsteller darf, unabhängig von der Größe seines ursprünglichen Besitzes, mehr als 30 ha Boden erhalten. Ehemalige Genossenschaftsangehörige, die keinen früheren Grundbesitz vorweisen können, werden auf eine Warteliste gesetzt und erhalten ein Vorkaufsrecht für Nutzland in Staatsbesitz.

Viele Bulgaren sind froh, wieder Herr auf eigener Scholle zu sein. Besonders angesichts dramatisch gesunkener Haushaltseinkommen können über Gartenwirtschaft materielle Schwierigkeiten gemildert werden. Gesamtgesellschaftlich gesehen wird das Land jedoch in neue Abhängigkeiten geraten. Die Privatisierungswelle hat dafür gesorgt, daß das erzeugte Produktionsvolumen bei wichtigen Gütern wie Getreide weiterhin sinkt. Noch höhere Importe, für die wichtige Devi-

Politik

Bis zum Sturz des Partei- und Staatschefs Schivkov im Herbst 1989 war Bulgarien fest in den östlichen Wirtschafts- und Machtblock integriert. Im Prinzip folgte man demselben Gesellschaftsentwurf, wie er in den übrigen sozialistischen Bruderstaaten herrschte. In Theorie und Praxis besagte das, daß sich die Kommunistische Partei als führende Kraft des Landes begriff, die die Interessen aller und zum Wohle aller vertrete. Alle staatlichen Organe der Legislative und der Exekutive waren damit – auch wenn sie formell als unabhängig firmierten – den politischen Weisungen der Parteispitze untergeordnet und mußten entsprechend agieren.

Seit Ende 1989 hat eine komplette Umorientierung von Staat und Gesellschaft eingesetzt. Dieser Prozeß, der eine Annäherung an westliche Modelle von Staats- und Regierungsformen anstrebt, ist noch

sen ausgegeben werden müssen, sind die Folge. Inwieweit die EU als Abnehmer bulgarischer Früchte und Gemüse wie Tomaten und Paprika sowie von Milcherzeugnissen (Schafskäse) und Tabak die Absatzlücke füllen wird, erscheint angesichts ihrer eigenen Agrarkrise äußerst fraglich.

lange nicht abgeschlossen. So wurde mittlerweile der 1971 geschaffene Staatsrat abgeschafft, eine Vielfalt von Parteien zugelassen und in der Verfassung die Staatsform als »demokratischer, parlamentarischer Rechtsstaat« fixiert. An der Spitze des Staates steht der **Staatspräsident,** der durch direkte Volkswahl für 5 Jahre bestimmt wird und nicht allein repräsentative Aufgaben wahrnimmt, sondern aktiv in die Politik eingreift. Die Machtteilung zwischen ihm und dem vom Parlament gewählten Ministerpräsidenten ist allerdings noch nicht genau definiert. Die Gesamtzahl der Mandate im Parlament wurde von 400 auf 240 reduziert. Verfassungsänderungen benötigen wie in der BRD eine Zweidrittelmehrheit; über verfassungsrechtliche Probleme entscheidet ein neugeschaffenes Verfassungsgericht.

Mittlerweile existieren mehrere unabhängige **Gewerkschaften,** die ihr Recht, die Interessen der abhängig Beschäftigten zu vertreten, immer machtvoller zu Gehör bringen.

Nach der Wende schossen in Bulgarien **Parteien** wie Pilze aus dem Boden, Dutzende warben um die Wählergunst. Doch bei den letzten Wahlen 1997 sind dank der neu eingeführten 4%-Klausel nur noch fünf im Parlament vertretene Parteien übriggeblieben. Die ›Union der Demokratischen Kräfte‹ (UDK) vereinigt die Mehrheit der ehemaligen Oppositionskräfte. Die ›Sozialistische Partei Bulgariens‹ (BSP) ist aus der Kommunistischen Partei hervorgegangen und bildet eine starke Opposition. Neben der ›Vereinigung zur Nationalen Rettung‹, die vor allem die türkische Minderheit vertritt (s. S. 121f., Kasten), schafften auch die ›Eurolinke‹ und der ›Business Block‹ den Einzug ins Parlament. Mit 137 von 240 Parlamentssitzen verfügt die UDK im Bündnis mit der Demokratischen Partei und der Bauernpartei über eine bequeme Mehrheit für die nächsten Jahre.

Daten zur Geschichte

Vor- und Frühgeschichte

100 000– **50 000 v. Chr.**	Erste Spuren von Urmenschen auf dem Gebiet des heutigen Bulgarien. Zeugnisse dieser Sammler und Jäger (Faustkeile, Knochenmesser, grobe Fellkleidung) wurden in vielen Höhlen und am rechten Steilufer der Donau gefunden.
50 000– **10 000 v. Chr.**	Vervollkommnung der Waffen und Werkzeuge, Entwicklung zur Seßhaftigkeit.
Ca. 8000 v. Chr.	Aus dieser Zeit stammen die ersten vorgeschichtlichen Siedlungen bei Stara Sagora.
Ca. 6000 v. Chr.	Ausgrabungen offenbarten reichhaltige Funde früher Niederlassungen (Waffen, Werkzeuge, Überreste von Häusern, Töpferkunst), die in regionalen Museen überall im Lande ausgestellt werden. Vieles deutet auf eine Vorrangstellung der Frau im Sippenverband hin.
Ca. 4000 v. Chr.	Erste Metallwaffen und -werkzeuge. Die Kupfergruben bei Stara Sagora stammen aus der 2. Hälfte des 4. Jt. Da Kupfergeräte weitaus produktiver als ihre Gegenstücke aus Stein sind, bilden Kupferabbau und -verarbeitung die Grundlage für einen gesellschaftlichen Entwicklungsschub und eine größere Überschußproduktion. Dies und die günstige geographische Lage fördern weiträumige Handelsbeziehungen. Davon zeugen rei-

che Funde an Plastiken und Kunstgegenständen (u. a. auch kultische Schriftzeichen) sowie der ›älteste‹ Goldschatz der Welt bei Varna. Gleichzeitig setzt eine zunehmende Differenzierung der Sozialstruktur ein, der Rang des Mannes innerhalb der Stammesgemeischaft nimmt zu.

Ab 4. Jt. v. Chr. Lange Periode der Umwälzungen. Nomaden- und Steppenvölker überziehen die Region, setzen sich z. T. fest und vermischen sich mit den Ureinwohnern. Die legendäre Zeit der Thraker beginnt (s. Thema *Wer waren die Thraker?*, S. 159).

Antike
7. Jh. v. Chr. Griechische Siedler lassen sich an der Schwarzmeerküste nieder und gründen Städte wie *Odessos* (Varna), *Apollonia* (Sosopol), *Messambria* (Nessebar). Sie bauen die Handelsbeziehungen mit den Thrakern aus und beeinflussen deren Kultur (Schrift, Sprache). Im Gegenzug finden aber auch thrakische Bräuche und Kulte Eingang in die griechische Kultur (z. B. die Kulte um Dionysos und der Orpheus-Mythos).

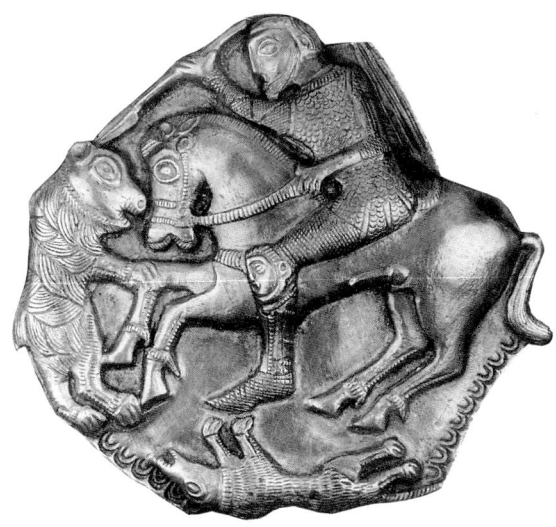

Thrakischer Reiter (Schatz von Letnica; 1. Hälfte 4. Jh. v. Chr.; Nat. Museum für Geschichte in Sofia)

5.–4. Jh. v. Chr. Höhepunkt des Thrakerreiches als politischer Einheit. Im Odrysenreich werden kurzfristig mehrere thrakische Stämme zu einem Staat zusammengeführt, der allerdings nicht von langer Dauer ist.

4. Jh. v. Chr. Unter Philipp II. (359–336) und seinem Sohn Alexander dem Großen (336–323) werden die thrakischen Stämme nach heftigen Kämpfen unterworfen, wenngleich es in den folgenden Jahrhunderten immer wieder zu Erhebungen kommt.

Ab 2. Jh. v. Chr. Um die Mitte des Jahrhunderts kommen neue Eroberer auf die Balkanhalbinsel: die Römer. Nach langen Kämpfen und mehreren Aufständen können sie die Thraker unterwerfen und das Land als die Provinzen *Moesia* und *Thracia* dem Römischen Reich einverleiben. Die römische Ordnung ersetzt die ursprüngliche, auf Verwandtschaftsbeziehungen beruhende Stammesgemeinschaft durch die territoriale Dorfgemeinschaft. Neue Siedler aus anderen Teilen des Römischen Reiches ›importieren‹ die römische Kultur (s. Thema *Römische Badekultur*, S. 170). Die Römer betreiben den Ausbau des Straßennetzes, die Gründung neuer Städte sowie den Aufbau von Befestigungsanlagen. *Moesia* und *Thracia* zählen zu den reichsten Provinzen des Römischen Reiches.

Ab 3. Jh. n. Chr. Den Niedergang des Römischen Reiches bzw. die Schwäche seines östlichen Nachfolgeimperiums Byzanz nutzen benachbarte Stämme und Völker zu Einfällen und Plünderungen.

Das Erste Bulgarische Reich

Ab 5. Jh. Das Volk der Bulgaren, von dem als ethnischer Gemeinschaft eigentlich erst seit dem Beginn des 10. Jh. gesprochen werden kann, entwickelt sich aus drei Wurzeln heraus: aus der hellenisierten bzw. romanisierten thrakischen Urbevölkerung, verschiedenen slawischen Stämmen sowie schließlich den Protobulgaren, einer aus dem zentralasiatischen Raum eingewanderten Stammesgemeinschaft.

5.–6. Jh. Slawische Stämme nördlich der Donau verwüsten immer wieder das byzantinische Gebiet des heutigen Bulgarien. Ab der zweiten Hälfte des 6. Jh. lassen sie sich dauerhaft nieder, begünstigt durch die damalige

Rebellen im Mittelalter

Die Sekte der Bogomilen

Glanz und Niedergang des Ersten Bulgarischen Reiches Ende des 10. Jh./Anfang des 11. Jh. ist in der gängigen Geschichtsschreibung ausreichend dokumentiert, vergessen wird jedoch, unter welchen Bedingungen die Mehrzahl der Bewohner leben mußte. Viele Bauern verloren ihr Land und wurden zu Leibeigenen, sie lebten in ärmlichen Strohhütten und gerieten vollkommen in feudale Abhängigkeit. Die Feudalherren, zu denen auch Teile des Klerus zählten, führten ein angenehmes Leben im Luxus. Indem die Kirche die herrschende Ordnung als ›gottgewollt‹ legitimierte, entfremdete sie sich zusehends von der Bevölkerung.

Gleichzeitig begann das ›einfache Volk‹ die wachsende Unzufriedenheit mit seiner sozialen Lage zu artikulieren. Die ›ketzerische‹ Lehre der Bogomilen – auf den Popen Bogomil zurückgehend, der zur Zeit Zar Peters (927–969) gelebt haben soll – breitete sich aus. Diese Lehre brandmarkte die bestehende Ordnung als ungerecht und klagte Veränderungen ein. Die Bogomilen riefen die Bauern dazu auf, den Gehorsam zu verweigern und nicht mehr für ihre Gutsherren zu arbeiten. Des weiteren prangerten sie das üppige Leben des hohen Klerus an und lehnten die kirchliche Liturgie sowie die Sakramente ab. In ihren Anschauungen verbanden die Bogomilen mystische Lehren aus Kleinasien mit Gedanken des Urchristentums. Das Heilige Abendmahl bestand für sie nur aus gewöhnlichem Brot und Wein; das Wasser, mit dem die Kinder getauft wurden, erkannten sie nicht als heilig an. Während sie die Seele des Menschen als ein himmlisches Werk betrachteten, sahen sie in der realen Welt, den Körper des Menschen einschloß, ein Produkt des Teufels. Deshalb lebten sie in ihren Gemeinden fast ohne materielle Güter und suchten weltlichen Genüssen zu entsagen.

Vor allem unter ärmeren Bevölkerungsschichten fand diese ›reformatorische‹ Lehre starken Zulauf, was zwangsläufig den Widerstand von Staat und Kirche hervorrief und Verfolgungen nach sich zog. Ein Anführer der Bogomilen wurde 1111 in Konstantinopel öffentlich verbrannt.

Die Anschauungen der Bogomilen fielen auch in Serbien, Bosnien und Rußland auf fruchtbaren Boden. Im 14. Jh. war von der Bewegung nur noch eine kleine Sekte übriggeblieben, die schließlich völlig verschwand.

Schwäche von Byzanz. Unterstützt wird diese Landnahme durch die Protobulgaren.

7. Jh. Bereits Anfang des 7. Jh. existiert im Kaukasus für kurze Zeit ein Großbulgarisches Reich. Unter Asparuch bricht ein Teil seiner Bewohner nach Südwesten auf und schlägt das byzantinische Heer 680 an der Donau.

681 Der in diesem Jahr geschlossene Friedensvertrag zwischen Asparuch und dem Kaiser von Byzanz gilt als die Geburtsstunde des Ersten Bulgarischen Reiches. Pliska wird Hauptstadt und Residenz von Asparuch (681–702). Anfangs leben die Stämme und Ethnien relativ eigenständig nebeneinander. Obwohl die Mehrheit der Bevölkerung aus Slawen besteht und sich das slawische Element letztlich auch durchsetzt, organisieren hauptsächlich Protobulgaren Militär und Verwaltung. An der Spitze des Reiches steht der *Khan* (Zar).

8.–9. Jh. Immer wieder aufflammende kriegerische Auseinandersetzungen mit Byzanz um die Vorherrschaft auf dem Balkan prägen diesen Zeitraum. Kriege mit anderen Nachbarvölkern (Franken, Awaren, slawische Stämme) kommen hinzu. Das 9. Jh. darf als entscheidend angesehen werden für die Auflösung der Stammesstrukturen und die Herausbildung einer feudalen Gesellschaft. Gemeinsame Feldzüge sowie die Errichtung von Festungsanlagen und Straßen sind das erste, Zusammenhalt stiftende Moment zwischen den unterschiedlichen Bevölkerungsgruppen Bulgariens.

865 Boris I. (852–889) läßt sich taufen und führt das Christentum als Staatsreligion ein. Auf lange Sicht verstärkt die Ersetzung unterschiedlicher Kulte durch eine Religion den ethnischen Assimilationsprozeß, indem sie eine neue, für alle gültige Moral und Lebensnorm etabliert.

Ab 886 Kliment und Naum, Schüler von Kyrill und Method, den Begründern der slawischen Schrift (s. Thema *Die Slawenapostel Kyrill und Method,* S. 68), werden auf der Flucht aus Mähren von Boris aufgenommen und gründen Schulen zur Verbreitung der slawischen Schrift und Sprache. Slawisch wird Gottesdienst- und Literatursprache und damit ein wichtiger Faktor der weiteren ethnischen Angleichung. Nach zeitweiligem Schwanken zwischen Rom und Konstantinopel fällt die bulgarische Kirche 870 unter das griechisch-orthodoxe Patriarchat von Konstantinopel.

893–927 Unter Zar Simeon dem Großen erreicht das Erste Bulgarische Reich den Höhepunkt seiner politischen und militärischen Macht. Mehrere erfolgreiche Feldzüge gegen das Byzantinische Reich halten diesen mächtigen Nachbarn ›in Schach‹: 919 Gründung eines unabhängigen bulgarischen Patriarchats. Siege über die Serben festigen die bulgarische Machtposition auf dem Balkan.

927–968 Unter Zar Peter setzt ein Verfall bulgarischer Macht ein. Wachsender weltlicher und kirchlicher Großgrundbesitz werden von zunehmenden sozialen Unterschieden und Ungerechtigkeiten begleitet, die auch auf religiösem Gebiet ihre Wirkung zeigen. Eremiten wie Ivan Rilski, Begründer des Rila-Klosters (s. Thema *Rila-Kloster,* S. 84), bezeugen ihre Unzufriedenheit durch Rückzug aus dem öffentlichen Leben. Die Sekte der Bogomilen, Anhänger des Frühchristentums (s. Thema *Rebellen im Mittelalter,* S. 29), findet starken Zulauf und wird sowohl von kirchlicher wie staatlicher Seite erbittert bekämpft. Nach außen hin dokumentieren mehrere Einfälle der Magyaren und Petschenegen die zunehmende Schwäche des Bulgarischen Reiches.

968–1018 Trotz wechselnden Kriegsglücks ist die Dominanz des Byzantinischen Reiches im Balkanraum nicht mehr aufzuhalten. Blutigen Ruhm erlangt 1014 der byzantinische Kaiser Basileios I., der 14 000 bulgarische Gefangene blenden ließ und mit dem Beinamen »Bulgarentöter« in die Geschichtsschreibung eingeht.

1018 Einverleibung Bulgariens in das Byzantinische Reich. Bulgarische Festungen werden geschleift. Die bulgarische Kirche wird wieder Konstantinopel unterstellt.

Ab 1018 Die byzantinische Fremdherrschaft kann auch durch mehrere Aufstandsversuche nicht abgeschüttelt werden. Zahlreiche Einfälle der Petschenegen, Usen und Kumanen verwüsten das Land.

Das Zweite Bulgarische Reich

1185–1187 Zwei bulgarische Feudalherren, die Brüder Assen und Peter, erheben sich gegen Byzanz, das 1187 Frieden schließen muß, da es durch weitere Nachbarvölker bedroht wird. Die Wiederherstellung des Bulgarischen Reiches ist damit anerkannt, das heutige Veliko Tarnovo wird zur Hauptstadt ernannt.

1197–1241
Unter den Zaren Kalojan (1197–1207) und vor allem unter Ivan Assen II. (1218–1241) kann unter Ausnutzung byzantinischer Ohnmacht (1204 Eroberung Konstantinopels durch die Kreuzfahrer) das Herrschaftsgebiet über Nordalbanien, Mazedonien und das westliche Thrazien ausgedehnt werden. Eine wirtschaftliche und kulturelle Blütezeit setzt ein. Zeitweilige Union der bulgarischen Kirche mit der römisch-katholischen, ab 1235 Wiederherstellung des unabhängigen bulgarischen Patriarchats.

Ab 1241
Nach dem Tod Ivan Assens kommt es zu einem allmählichen Machtverfall. Innere Machtkämpfe zwischen Feudalherren brechen aus, ein Umsturz folgt dem anderen. Die Tataren fallen in das Land ein und machen es 1242 zum Vasallen der »Goldenen Horde«. Der erstarkende serbische Staat setzt neue Grenzen.

Ab 1355
Bulgarien sucht Anlehnung an das Osmanische Reich, Serbien und Byzanz sind die Feinde. Das Land zerfällt in eine Vielzahl lokaler Herrschaftsgebiete.

1386
Zar Ivan III. (1371–1393) wird zum Vasallen des Sultans Murad I. Serbischer Widerstand und deren anfängliche Erfolge gegen die Osmanen lassen auch ihn die Heerfolge bald wieder verweigern. Die Osmanen greifen schließlich Bulgarien an und zerstören 1393 Tarnovo.

Ab 1393
Ganz Bulgarien wird zu einer türkischen Provinz degradiert, das sogenannte »osmanische Joch« währt fast 500 Jahre lang (s. Thema *500 Jahre Joch?*, S. 33). Das bulgarische Patriarchat wird abgeschafft, im 15. Jh. unterstellen die Türken die bulgarischen Christen dem Patriarchen von Konstantinopel.

Neuzeit
Ab 18. Jh.
Ab Mitte des 18. Jh. setzt ein verstärkter Emanzipationsprozeß des bulgarischen Volkes ein, in der bulgarischen Geschichtsschreibung als »Nationale Wiedergeburt« umschrieben. Der Kampf um eine verbesserte weltliche Bildung sowie für die Unabhängigkeit der bulgarischen Kirche gegenüber der Bevormundung durch das griechisch-orthodoxe Patriarchat mündet in einen sozialen und nationalen Befreiungskampf gegen die türkische

500 Jahre Joch?

Die bulgarische Geschichtsschreibung berichtet sehr wenig über die osmanische Zeit, und wenn, dann wird sie als Epoche der Fremd- und Schreckensherrschaft beschrieben, die die Entwicklung der Produktivkräfte behinderte. Elend in der Bevölkerung und niedergeschlagene Aufstandsversuche prägen schon nahezu klischeehaft das Bild, das von dieser fünfhundertjährigen Zeitspanne gezeichnet wird.

Doch die osmanische Herrschaft muß differenzierter gesehen werden: Die gesellschaftliche Entwicklung verzeichnete auch Fortschritte. Ohne Zweifel stülpten die Osmanen den Bulgaren gewaltsam – und verbunden mit vielen Greueltaten – eine neue und fremde Kultur über. Die christliche Führungsschicht – der Adel – wurde entweder völlig vernichtet oder mußte sich zwangsweise assimilieren. Zwar blieben die Bauern in einem Zustand weitgehender Rechtlosigkeit, doch waren, sieht man von der gewaltsamen ›Knabenlese‹ einmal ab, zwanghafte Bekehrungsversuche, wie sie die christliche Kirche praktizierte, den Osmanen eher fremd. Die ›Knabenlese‹ sah die Aushebung christlicher Knaben vor, die, nachdem sie am Sultanshof muslimisch erzogen worden waren, dem Janitscharenkorps einverleibt wurden. Obschon den osmanischen Herrschern mehr an wirtschaftlich potenten denn rechtgläubigen Untertanen gelegen war, wurden Übertritte zum Islam durch Steuervorteile und Privilegien (u. a. das Recht, Waffen tragen zu dürfen) begünstigt.

Schließlich begann sich seit dem 15. Jh. der riesige, einheitliche Wirtschaftsraum des Osmanischen Reiches positiv auf Handel und Gewerbe der neuen Provinz auszuwirken, die Militärmacht sicherte eine von außen kaum beeinträchtigte Entwicklung. Einzelne Dörfer und Bevölkerungsgruppen erhielten zunehmend Privilegien, entweder aufgrund ihrer besonderen Aufgaben (z. B. Bereitstellung von Hilfstruppen, Paß- und Brückenwächtern) oder dank ihrer ökonomischen Relevanz (Kaufleute und Bergarbeiter). Die sogenannten *Vojnik*-Dörfer im Balkangebirge und in den Rhodopen entstanden (Koprivschtiza, Panagjurischte, Kotel, Sheravna, Jambol, Sliven u. a.): relativ reiche Gemeinden mit autonomer Verwaltung, die sich schon von ihrem äußeren Erscheinungsbild her von anderen Dörfern unterschieden. Hier wuchs eine selbstbewußte und wirtschaftlich unabhängige Bevölkerung heran, die im 18. und 19. Jh. zu Trägern der ›Nationalen Wiedergeburt‹ werden sollte.

Hinrichtung von Aufständischen

Vorherrschaft. Namen wie Christo Botev, Georgi Rakovski und Vassil Levski sind mit diesem Befreiungskampf aufs engste verbunden (s. Thema *Namen aus dem Schulbuch*, S. 145).

1870   Errichtung des bulgarischen Exarchats: Sanktioniert vom Sultan sagt sich die bulgarische Kirche vom griechisch-orthodoxen Patriarchat in Konstantinopel (Istanbul) los.

1876   Der sogenannte ›Aprilaufstand‹ in mehreren Regionen des Landes löst einen blutigen Rachefeldzug türkischer Truppen aus. Die öffentliche Meinung Europas zeigt sich entsetzt über die bekannt gewordenen Grausamkeiten.

Das halbe Jahrtausend über blieb die orthodoxe Kirche ein stabilisierendes Element bulgarischer Kultur: Sie war es, die Traditionen und Bildungsgüter bewahrte und über Generationen hinweg weitervermittelte. Zwar verlor die bulgarische Kirche im 15. Jh. ihre Selbständigkeit, wurde dem griechischen Patriarchat von Konstantinopel unterstellt und mußte die Zerstörung oder Umwandlung vieler Kirchen und Klöster erdulden. Doch über zahlreiche größere und kleinere Klöster blieb sie in Kontakt mit der Bevölkerung. So paradox es klingen mag: Die religöse Toleranz der Osmanen, d. h. der Verzicht auf die Zwangsbekehrung der gesamten Bevölkerung bildete zusammen mit den weiterbestehenden Strukturen der orthodoxen Kirche eine Keimzelle zur Überwindung der osmanischen Fremdherrschaft.

Doch das Osmanische Reich bot nur bis ins 18. Jh. hinein den Rahmen für eine perspektivreiche Entwicklung Bulgariens. Die theokratische Struktur des riesigen Reiches, eine lähmende Zentralisierung und Bürokratisierung stellten sich einem dynamischeren Entwicklungsprozeß, wie er in Westeuropa seit Ende des 18. Jh. einsetzte, in den Weg. Die osmanische Gesellschaftsform erwies sich als unfähig, auf die zunehmende Konkurrenz mit den westeuropäischen Wirtschaftsmächten flexibel zu reagieren. Die vor allem im Bereich des Handels ökonomisch erstarkten bulgarischen Bevölkerungsgruppen nahmen darüber hinaus Ideen der europäischen Aufklärung auf.

Im Umfeld der *Vojnik*-Dörfer, der Klöster und der städtischen Handelszentren wurde schließlich der Gedanke der ›Nationalen Wiedergeburt‹ zum einigenden Band des Widerstands gegen eine überkommene Herrschaft, die nur noch als Hemmnis für eine fortschrittliche Entwicklung begriffen werden konnte.

1877/78	Im russisch-türkischen Krieg, in dem mit Hilfe des zaristischen Rußland nach opferreichen Kämpfen die türkischen Besatzer geschlagen werden, erlangt Bulgarien seine Unabhängigkeit.
1878	Am 3. März wird im ›Vorfrieden von San Stefano‹ von den beteiligten Parteien eine für Bulgarien günstige Grenzregelung getroffen, die allerdings auf dem Berliner Kongreß im Juli wieder aufgehoben wird. Die Großmächte setzen ihre Vorstellungen von den Grenzen Bulgariens durch. Auch die völlige Unabhängigkeit bleibt Bulgarien noch versagt. Ein dem Sultan weiterhin

tributpflichtiges Fürstentum nördlich des Balkangebirges entsteht, während die südlichen bulgarischen Gebiete zur autonomen türkischen Provinz Ostrumelien erklärt werden.

1879 In Tarnovo wird eine der liberalsten Verfassungen Europas verabschiedet. Die verfassunggebende Versammlung wählt den deutschstämmigen Prinz Alexander von Battenberg, Neffen der russischen Zarin, zum ersten Fürsten von Bulgarien.

1885 Gegen den Willen Rußlands wird die Vereinigung Ostrumeliens mit Bulgarien verkündet. Die Serben erklären daraufhin den Krieg und werden bei Slivniza geschlagen. Trotzdem muß von Battenberg 1886 auf russischen Druck hin abdanken.

1887–1899 Der ›liberale‹ Parlamentspräsident Stefan Stambulov prägt mit seinem autoritären Regierungsstil das politische Klima des Landes: Er versucht das Land aus dem Einflußbereich Rußlands zu lösen und durch Modernisierung von Wirtschaft und Verwaltung an Westeuropa heranzuführen. Der junge Prinz Ferdinand von Sachsen-Coburg-Gotha wird gegen russische Vorbehalte zum Thronfolger gewählt (1887–1918). Ferdinand sucht nach Stambulovs Rücktritt 1894 die Versöhnung mit Rußland. 1899 wird der Bauernbund gegründet, die einzige Partei, die sich in dieser Agrargesellschaft auf eine breite soziale Basis stützen kann.

1908 Während der ›Jungtürkischen Revolution‹ erklärt Ferdinand die völlige Unabhängigkeit Bulgariens und nimmt den Titel »Zar der Bulgaren« an.

1912/13 Die verbündeten Bulgaren, Serben und Griechen versuchen, den türkischen Einflußbereich weiter zurückzudrängen und führen gemeinsam den sogenannten ›Ersten Balkankrieg‹ gegen die Türkei. Die Bulgaren rücken bis Edirne vor.

1913 An die Aufteilung der türkischen Beute schließt sich der ›Zweite Balkankrieg‹ an. Bulgariens Versuch, in einer militärischen Blitzaktion vollendete Tatsachen zu schaffen, scheitert: Gegen die ehemaligen Verbündeten und die soeben besiegte Türkei muß Bulgarien eine schwere Niederlage hinnehmen und die Süddobrudsha an Rumänien sowie Adrianopel an die Türkei abtreten. Mit dem Piringebirge behält es nur den kleinsten Teil Mazedoniens.

1914–18   Zu Beginn des Ersten Weltkrieges erklärt Bulgarien seine Neutralität. Mit der Aussicht auf Mazedonien und Thrazien schließt es sich im Oktober 1915 den Mittelmächten an. Im September 1918 muß die Kapitulation erklärt werden. Im Oktober dankt Ferdinand zugunsten seines Sohnes Boris ab.

1919–23   Regierung unter Alexander Stambolijski, einem Bauernbundführer. Im November 1919 muß Bulgarien im Vertrag von Neuilly auf Mazedonien, die Süddobrudsha und den Ägäiszugang verzichten. Die Bulgarische Kommunistische Partei geht 1919 unter Dimiter Blagoev aus den Linkssozialisten hervor und wird nach dem Bauernbund zur zweitstärksten politischen Kraft des Landes.

1923–1939   Nach einem Putsch im Jahr 1923, der mit der Ermordung Stambolijskis endet, folgt bis 1931 die Regierung der demokratischen Allianz, ein heterogenes Bündnis bürgerlicher Parteien. Nach einem kommunistischen Aufstandsversuch im November 1923 wird die BKP 1924 verboten, ihre Führer Vassil Kolarov und Georgi Dimitrov emigrieren nach Moskau. Die Weltwirtschaftskrise trifft auch Bulgarien hart, das gerade zu einer raschen Industrialisierung angesetzt hatte, und schürt die Unzufriedenheit im Lande.

Unter wechselnden Regierungen und Koalitionen, die politisch einen zunehmenden Rechtsruck markieren, gelingt es Zar Boris III., eine auf wenige Vertrauensleute gestützte persönliche Herrschaft auszuüben (›Königsdiktatur‹).

1939–45   Zu Beginn des Zweiten Weltkriegs erklärt Bulgarien seine Neutralität, tritt allerdings 1941 dem Dreimächtepakt bei. Bulgarien erhält von den Deutschen Mazedonien und Thrazien. Unter dem Druck öffentlicher Proteste verweigert der Zar 1943 die Auslieferung der rund 50 000 bulgarischen Juden, während 12 000 Juden im besetzten Mazedonien und Thrazien der faschistischen Vernichtungsmaschinerie überantwortet werden. 1943 stirbt der Zar, der immer eine bestimmte Distanz zu Deutschland bewahren wollte, unter nicht geklärten Umständen. Eine »Vaterländische Front« übernimmt nach einem Putsch 1944 die Macht: Kommunisten besetzen Schlüsselpositionen in der Regierung. Churchill und Stalin einigen sich darauf, daß die Sowjetunion ein

Einflußrecht von 75 % auf Bulgarien erhält. Volksgerichte verurteilen Tausende zum Tode oder zu langen Haftstrafen. Die »Vaterländische Front« siegt als einzig zugelassene Liste bei Wahlen im November 1945 mit fast 90 % der Stimmen.

1946 In einer Volksabstimmung wird die Monarchie durch die Volksdemokratie ersetzt.

1947 Der Bauernführer Nikola Petkov wird hingerichtet, die Bauernpartei gleichgeschaltet. Die ›Dimitrov-Verfassung‹ bedeutet die Übernahme des stalinistischen Sy-

stems. Ende der 40er Jahre Verstaatlichungsmaßnahmen und feste Einbindung in den sowjetischen Machtbereich.

1948–54   Stalinistische Ära unter Tschervenkov. Viele angebliche Oppositionelle werden in Lager verschleppt und finden dort den Tod.

1954–62   Nach dem Tod Stalins setzt auch in Bulgarien eine schrittweise Entstalinisierung ein.

1962–89   Regierungszeit Schivkovs. Mit fortdauernder Hilfe der Sowjetunion wird die Industrie weiter ausgebaut und die landwirtschaftliche Produktion erhöht. Alle Ansätze zur Lockerung des starren Plansystems scheitern jedoch. Formen demokratischer Willensbildung werden nicht entwickelt, die Kommunistische Partei herrscht uneingeschränkt.

1989   Sturz Schivkovs am 10. 11. 1989 auf einer ZK-Sitzung. Einleitung der Demokratisierung und Gründung des oppositionellen Dachverbandes ›Union demokratischer Kräfte‹ (UDK).

1990   Die führende Rolle der KP wird aus der Verfassung gestrichen. Umbenennung der KP in ›Bulgarische Sozialistische Partei‹. Erste freie Wahlen am 10. 6. 1990, die Sozialisten gewinnen die absolute Mehrheit mit 211 von 400 Mandaten.

1991   Erneute Parlamentswahlen im Oktober. Das Oppositionsbündnis UDK erhält 34,4 % der Stimmen, die Sozialisten 33,1 %, die ›Bewegung für Rechte und Freiheit‹ (BRF) 7,6 %. Alle anderen Parteien scheitern an der 4%-Hürde.

1992   Die neue Regierung aus UDK und BRF schlägt einen strikt marktwirtschaftlichen Kurs ein (s. S. 21).

1994   Wahlsieg der Bulgarischen Sozialistischen Partei

1997   Vorgezogene Neuwahlen, die mit dem Sieg der ›Vereinigten Demokratischen Kräfte‹ (52,2 %) über die BSP (22,2 %) enden.

Das Pathos der frühen Jahre: Aufbau eines Chemiekombinats in Dimitrovgrad, Anfang der 50er Jahre. Porträts von links nach rechts: Dimitrov, Stalin und Tschervenkov

Gesellschaft und Kultur

Bevölkerung

Sozialer Alltag

Religion

Feste und Traditionen

Musik

Straßenmusikanten in Sofia

Bevölkerung

Die Bevölkerung Bulgariens beträgt heute ca. 9,5 Mio. Einwohner. Nach der Befreiung von der osmanischen Herrschaft Ende des 19. Jh. lebten hier nur 3 Mio. Menschen. Ein- und Auswanderungswellen veränderten in der Folgezeit immer wieder die Anzahl der Bewohner. Waren es kurz nach dem Zweiten Weltkrieg bereits 7 Mio. Einwohner, so führte in den folgenden Jahrzehnten die Erhöhung der Lebenserwartung zu einem Anstieg der Bevölkerungszahl.

Die **Einwohnerdichte** beträgt ca. 80 Einw./km². Verglichen mit Deutschland, wo 254 Einw./km² leben, ist das eine geringe Zahl. Die Bevölkerung konzentriert sich auf die größeren Städte, während die Bergregionen nur eine schwache Besiedlung aufweisen. Man kann stundenlang durch die Berge wandern, ohne eine Menschenseele anzutreffen. Infolge der Industrialisierung vollzog sich im Lauf der vergangenen 40 Jahre eine enorme Wanderungsbewegung. Lebten kurz nach dem Krieg noch 75 % der Bevölkerung auf dem Lande, so hat sich das Verhältnis heute fast umgekehrt, zwei Drittel der Menschen leben in Städten. Besondere Attraktivität hat dabei Sofia gewonnen, jeder achte Einwohner Bulgariens lebt heute in der Hauptstadt. Schätzungen gehen davon aus, daß mehr als 1 Mio. Bulgaren im Ausland leben, viele davon in den unmittelbaren Nachbarländern, aber auch in Australien, Kanada und den Vereinigten Staaten.

Heute überwiegt in Bulgarien die **Kleinfamilie.** »Vater, Mutter und ich«, wie der Titel eines Schlagers lautet. Im statistischen Durchschnitt hat eine Familie 1–2 Kinder. Unterschiede zwischen Stadt und Land fallen dabei nicht so sehr ins Gewicht wie ethnische Unterschiede (s. Thema *Roma, Gagausen, Pomaken und Türken,* S. 121). Bei den Minderheiten der Türken und Roma ist die Zahl der Kinder in der Regel größer. Auch hier traten im Zuge der Industrialisierung starke Veränderungen ein; noch in den 40er Jahren herrschte die aus drei Generationen bestehende Großfamilie vor.

Sozialer Alltag

Im Wertesystem der Bulgaren genießt die **Familie** einen hohen Stellenwert. Bei Befragungen über die wichtigsten Dinge des Lebens firmiert die Familie immer vor Reichtum, Wissen, Kunst und Arbeit. Zum einen erklärt sich dies aus der immer noch lebendigen patriarchalen Tradition, andererseits stellte die Familie einen Gegenpol zu den festen Strukturen des sozialistischen Staates dar. Sie war eine Nische individueller Freiheiten.

Obwohl heute die Kleinfamilie die gängige Form des Zusammenlebens darstellt, ist die **Verbindung**

Immer noch
»schüchterne Tauben«?

Frauen in Bulgarien

Wenn man die heutige Situation der Frau in Bulgarien beschreiben will, wird man unweigerlich auf einige Widersprüchlichkeiten stoßen. Traditionellen patriarchalen Verhaltensweisen wird man ebenso begegnen wie der modernen, jungen Frau, die selbstbewußt und unabhängig ihr Leben meistert. Wie ist das zu erklären?

Im alten, ländlichen Bulgarien ließen die gesellschaftlichen Normen den Frauen nur geringen individuellen Handlungsspielraum. So durften sie weder mit einem fremden Mann auf der Straße reden noch ihm in die Augen sehen, sondern mußten mit tief gebeugtem Kopf vorbeigehen. Auf der Straße hatte eine Frau ihrem Ehemann mit ein bis zwei Schritten Abstand zu folgen, von sich aus durfte sie kein Gespräch beginnen. Erst nach ihrem Mann war es ihr gestattet, am Tisch Platz zu nehmen oder mit dem Essen anzufangen.

Obwohl sich seit dem Zweiten Weltkrieg vieles geändert hat, sind unterschwellig patriarchale Strukturen lebendig geblieben. In einigen Dörfern werden die alten Frauen noch immer nicht mit ihrem eigenen Vornamen angeredet, sondern allein mit dem ihres Mannes. So wird also die Frau von Christo – egal ob sie Elena, Stefka oder Radka heißt – *Christoviza* genannt, was soviel bedeutet wie ›die von Christo‹ oder ›die dem Christo gehört‹. Noch immer gilt es als Wertschätzung, wenn eine Frau als *placha galabiza* (›schüchterne Taube‹) bezeichnet wird. Fleiß, Hörigkeit und Unterordnung waren gefordert und gelten weiterhin – auch wenn das so offen nicht formuliert wird – als wünschenswert für eine Frau, gerade auch für das Auftreten und Wirken von Frauen im öffentlichen Leben. Zuhause verfügte sie als Ehefrau und besonders als Mutter über einen bestimmten Entscheidungs- und Handlungsspielraum. Sie war für die Arbeit im Haus und die Versorgung der Großfamilie zuständig. Diese beschränkte Autonomie endete jedoch an der Haustür.

Die Unterordnung der Frau war allgemein, besonders dominant war jedoch die Rolle des älteren Mannes, des Vaters und des Schwiegervaters. Dieses paternalistische Prinzip wurde von der Kommunistischen Partei noch zusätzlich verstärkt und in ihren Strukturen repro-

duziert. An die Stelle der Bevormundung durch den Vater trat die Bevormundung durch die Partei. Der zentralistisch-hierarchische Parteiaufbau, die Rolle der Partei und von ›Vater Staat‹ als führender und lenkender – gleichzeitig aber auch beschützender und fürsorglicher – Instanz macht dies deutlich. Unter diesen Verhältnissen konnten sich nur schwer individuelle Aktivitäten entfalten. Obwohl Frauen im Sozialismus offiziell gleichberechtigt waren, war von dieser Gleichberechtigung nur wenig zu spüren. Die höheren Leitungsposten in Staat und Partei wurden und waren fast ausschließlich von Männern besetzt.

Andererseits scheinen Frauen in Bulgarien genauso frei und selbstbewußt zu sein wie in Westeuropa. Fast alle Frauen waren im Sozialismus berufstätig. Eigenes Einkommen schuf den Frauen Freiräume, die sie selbstbewußt zu nutzen verstanden. Die Erwerbsarbeit eröffnete ihnen neue Identifikationsmöglichkeiten: Gemeinsam wurde im Kollektiv gearbeitet, zusammen gefeiert und gemeinsame Urlaube verbracht.

Das gewachsene Selbstbewußtsein bulgarischer Frauen wird zuallererst in der Öffentlichkeit deutlich. Sie bewegen sich nicht mehr im Schlepptau des Mannes. Frauenfreundschaften nehmen einen wichtigen Rang ein, man geht zusammen spazieren, ins Kino, eine Tasse Kaffee oder ein Glas Wein trinken. Inzwischen nehmen Frauen am gesellschaftlichen und politischen Leben genauso teil wie die Männer. Die Vereinbarkeit von Beruf und Familie wird von bulgarischen Frauen als selbstverständlich angesehen. Die bestehenden Kinderbetreuungsmöglichkeiten schufen dafür bislang die notwendige Grundlage, auch wenn die familiäre Arbeitsteilung weiterhin von patriarchalen Denkweisen geprägt ist.

Der Umbruch der Gesellschaft in den 90er Jahren mit der damit verbundenen hohen Arbeitslosigkeit und den sich verändernden Wertorientierungen wird die Frauen vor große Probleme stellen. Der Versuch, vieles auf ihrem Rücken auszutragen, hat schon eingesetzt.

zu den Großeltern sehr eng geblieben. Die meisten jungen Familien rechnen auf deren materielle Unterstützung, wenn sie eine eigene Existenz gründen. Im Gegenzug räumt dies den Großeltern erhebliches Mitspracherecht in familiären Angelegenheiten ein. Die Familie garantiert auf diese Weise enge Beziehungen, emotionale Teilnahme und Geborgenheit. Gleichzeitig ergeben sich daraus Konflikte und Meinungsverschiedenheiten zwischen den Generationen.

Im Durchschnitt heiraten die Bulgaren im Alter von 22 bis 26 Jahren, oft direkt nach der Ausbildung. Bis zu diesem Zeitpunkt leben die jungen Erwachsenen noch bei ihren Eltern. Auf diese Weise werden sie lange Zeit umsorgt und verpflegt und können nur schwer ein selbständiges Leben erproben. Von daher stellt die **Heirat** einen großen Umbruch im Leben der jungen Leute dar. Tendenzen, schon vor der Heirat allein zu leben, kristallisierten sich erst in den letzten Jahren heraus.

Im Normalfall ist Heirat immer mit dem Kinderwunsch verbunden. Die **Namensgebung** des neugeborenen Kindes spielt in Bulgarien eine große Rolle. Traditionsgemäß trägt der erstgeborene Junge den Namen des Großvaters väterlicherseits, ein Mädchen erhält den Namen der Großmutter väterlicherseits. Weitere Kinder können dann die Namen der Großeltern mütterlicherseits tragen oder die der Paten. Diese Tradition wird bis heute

gepflegt, gerade weil die Großeltern großen Wert darauf legen. Es gibt natürlich auch Abweichungen: Kompromisse werden gesucht, indem man zumindest den ersten Buchstaben des großelterlichen Vornamens beibehält. So wird z. B. aus dem Vornamen der Großmutter Ivanka jetzt Iva, was noch slawisch klingt, oder das französisch klingende Ivon. Auch bei der Kinderbetreuung spielen die Großeltern eine wichtige Rolle. Sie bringen ihre Enkel zur Schule und holen sie meist auch wieder ab. Selbst in der Freizeit sind die Großeltern dabei, denn sie begleiten die Kinder zum Sprach- und Musikunterricht, zum Schlittschuhlaufen oder ins Kindertheater. An Wochenenden besucht die junge Familie in der Regel die Großeltern, um dort gemeinsam zu essen.

Der traditionellen patriarchalischen Familie galt die Ehe als untrennbarer Bund fürs Leben. Scheidungen gab es nur in extremen Ausnahmefällen, die Geschiedenen waren mit einem lebenslangen Makel behaftet. Unter den Kommunisten wurde mit der Erleichterung der Scheidung eine gerade für Frauen entscheidende Wende herbeigeführt. Die **Scheidungsrate** ist in den vergangenen Jahrzehnten kontinuierlich gestiegen, so daß heute fast jede fünfte Ehe wieder geschieden wird. Merkwürdig daran ist nur, daß die Mehrzahl der Geschiedenen innerhalb kürzester Zeit erneut eine Ehe eingehen. In kleineren Dörfern ist diese Tendenz noch nicht so stark ausgeprägt, traditionelle Bindungen haben hier mehr Gewicht. So gibt es hier sechs- bis siebenmal weniger Scheidungen als in Städten.

Leben mit den Nachbarn

»Gib mir keinen Reichtum, gib mir einen guten Nachbarn« lautet ein altes bulgarisches Sprichwort. Nachbarschaft ist für Bulgaren keine Nebensache, sondern eine auf Gegenseitigkeit beruhende Lebensform. Man feiert zusammen, teilt sich Schlechtes wie Gutes mit und unterstützt sich gegenseitig im Alltag. In den Jahrhunderten der osmanischen Unterdrückung konnte dieses persönliche Netz vieles auffangen, retten und aufbauen helfen.

Nach der Befreiung von den Türken hat sich auch auf diesem Gebiet einiges verändert, aber man kann immer noch auf dem Lande zwischen den Nachbarhöfen jene kleinen Pforten oder Öffnungen finden, die den raschen Gang zum Nachbarn ermöglichen. Früher, wenn Gefahr drohte, dienten diese Türen als Fluchtweg über die Nachbarhöfe. So waren die einzelnen Höfe und Häuser miteinander zu einem **Netzwerk** verbunden und verstärkten den Zusammenhalt der Gemeinschaft. Oft waren in die Trennmauern auch nur kleine Fensteröffnungen eingebaut, durch die man rasch Informationen weitergeben, zwischendurch ein bißchen plaudern oder sich schnell etwas Fehlendes im Haushalt leihen konnte. Es ist heute noch eine Selbstverständlichkeit, sich beim Nachbarn etwas Salz, Brot, Zucker oder Eier zu holen. Diese Tradition hat sich in den Kleinstädten fortgesetzt. Bei Umsiedlungen vom Dorf in die Stadt wird häufig versucht, die alten Nachbarn beizubehalten, indem man entweder die neuen Häuser nebeneinander errichtet oder in dasselbe Viertel zieht. Nachbarn helfen sich gegenseitig beim Hausbau, bei der Kinderbetreuung oder auch beim Einkaufen.

In der Großstadt sieht das anders aus: Die Bedeutung der nachbar-

Hochzeit in Sofia

schaftlichen Beziehungen ist zurückgegangen, denn hier hat sich ein Teil der Kontakte auf den Arbeitsbereich verlagert. Die Arbeitskollegen und -kolleginnen nehmen jetzt die Rolle eines wichtigen Gesprächspartners ein. Bei ihnen kann man Geld borgen, Neuigkeiten austauschen und sich gegenseitig Tips geben. Doch auch in der Großstadt hat jeder immer noch einen Nachbarn, bei dem er bei Bedarf schnell etwas holen kann, bei dem man die Hausschlüssel läßt, wenn man verreist oder der die Blumen gießt. Die alte ungeschriebene Regel »dem Nachbarn kann man nicht nein sagen« ist auch hier nicht völlig außer Kraft gesetzt.

Freizeit und Öffentlichkeit

»Es ist besser eine sinnlose Arbeit zu verrichten, als untätig herumzustehen.« Dieses Sprichwort drückt das Arbeits- und Lebenskonzept der alten Bulgaren aus. Bis vor ein oder zwei Generationen war das Wort Freizeit unbekannt oder ihm haftete ein negativer Beigeschmack an. Freizeit wurde gleichgesetzt mit Müßiggang und Nichtstuerei.

Heute hat sich die Lebensauffassung weitgehend verändert. In den letzten Jahren wurde für den Großteil der Bevölkerung die 5-Tage-Woche und ein 8,5 Std. währender Arbeitstag durchgesetzt. Der bezahlte Jahresurlaub liegt zwischen drei und acht Wochen. Es zeichnet sich deutlich die Tendenz einer größeren Wertschätzung der Freizeit ab. Besonders in der jungen Generation kann das alte Sprichwort keine Gültigkeit mehr beanspruchen. Das Maß an persönlicher Freizeit sowie Umfang und Vielfalt des Freizeitangebotes sind entscheidend geworden für Berufs- und Wohnortwahl. Die kulturellen Freizeitmöglichkeiten bilden für die meisten Jugendlichen den Hauptgrund, nach Sofia oder in eine andere Großstadt zu ziehen. Die Großstadt hat die **Jugendkultur** aufblühen lassen: Mittlerweile begegnet man auch in Bulgarien den jeweils neuesten Moden und Jugendstilen. Wie in Westeuropa stellt die Musik das ausschlaggebende Unterscheidungsmerkmal dar. In den Städten trifft man

Savoir vivre auf bulgarisch

»Was ist schon das Leben«, fragte sich der alte Dimiter Zekov aus dem Dorf Zemen bei Radomir, und der Volkskundler Ivan Hadschijski hat in den 40er Jahren die Antwort darauf in einem Buch festgehalten: »gut zu essen,
gut zu plaudern,
sich schön zu kleiden.«
Es ist schon einige Zeit vergangen, seitdem dieses Lebenskonzept geäußert wurde und vieles hat sich in der Lebensweise und den Lebensvorstellungen, in den Bedürfnissen und Wünschen der Menschen verändert. Man reist jetzt viel, bewegt sich anders inner- und außerhalb des Landes. Das Interesse an fremden Ländern ist gestiegen, neue Bedürfnisse haben sich entwickelt, der Lebenshorizont hat sich insgesamt erweitert. Doch die oben genannten drei Punkte umreißen auch heute noch einiges von typisch bulgarischer Mentalität und Lebensart.

Auf gutes Essen wird in Bulgarien großer Wert gelegt. »Gut zu essen«, das bedeutet nicht nur die Befriedigung eines rein körperlichen Bedürfnisses. Gut zu essen, oder wie die alten Bulgaren sagten, »sich die Seele zu versüßen«, ist auch eine weitgehend soziale Angelegenheit. Man befriedigt dieses Bedürfnis nicht einfach durch reichliches Speisen, sondern in erster Linie durch gemeinsames Essen, festliches Essen, vergnügliches Essen. Dies wird besonders deutlich bei Verlobungen, Hochzeiten und Treffen mit Freunden und Bekannten.

Zum Essen zählt das Trinken untrennbar dazu: Schnaps und Wein. In der Regel wird mit Schnaps begonnen. Dazu ißt man Salat. Zum Hauptgang wird Wein getrunken, früher in der Regel Rotwein, heute auch Weißwein und Rosé, neuerdings auch Bier. Bezeichnend ist, daß

Punks und Heavy Metal-Fans ebenso wie Rocker und New Wave-Anhänger.

Bei den heimischen **Freizeitaktivitäten** stehen Fernsehen und Rundfunkhören an erster Stelle. Der Bedeutung nach folgen Sport, Haushaltstätigkeiten sowie Lesen von Zeitungen und Zeitschriften. Bei den Freizeitaktivitäten außerhalb des Hauses rangiert der Besuch von Freunden weit oben. Aber auch kulturelle Veranstaltungen wie Kino, Konzerte und Theater sowie Sportveranstaltungen nehmen einen wichtigen Platz ein.

zum Trinken immer etwas gegessen wird. Auf bulgarisch heißt das *meze*, das Wort kommt aus dem Türkischen und bezeichnet alle Kleinigkeiten, die beim Trinken verspeist werden: Salat, Wurst, Käse, Brot, u. a.

»Gut zu plaudern« bedeutet in Bulgarien nicht nur, Informationen auszutauschen, sondern bezieht sich auf das Gespräch selbst, darauf, zusammen zu sein und miteinander in Kontakt zu kommen. Bulgaren sprechen gern und viel, nicht allein mit Bekannten, Verwandten und Freunden, sondern auch mit Fremden, denen man zufällig begegnet: Schnell kann sich ein intensives und langes Gespräch entspinnen.

Vor allem in Dörfern und kleinen Städten sieht man oft Bänke vor den Häusern, wo abends Frauen und Männer sitzen, um mit Vorbeikommenden ein Schwätzchen zu halten. In Bulgarien ist es üblich, daß jeder mit jedem spricht, unabhängig von Beruf und sozialer Stellung.

»Sich schön zu kleiden« darauf wird in Bulgarien sehr viel Wert gelegt. Das läßt sich schon an den alten Trachten ablesen. Sie sind mit aufwendigen und farbenprächtigen Stickereien verziert. Häufig trifft man auf viel Rot, aber auch besondere Farben wie Pink und Lila sind keine Seltenheit. Viele der verwendeten Motive stammen aus der Natur, wie z. B. Blumen und Vögel, aber es gibt auch stilisierte und völlig abstrakte Muster. Bezeichnend ist die außergewöhnliche Vielfalt der Trachten, jede Region, ja jedes Dorf verfügt über eigene Trachten. Viele der bei Trachten verwendeten Motive sind auf Teppichen, Läufern oder Kissen, aber auch als Verzierung auf Geschirr wiederzufinden.

Im Alltag werden heute keine Trachten mehr getragen. Doch der Wunsch, sich schön zu kleiden, ist geblieben. Besonders junge Mädchen und Frauen verwenden viel Zeit und Geld darauf, modern und chic angezogen zu sein. Bei einem Bummel durch Sofias Innenstadtbereich wird man auf ebenso viele Modetrends treffen wie in westlichen Metropolen.

Die Bulgaren können als ein Volk der Kinogänger bezeichnet werden. Für junge Leute ist es normal, ein- bis zweimal wöchentlich ins Kino zu gehen.

Weit mehr als bei uns ist es in Bulgarien üblich, sich im Freien aufzuhalten. Man verbringt viel Zeit mit Spazierengehen und in Parks, die Grünanlagen der Städte sind meist voll von Leuten. Früher gab es ganz bestimmte Straßen und Plätze, die abends nach der Arbeit aufgesucht wurden. Man ging mehrmals auf und ab, traf bekannte Gesichter und stellte sich zur

Schau, wie es aus mediterranen Ländern bekannt ist *(volta, corso)*. Diese Orte wurden mit einem eigenen Namen bezeichnet: *stargaloto*, was soviel wie ›Reibe‹ bedeutet und das Hin- und Hergehen bezeichnet. In Sofia war zu Anfang des Jahrhunderts der Boulevard Zar Osvoboditel sozialer Mittelpunkt, in Varna der Meeresgarten. Eine sehr wichtige Funktion sozialer Kommunikation erfüllten diese *stargalotos* in kleineren Städten. Heute ist diese Sitte zwar zurückgegangen, aber immer noch weiß jeder, in welchen Straßen und an welchen Plätzen ›man sich trifft‹.

Am **Wochenende** stehen Haushalt und Familie im Mittelpunkt. Viel Zeit wird für die Bereitung opulenter Mahlzeiten aufgewendet. Vor allem Großstädter unternehmen häufig Ausflüge in die unmittelbare Umgebung. Viele verfügen über Wochenendhäuser außerhalb der Stadt: Dort sucht man Erholung, arbeitet im Garten und baut Obst und Gemüse an. Das Einwecken von Obst, das Einlegen von Gemüse wie Paprika und Tomaten, und das Herstellen aller Arten von Kompott und Konfitüre ist bei fast allen Familien verbreitet. Dazu zählen auch bei uns kaum bekannte Rezepte für Konfitüre aus unreifen Walnüssen, grünen Tomaten oder Feigen oder auch aus Rosenblättern. Auch die alte Tradition, eigenen Wein und Schnaps zu produzieren, wird weiter gepflegt. Voller Stolz wird im Winter Besuchern gerne ein selbst erzeugter Tropfen angeboten. Viel wird dann freundschaftlich gestritten, aus welcher Region diesmal der beste *Grappa* oder der beste *Slivova* kommt und wer den süffigsten Wein hergestellt hat.

Da ein Großteil der Stadtbewohner erst im Laufe der letzten 30–40 Jahre vom Land in die Stadt gezogen ist, ist die Verbundenheit mit dem Heimatdorf in der Regel noch sehr ausgeprägt. Bulgarische Städter leben heute praktisch in zwei unterschiedlichen Kulturen. Sie arbeiten in einer Fabrik oder einem Büro und leben in einer normalen großstädtischen Wohnung, die Wochenenden verbringen sie jedoch mit landwirtschaftlicher Arbeit im heimatlichen Dorf. Freitags nach Arbeitsschluß zieht eine regelrechte Pkw-Karawane aus den Städten in die Dörfer, um am Sonntagabend vollbeladen mit Tomaten, Kartoffeln und Äpfeln zurückzukehren.

Religion

Die meisten Gläubigen in Bulgarien sind Christen und bekennen sich zur ostorthodoxen Kirche. Geleitet wird sie vom Heiligen Synod der Bulgarischen Orthodoxen Kirche, an deren Spitze der Patriarch von Sofia steht. Das ganze Land ist in 10 Eparchien eingeteilt.

Die Grundlagen einer eigenständigen bulgarischen Kirche wurden bereits während des Ersten Bulgari-

Ikonenmaler im Rila-Kloster

schen Reiches gelegt. Noch vor der Befreiung des Landes von der osmanischen Herrschaft erlangte die bulgarische Kirche ihre Unabhängigkeit wieder, indem 1870 das Bulgarische Exarchat (seit 1953 Bulgarisches Patriarchat) verkündet wurde. Seit der ›Wende‹ 1989 zeichnet sich ein verstärkter Einfluß der Kirche im öffentlichen Leben, in den Medien und in der Politik ab. Die Kirchen finden wieder mehr Zulauf, und wenn wie überall in der Mehrzahl alte Menschen das Bild in Kirchen und Klöstern prägen, so ist es doch keine Seltenheit mehr, junge Menschen in moderner Kleidung sichtlich ergriffen vor der Ikonostase beten zu sehen.

Die türkische Minderheit bekennt sich in der Regel zum Islam.

An der Spitze steht der Hohe Mufti. Der römisch-katholische Glaube ist nur wenig verbreitet, in den 70er Jahren gab es 30 Kirchen und 40 Priester, dazu kamen 17 Kirchen der Unierten Kirche mit über 20 Priestern. Verschiedene kleinere Sekten erhalten seit einigen Jahren verstärkt Zulauf.

Feste und Traditionen

Der Umbruch Ende 1989 hat sich auch auf Feiertage und Festtagsbräuche ausgewirkt. Es handelt sich um grundlegende Wandlungsprozesse, die noch längst nicht abgeschlossen sind. Eine Reihe von Feiertagen, die mit dem Sozialismus in Verbindung standen, wurden abgeschafft, christliche Traditionen hingegen wieder neu belebt. Aber auch eine etwas nostalgische Rückbesinnung auf alte Volksfeste und Traditionen ist zu verzeichnen.

Am **Neujahrsmorgen** schlagen die kleinen Kinder mit *survakniza* – das sind Ruten der Kornelkirsche, deren Enden geflochten und mit Münzen, Gebäck, Maiskolben, getrocknetem Obst, bunten Schleifen

Unverstellt: Kukeri verkünden den Frühling

geschmückt sind – ihren Eltern und anderen im Hause auf den Rücken und wünschen:

»Ein frisches, frisches Jahr!
Ein frohes Jahr!
Volle Ähren auf dem Felde,
Goldenen Mais auf dem Zaune,
Rote Trauben an der Rebe,
Gelbe Quitten im Garten …

Einen vollen Beutel Geld …
Ein frisches, frisches Jahr,
Bleibt gesund bis zum nächsten,
Zum nächsten Jahr, bis zum Amen!«

Dieser typische Neujahrsbrauch *survakane* wurde früher nur von Knaben bis 16 Jahre praktiziert. Sie

Gestellt: Folkloreensemble in Etar

gingen im Dorf in kleinen Gruppen von Haus zu Haus, klopften an die Türen, sagten ihre Glückwünsche, sangen Neujahrslieder und erhielten dafür Geschenke, wie z. B. getrocknetes Obst, Nüsse und Gebäck. Weihnachten (bulg. *koleda*) wird derselbe Brauch ausgeübt, man nennt die Herumziehenden dann *koledari*. Heute nehmen

auch Mädchen daran teil. Wenn man in den Städten auch zumeist nicht mehr von Haus zu Haus geht, so werden doch zumindest die Großeltern, Verwandte und Bekannte aufgesucht. Die Kinder tragen heute nicht nur die alten Sprüche vor, sondern auch neue Gedichte und Lieder. Sie werden dafür mit kleinen Geschenken oder Geldsummen bedacht.

Survakane ist eines jener zahlreichen Feste, die dem jährlichen Rhythmus der Natur folgen und dem christlichen Kalender entsprechen. Wie bei den meisten Festen zeigt sich hier eine eigenartige Mischung aus heidnischen, christlichen und modernen Elementen. *Survakane* gehört zu den Winterfesten, die mit *Dimitrov den* (26. Oktober) anfangen und in der Weihnachtszeit ihren Höhepunkt erreichen. Der Dimitrovtag wird groß gefeiert, nicht nur von den Namensträgern, sondern von allen Bulgaren, denn nach alter Tradition soll bis zu diesem Tag die Ernte eingebracht sein. Die Saisonarbeiter wurden an diesem Tag bezahlt und konnten nach Hause fahren. Jetzt konnte die Zeit der großen Feste beginnen.

Am **Heiligen Abend** müssen traditionell sieben oder neun vegetarische Gerichte auf den Tisch gebracht werden, sie symbolisieren die Hoffnung, der Tisch möge im nächsten Jahr ebenso reichlich gedeckt sein. Wichtig ist auch das selbstgebackene Brot mit einer Münze darin. Der älteste Mann des

Hauses bricht das Brot auf und verteilt es. Wer die Münze findet, soll das größte Glück im kommenden Jahr haben. Damit ist auch das Ende der Fastenzeit eingeleitet. Noch heute werden auf den Dörfern nach Weihnachten Schweine geschlachtet, was mit einem großen Fest verbunden ist.

Am **6. Januar,** dem Jordanstag, meist die kälteste Zeit des Jahres, wird ein großes Kreuz in das eiskalte Wasser eines Flusses geworfen. Es ist Aufgabe der Männer, es wieder herauszuholen. Ein Spektakel, das mit viel Aufregung, Rufen und selbstverständlich auch Trinken und Tanzen verbunden ist.

Auch der nächste Tag ist ein Festtag: Der **7. Januar** ist Ivanstag, der nicht allein als Namenstag begangen wird, sondern auch als Tag der Trauzeugen gefeiert wird. Über den Tag der Hochzeit hinaus spielen die Trauzeugen eine herausgehobene Rolle. Am Ivanstag gehen die Verheirateten zu den Trauzeugen, bringen Schnaps und Wein mit, gebratene Ente, Schweinefleisch und *baniza*. Früher war das mit einer ›Bitte um Entschuldigung‹ verbunden, einer Art Buße für das vergangene Jahr, und einem fröhlichen Neubeginn.

Ein wichtiges Ereignis in Bulgarien stellen die *kukeri* dar, Masken- und Karnevalsspiele, die meist um Weihnachten oder Neujahr herum stattfinden und bis in den Februar hinein andauern. Die Männer tragen ausgefallene Kostüme aus Fell, haben phantasievolle Masken über den Kopf gestülpt und binden sich Schaf- und Kuhglocken um die Hüften. Die *kukeri* springen und tanzen mehrere Stunden lang, gehen von Haus zu Haus und holen die Leute auf die Straße. Dabei vollführen sie symbolische Gesten und spielen kleine, genau festgelegte rituelle Szenen. Das Ganze endet mit gemeinsamem Essen, Trinken und Tanzen aller Anwesenden. Die *kukeri* sind Relikte alter Fruchtbarkeitsrituale, die bis heute fortleben.

Der **14. Februar,** *Trifon Saresan,* ist der Tag des Weines und der Weinbauern. Man geht in den Weinberg und beschneidet den Wein: Relikte des alten Dionysos-Kultes haben sich hier erhalten.

Am **1. März** schenkt man allen Freunden und Bekannten die sogenannten *marteniza.* Sie bestehen aus einem weißen und einem roten Fadenbündel, dazu können auch noch kleine Glas- und Plastikanhänger kommen. Die *marteniza* gehen auf alte heidnische Traditionen zurück, man trägt sie für Glück und Gesundheit im beginnenden Frühjahr. Man läßt sie entweder bis Frühlingsanfang oder bis zum ersten blühenden Busch an der Jacke haften. Dann wird die *marteniza* an einen Baum gehängt.

Am **Palmsonntag** wird *zvetniza* gefeiert. *Zvete* bedeutet im Bulgarischen Blume, und der Tag ist allen gewidmet, die einen Blumennamen tragen: Margarita, Zvetko, Rosa. Früher war das ein Brauch für junge Mädchen, die Kränze aus

Palmweiden trugen. Er umfaßte zahlreiche symbolische, dramatische und poetische Elemente. Die Mädchen tanzten und sangen Lazarslieder, in denen der Wunsch nach Fruchtbarkeit der Äcker und nach einem Liebsten zum Ausdruck gebracht wurde. Heute werden an diesem Tag Karnevalsumzüge veranstaltet. Damit sind Verkleidungen, verschiedene Attraktionen, Spiele, Tänze und Lieder verbunden. Dabei wird neuerdings auch auf aktuelle politische Ereignisse Bezug genommen.

Von den zahlreichen **Sommerbräuchen,** die im wesentlichen der Regenbeschwörung dienten (z. B. *peperuda, german*), sind heute nur noch wenige Elemente erhalten geblieben.

Musik

Bulgarien ist die Heimat von Orpheus. Musik hat hier immer eine große Rolle gespielt – ob Flöte oder Gesang, ob als Kirchen- oder Volksmusik, als wilde *tschalga* (Hochzeitsmusik) oder als zartes Liebeslied, Musik hat die Bulgaren stets in ihrem Alltag begleitet.

Schon im Frühmittelalter gab es hier eine hochentwickelte musikalische Kultur. In Veliko Tarnovo wurde eine nationale kirchliche Gesangsschule gegründet, die auch außerhalb des Bulgarenreiches Einfluß auf die Musik ausübte. Im 13./14. Jh. wirkte Joan Kukusel

– Sänger, Komponist und Musiktheoretiker. Sein Schaffen war von nachhaltiger Wirkung auf die Entwicklung der ostorthodoxen Kirchenmusik.

In den Jahren der Osmanenherrschaft war das Praktizieren sakraler und – in westlichem Sinne – höfischer Musik sehr begrenzt, ja verboten. So erblühte als einzig mögliche Form die Volksmusik zu unvergleichlichem Reichtum und großer Ausdrucksvielfalt. Liebes- und Heldenlieder, Brauchtums- und Arbeitslieder, kämpferische Heiduckenlieder und Tanzlieder umreißen das Spektrum. Neben vielen langsamen Klageliedern, erfüllt von unermeßlicher Trauer und voller Sehnsucht nach Freiheit, stehen sehr fröhliche, scherzhafte und schnelle Lieder. Die gesamte musikalische Sensibilität der Bulgaren fand in diesen Volksliedern ihren Ausdruck.

Kennzeichnend für die bulgarische Musik ist ihre eigenartige Melodik, ihr spezifischer metrorhythmischer Reichtum, die asymmetrischen Takte wie z. B. $^5/_8$, $^7/_8$, $^9/_8$, $^{11}/_8$-Takte. Häufig werden verlängerte Taktzeiten wie $^8/_8$, $^{10}/_8$, $^{12}/_8$ usw. benutzt, wozu auch die besondere Betonung bestimmter Taktteile gehört. Die im Prinzip einstimmige Anlage wird beim Gesang häufig durch Parallelführungen bereichert.

Die wichtigsten **Musikinstrumente** sind die *gadulka* (ein birnenförmiges Streichinstrument mit zwei bis fünf Saiten, der Klang

Der 1952 gegründete Frauenchor The Bulgarian Voices Angelite

The Bulgarian Voices Angelite

Musikfreunde sind beim ersten Hören gleichermaßen fasziniert, erstaunt und irritiert, fällt es doch nicht leicht, den dargebotenen Hörgenuß zu ›verdauen‹: Lyrischen Passagen folgen rasch wechselnde rhythmische Klänge im $^7/_{16}$ oder $^3/_8$ Takt, die vertrauten Terzen sind Mangelware, melodisch steht die Sekunde im Vordergrund, schrille

ähnelt einer alten Viola), die *gusla* (einsaitiges Streichinstrument mit geringem Tonumfang), die *kaval* (eine häufig als Soloinstrument verwendete Hirtenflöte) und die *gaida* (ein dudelsackähnliches Blasinstrument).

Die **Volksmusik** in Bulgarien ist oft mit Tanz verknüpft. Die wichtigsten Volkstänze sind *horo* (mehrere Personen tanzen aneinandergereiht) und *ratscheniza* (man tanzt allein oder paarweise, die Hände in den Hüften). Die *tschalga* ist eine Hochzeits- und Festmusik, die in ihrer Sinnlichkeit zum Essen, Trinken, Tanzen und Flirten animiert. Sie wird heute mit Flöte,

Schreie unterbrechen unerwartet die immer wieder vorwärts drängende Musik. Vielfache Assoziationen eröffnen sich: Stücke von Strawinsky und Bartok scheinen manchmal auf, asiatische und arabische Anklänge werden fühlbar, Vergleiche mit spanischer und französischer Musik aus dem 13. und 14. Jh. sind nicht unbegründet.

Dieses Eindringen in eine hierzulande wenig bekannte Welt der Musik erlaubt der bei uns bekannteste Kulturexport Bulgariens, der Frauenchor *The Bulgarian Voices Angelite*. Seit einigen Jahren ist die Musik dieses 1952 in Sofia gegründeten Chores nicht mehr nur Insidern bekannt. Über eine Million Schallplatten wurden mittlerweile verkauft, in Werbespots internationaler Firmen fand ihre Musik Eingang und selbst in westliche Pop-Hitparaden konnte die Gruppe vordringen.

Früher gab es in Bulgarien überhaupt keine eigenständige Chormusik, statt dessen aber einen überquellenden Reichtum an Volksmusik; mehrere zehntausend Titel sind bekannt. Die 24 Bulgarinnen des Chores, zwischen 18 und 60 Jahre alt, präsentieren unter der Leitung ihres Dirigenten Valentin Velkov Bearbeitungen dieser volkstümlichen Musik. Die Arrangements entfernen sich dabei nie allzuweit von ihrem Ausgangsmaterial, so daß die Eigenart genuiner bulgarischer Musiktradition erhalten bleibt. Jede einzelne der Sängerinnen überrascht mit ihrer perfekten und reinen Stimme, selbst bei kompliziertesten Intervallen. Anders, als man es vom klassischen Gesang her gewohnt ist, werden die Töne im Kehl- und Nasenraum gebildet, was unseren Hörgewohnheiten rauh und fremdartig anmutet.

Obgleich schon mehrere empfehlenswerte Einspielungen der Gruppe auf CD vorliegen (z. B. die CD »Mountain Tale«), erlebt man die eigentümliche Stimmung, die diese Musik freisetzt, am besten in einem Live-Konzert.

Geige und Blasinstrumenten gespielt. Einen sehr wichtigen Teil nimmt dabei die Improvisation ein. Vom Charakter her ist sie eine Mischung aus westeuropäischen und orientalischen, bulgarischen, griechischen, türkischen, Roma- und anderen Elementen. Gewöhnlich wird sie auf Feiern von Laien gespielt. Trotz ihrer hohen Popularität wurde sie in der sozialistischen Ära kritisiert und ihre Aufführung von offizieller Seite behindert. Heute sind die Sänger Ivo Papasov, Milev, Janev sowie die Gruppen *Konushenzi, Sadovez* und *Horo* sehr beliebt. Ivo Papasovs Auftritte ziehen ein Massenpublikum an.

Es gibt aber auch die sogenannte authentische oder Quellenfolklore, alte Volkslieder, von Laien dargeboten. Vieles davon kann man auf dem großen nationalen ›Festival des Volksschaffens‹ in Koprivschtiza erleben, das alle fünf Jahre stattfindet. Bearbeitete Volkslieder, d. h. solche, die von Komponisten nach bestimmten künstlerischen Kriterien umgearbeitet wurden, bilden eine weitere Folkloresparte. Sehr bekannt sind hier die Komponisten Krasimir Kjurktschijski und Stefan Dragostinov. Diese Musik wird auch im Ausland hoch geschätzt. *Trio Bulgarka, The Bulgarian Voices Angelite* (s. S. 56f.) und *Junior Quartet* zählen zu den bekannteren Gruppen. Unter den verschiedenen Versuchen, Folkloreelemente und ›ernste Musik‹ zu verknüpfen, ist das Werk von Marin Goleminov von Bedeutung. In den letzten Jahren hat Miltscho Leviev modernen Jazz mit bulgarischen Elementen verbunden.

Auf vielen Opernbühnen der Welt machten sich bulgarische Sänger einen Namen: Nikolai Gjaurov und Boris Christov, Vesselina Kazarova, Raina Kabaivanska, Elena Nicolai und die u. a. durch Auftritte mit Karajan und Harnoncourt bekannt gewordene Kammersängerin Elena Filipova.

Ein Relikt vormoderner Volksbelustigung: Fahrendes Volk mit Tanzbär

UNTERWEGS
IN BULGARIEN

Streifzüge in die
Umgebung

Die schönsten
Routen durch das
Land

Urlaub am
Schwarzen Meer

Streifzüge durch Sofia und Umgebung

Sofia bei Nacht

Sofia

Ein Bummel durch Sofias überschaubare Innenstadt lohnt sich auch für Kurzbesucher. Die Entfernungen sind gering, zahlreiche Cafés und kleine Parkanlagen mit Bänken und frischem Grün laden zu beschaulichen Ruhepausen zwischen den Besichtigungen ein.

Geschichte

Die Gegend um Sofia zählt zu den ältesten Siedlungsgebieten Bulgariens. Vermutlich gründete der thrakische Stamm der Serden im 5. Jh. v. Chr. die Stadt *Serdica* auf dem Terrain des heutigen Zentrums. Die Römer bauten die Siedlung aus, und in den nachfolgenden Jahrhunderten erlebte *Serdica* einen gewaltigen Aufschwung. Unter den Römern trug die Stadt den Namen *Ulpia Serdica* und spielte in militärischer und wirtschaftlicher Hinsicht eine wichtige Rolle, lag sie doch an einer der Hauptstrecken, die Mitteleuropa mit Asien verband. Unter Konstantin I. (307–337) begann für *Ulpia Serdica* eine ihrer glänzendsten Epochen: Mit der Übernahme des Christentums wurden zahlreiche öffentliche Bauten, darunter die ersten Kirchen, errichtet.

Doch die Blütezeit währte nicht lange, die Bevölkerung hatte unter einer Serie von Überfällen und Verwüstungen zu leiden. Den Goten im 4. Jh. folgten die Hunnen im 5. Jh., schließlich ließen sich ab dem 6. Jh. slawische Stämme nieder. Erst 809 wurde die Stadt dem Ersten Bulgarischen Reich einverleibt und erhielt nun den slawischen Namen *Sredez*. In den folgenden zwei Jahrhunderten entwickelte sich *Sredez* zu einem wichtigen Zentrum des Reiches. 1018 übernahmen die Byzantiner erneut die Herrschaft über die Stadt, doch auch in dieser Zeit kam es zu häufigen Zerstörungen und Plünderungen; den Petschenegen folgten Serben und Ungarn, später die Kreuzritter unter Kaiser Friedrich I. Barbarossa. Im 14. Jh. taucht zum ersten Mal der Name *Sofia* in einer Charta auf. Nach anfänglichem Niedergang unter osmanischer Herrschaft entwickelte sich die Stadt rasch zu *dem* kulturellen und wirtschaftlichen Zen-

---

Blick auf Banja-Baschi-Moschee und Vitoschagebirge; ZUM (links), Theol. Akademie, Sveta-Nedelja-Kirche (Mitte)

trum des Landes: Betrug die Einwohnerzahl 1878 noch 12 000, so lebten 1910 bereits über 100 000 Menschen hier, heute ist diese Zahl auf über 1,2 Mio. angewachsen.

Wie jede Großstadt plagen auch Sofia die Folgeerscheinungen moderner Urbanität. Das Verkehrsaufkommen ist kaum noch zu bewältigen, ein erster, nur sechs Stationen umfassender Abschnitt einer U-Bahn wurde 1998 in Betrieb genommen. Die Wohnungsprobleme nehmen zu, mehr als 80 000 Menschen sind als Wohnungssuchende registriert, trotz der zahlreichen Trabantenstädte, die in den letzten Jahrzehnten aus dem Boden schossen. In den letzten Jahren sind auch die Umweltbelastungen zu einem Thema geworden: Sofias größtes ökologisches Problem, das nahgelegene Hüttenwerk *Kremikovzi*, ist zu 50 % für die Luftverschmutzung verantwortlich.

Stadtbesichtigung

Der folgende Rundgang konzentriert sich auf die Hauptsehenswürdigkeiten in der Innenstadt und kann – je nach Verweildauer bei den Sehenswürdigkeiten – ein bis zwei Tage in Anspruch nehmen. Wer mehr vom Leben der Stadt mitbekommen will, der sollte einen der größeren Parks oder einen Wochenmarkt besuchen, wo die Sofioter noch unter sich sind.

Die **Banja-Baschi-Moschee (1)**, unübersehbares Wahrzeichen am Boulevard Maria Louisa, zählt zu den wenigen erhalten gebliebenen osmanischen Bauwerken Sofias. 1576 wurde die Moschee von dem berühmten türkischen Baumeister Hadshi Mimar Sinan errichtet. Ein schlankes Minarett erhebt sich neben einem überkuppelten, würfelförmigen Gebetssaal, dem eine Arkade mit drei kleineren Bleikuppeln vorgelagert ist. Ihren Namen bezog die Moschee von einem einst in der Nähe gelegenen großen Badehaus.

Schräg gegenüber wird die **Zentrale Markthalle (2)** rekonstruiert. 1909–1911 erbaut, ist sie seit Jahren eine Baustelle. Direkt dahinter in der Exarch-Jossif-Str. scheint die Sofioter **Synagoge (3)** von den umliegenden Gebäuden eingezwängt zu werden. 1910 wurde sie von dem Wiener Architekten Friedrich Grünanger im Stil des Historismus errichtet. Sie beeindruckt mit ihrer wuchtigen, von vier kleineren Kuppeln flankierten Zentralkuppel und ihrer fast symmetrisch gegliederten, harmonischen Außenfassade. Ebenfalls in der Exarch-Jossif-Str., jedoch auf der anderen Seite des Boulevards, erstreckt sich auf einer Fläche von 3500 m^2 direkt hinter der Moschee das 1913 errichtete Sofioter **Mineralbad (4).** Auch hier fallen die stark gegliederten und mit zahlreichen bunten Keramikfliesen geschmückten Fassaden ins Auge. 1997 wurde mit ersten Konservierungsmaßnahmen des bereits sehr verfallenen Gebäudes begonnen. Der kleine Park direkt davor

Vom Sheraton geschützt: Sveti Georgi

bildet mit seinen 46° Celsius warmen Mineralquellen einen Anziehungspunkt vor allem für ältere Sofioter, die hier ihre Wasserflaschen abfüllen. Nur wenige Schritte sind es bis ins **ZUM (5),** dem größten Kaufhaus der Stadt, wo man sich auf sechs Etagen über das aktuelle Warenangebot informieren kann (Lebensmittelabteilung im Tiefgeschoß). Das Selbstbedienungsre-

staurant im obersten Stockwerk ist an westlichen Vorbildern orientiert und empfiehlt sich für eine schnelle ›Zwischenmahlzeit‹.

Fast scheint sie vom Verkehr überrollt zu werden, die kleine **Kirche Sveta Petka Samardshiska (6),** deren Dach aus der offenen Fußgängerunterführung neben dem Kaufhaus herausragt. Die einschiffige Kirche (15 m × 7 m) wurde Ende des 14. Jh. als eine Stiftung der Sattlerzunft errichtet und ist heute aufgrund der teilweise erhaltenen Wandmalereien von Interesse. Drei

Schichten aus verschiedenen Jahrhunderten wurden freigelegt (16., 17. und 19. Jh.). Neben der Darstellung verschiedener Heiliger und Propheten nimmt in den biblischen Szenen das Leben Christi einen zentralen Platz ein: ›Christus jagt die Händler aus dem Tempel‹, ›Das Abendmahl Christi‹, ›Die Fußwaschung‹, ›Der Judaskuß‹ u. a. Rings um die Kirche bevölkern Straßenhändler die Unterführung, von Modeschmuck bis zu nachgemachten Ikonen wird hier Kunsthandwerk feilgeboten.

Vollständig von Gebäuden umgeben, aber über mehrere Durchgänge zugänglich, finden wir im Innenhof des Sheraton-Hotels das älteste, erhalten gebliebene Gebäude Sofias, die **Rotunde Sveti Georgi (7).** Sie stammt aus dem 4. Jh. und diente wohl zunächst als römische Kultstätte, bevor sie in eine dem hl. Georg geweihte Kirche umgewandelt wurde. In den folgenden Jahrhunderten wurde sie mehrfach umgebaut und verändert, zuletzt Anfang des 16. Jh. zu einer Moschee. An einen runden Zentralbau von 14 m Höhe und einem Durchmesser von 10 m mit Apsis und Nischen schließen sich mehrere Vorhallen an. Unterhalb der Rotunde wurden Hypokausten entdeckt, die – ähnlich antiken Heizungsanlagen – der Lüftung dienten. Die freigelegten Reste von Wandmalereien, wenngleich z. T. stark beschädigt, dokumentieren die lange und wechselvolle Geschichte dieses Gebäudes. Heute

geht man davon aus, daß fünf Malschichten vorhanden sind, deren älteste aus dem 6. Jh. stammt und nur noch in wenigen Bruchstücken erhalten ist. Die drei folgenden Schichten wurden im Mittelalter aufgetragen, die letzte weist ornamentale Verzierungen der Osmanen aus dem 16. Jh. auf. Da sich die Fresken mehrere Meter über dem Boden befinden, sind viele Details leider kaum erkennbar. Aus den zahlreichen Darstellungen von Propheten und Engeln ragt der einzig erhalten gebliebene Kopf eines Engels heraus, der in seiner lebendigen Gestaltung an griechische Vorbilder erinnert (10. Jh.). Die archäologischen Ausgrabungen unmittelbar neben der Rotunde förderten Spuren verschiedenster Jahrhunderte zutage: eine römische Straße, einen spätantiken öffentlichen Bau, eine mittelalterliche Wohnung aus dem 13. Jh. sowie weitere Überreste.

Die **Kirche Sveta Nedelja (8),** inmitten des gleichnamigen Platzes gelegen, ist in ihrer jetzigen Gestalt ein Produkt des 20. Jh., geht aber auf mittelalterliche Vorgängerbauten zurück. Sie birgt einige sehenswerte Ikonen des bulgarischen Malers Stanislav Dospevski. Die Kirche erhebt sich auf historischem Boden, dort wo sich einst die Hauptstraßen des römischen *Serdica* kreuzten. Ausgrabungen in unmittelbarer Nähe brachten verschiedene Funde des antiken Zentrums ans Tageslicht, vieles schlummert aber noch im Verborgenen.

Nicht weit hinter dem Platz beginnt die Fußgängerzone des Boulevards Vitoscha, nur Straßenbahnen tosen durch diese Einkaufsmeile, wo Cafes, Restaurants und neu eröffnete Läden zum Bummeln einladen. Den Anfang dieses Boulevards markiert auf der linken Seite die **Theologische Akademie (9),** Anfang dieses Jahrhunderts von dem Architekten Petko Momtschilov erbaut, der auch für das Mineralbad verantwortlich zeichnet. Auf der gegenüberliegenden Straßenseite bewachen zwei steinerne Löwen das monumentale ehemalige Justizgebäude (1928/36), das heute als **Nationalmuseum für Geschichte (10)** genutzt wird, in naher Zukunft jedoch wieder einem anderen Zweck zugeführt werden soll (Mo–Fr 9.30–17.15 Uhr; ✆ 02/88 41 60). Dieses 1984 eröffnete Museum ist das größte seiner Art in Bulgarien und birgt Schätze aus allen Epochen der bulgarischen Geschichte. Zeitweise sind auch einige der berühmten thrakischen Gold- und Silberschätze ausgestellt, so z. B. der Schatz von Rogoshen, dessen 165 Silbergegenstände (vornehmlich Gefäße und Schalen) anschaulich Einblick in Kunsthandwerk und Mythologie der Thraker geben. Oder der berühmte Goldschatz von Panagjurischte (4./3. Jh. v. Chr.), dessen neun Gefäße gänzlich von mythologischen Szenen bedeckt sind (s. Thema *Wer waren die Thraker?*, S. 159). Tausende von Steinplastiken, Keramiken, Mosaike, Wandmalereien und Ikonen vermitteln ein umfassendes Bild kultureller Fertigkeiten über Jahrtausende hinweg; hier kann man leicht mehrere Stunden zubringen. Da Beschriftungen fast vollständig fehlen, ist die kundige deutschsprachige Führung zu empfehlen (Voranmeldung an der Kasse, eine Stunde kostet ca. 10 DM).

Biegt man vom Boulevard Vitoscha nach links in die Straße Alabin ein, so ist man nach wenigen Schritten in einer grünen Oase angelangt. Am Rande eines Parkgürtels ermöglicht die **Städtische Kunstgalerie (11)** einen Einblick in das Schaffen bulgarischer Maler. Im oberen Stockwerk werden wechselnde Ausstellungen gezeigt. Beherrscht wird der Park vom angrenzenden **Nationaltheater Ivan Vasov (12)** (Vassil-Levski-Str. 5), das 1906 nach Plänen der Wiener Architekten Helmer und Fellner errichtet worden war. In der Folgezeit wurde es mehrfach umgebaut, zuletzt Mitte der 70er Jahre. Heute verfügt es über zwei Säle mit 200 bzw. 850 Sitzplätzen. Die in klassizistischem Stil gehaltene Fassade wird von einem mächtigen Haupteingang beherrscht: Sechs Säulen tragen ein Giebeldreieck mit Apollo und den sechs Musen. Dem Portal stehen zwei Türme mit Figurengruppen zur Seite.

Das **Denkmal der Befreier (13)** am Platz der Volksversammlung (Pl. Narodno Sabranie), von dem Italiener Arnoldo Zocchi Anfang dieses Jahrhunderts geschaffen, soll an die russischen Befreier von der

Die Slawenapostel

Kyrill und Method

Kyrill, mit weltlichem Namen Konstantin, und sein Bruder Method wurden Anfang des 9. Jh. in Thessaloniki geboren. Als Vierzehnjähriger kam Kyrill nach Konstantinopel, besuchte dort eine der besten Schulen und lehrte nach ihrem Abschluß Philosophie. Wie sein Bruder Method wurde er Mönch und zählte zu den gebildetsten Geistlichen Konstantinopels. Er reiste in arabische Länder und auf die Halbinsel Krim, um dort die christliche Lehre zu verbreiten. Schließlich folgte er seinem Bruder in ein Kloster in der Nähe der heutigen Stadt Bursa.

Vermutlich in dieser Zeit, um 855, schuf er die Grundlage für eine slawische Schriftsprache: Basis für seinen späteren Ruhm und seine heutige Verehrung. Damals gab es unter den verschiedenen slawischen Stämmen eine Vielzahl von Dialekten und Sprachunterschieden. Diese Differenzen waren jedoch noch nicht so stark ausgeprägt, daß eine Verständigung und Vereinheitlichung nicht mehr möglich gewesen wäre. Die Sprache der auf dem bulgarischen Territorium lebenden slawischen Stämme sollte nach Kyrills Wille als Grundlage für das erste slawische Alphabet, die *Glagoliza*, dienen. Die von Kyrill geprägten Buchstabenzeichen waren zwar noch sehr kompliziert, aber von malerischer Eleganz. Die Bibel konnte nun ins Slawische übersetzt werden, und den drei ›heiligen‹ Sprachen Griechisch, Latein und Hebräisch trat jetzt eine neue Schriftsprache zur Seite.

Im Jahr 862 wurden die beiden Brüder nach Großmähren gesandt, um in slawischer Sprache zu predigen. Der Einfluß der römischen Kirche und des deutschen Klerus war dort schon so groß geworden, daß dies den Unwillen von Byzanz hervorrief. Kyrills und Methods erfolgreiche Missionsarbeit unter der westslawischen Bevölkerung führte dazu, daß sich beide 867 in Rom vor dem Papst rechtfertigen und für ihre Bücher und Predigten in slawischer Sprache den Segen erbitten mußten.

Noch während seines Romaufenthaltes starb Kyrill, sein Bruder Method wirkte noch als Erzbischof in Mähren und übersetzte fast die gesamte Bibel ins Altbulgarische, bevor er 885 starb.

Weitreichendere Auswirkungen hatte die Schaffung einer neuen Schriftsprache erst nach dem Tode ihrer beiden Begründer. Die Schüler der beiden Apostel waren zunehmend Verfolgungen durch den deut-

Kyrill- und
Method-
Denkmal
in Sofia

schen Klerus in Mähren ausgesetzt, drei von ihnen, Kliment, Naum
und Angelarius konnten nach Bulgarien flüchten, wo sie mit offenen
Armen empfangen wurden. Boris I. (852–889) wollte mit ihrer Hilfe
das Christentum verbreiten. Darüber hinaus sollte die Einführung einer
gemeinsamen Schrift und Sprache den Zusammenhalt unter den verschiedenen Volksgruppen Bulgariens fördern und die Einheit des Reiches festigen. Zahlreiche Schulen wurden gegründet, die sich der Verbreitung des Slawischen widmeten und ein erstes literarisches Schaffen in bulgarischer Sprache hervorbrachten. Kliment hatte dazu ein
neues slawisches Alphabet entwickelt, das sich an die ältere *Glagoliza*
anlehnte, aber einfacher zu erlernen und zu gebrauchen war. Auf seinen ›Ahnherrn‹ hinweisend wurde es später kyrillisches Alphabet
genannt. Schon nach wenigen Jahren wurden in ganz Bulgarien die
Predigten nicht mehr in griechischer, sondern in altbulgarischer Sprache abgehalten. Mit dem kyrillischen Alphabet war die Grundlage für
eine slawische Schrift geschaffen.

osmanischen Herrschaft erinnern. Die bronzene Reiterfigur stellt den russischen Zaren Alexander II. dar, mehrere als Reliefs ausgeführte Szenen berichten über die damaligen Ereignisse.

Zwischen der gegenüberliegenden **Volksversammlung (14)** und der **Akademie der Wissenschaften (15)** sieht man schon eine der touristischen Hauptattraktionen Sofias, die **Alexander-Nevski-Kathedrale (16),** am gleichnamigen Platz gelegen. Sie beherrscht den höchstgelegenen Punkt der Stadt und, von einer freien Fläche umgeben, vermag sie mit ihrer kompakten, aber doch vielfältigen Bauweise und ihren in der Sonne glänzenden, vergoldeten Kuppeln eine majestätische Ruhe auszustrahlen.

Nach der Befreiung (1877/78) durch die russischen Truppen war beschlossen worden, dem russischen Volk aus Dankbarkeit ein Denkmal zu setzen. Von der feierlichen Grundsteinlegung 1882 bis zur Fertigstellung 1912 mußten allerdings noch viele Hindernisse überwunden werden. Die russischen Architekten Bogomolov und Pomeranzev entwarfen die Pläne, ausgeführt wurde der Bau von zahllosen bulgarischen, russischen und europäischen Künstlern und Firmen. Sogar eine deutsche Firma war an dem Bau beteiligt. Der Name der Kirche erinnert – in Anspielung auf den soeben errungenen Sieg über die unchristlichen Osmanen – an den russischen Großfürsten und Heerführer Alexander

Nevski (1220–1263), der die Armee des schwedischen Königs besiegt hatte und seit seiner Heiligsprechung im 16. Jh. als Symbol des Sieges des Christentums galt.

Die **Anlage** weist die Form einer Kreuzkuppelkirche (73 m lang, 53 m hoch, 52 m breit) mit drei Längsschiffen auf. Die mächtige zentrale Kuppel ruht auf vier Säulen und erweckt den Anschein, als ginge sie in die Halbkuppeln des Querschiffes über. Die Massivität des Gebäudes wird durch die Fülle an Kuppeln und Halbkuppeln, die geschwungenen Formen sowie durch zahlreiche Reliefverzierungen abgemildert. Im Inneren setzt sich der monumentale Eindruck zwar fort, wird aber auch hier aufgelöst durch den Formen- und Farbenreichtum der verwendeten Materialien. Neben brasilianischem Onyx und Alabaster findet sich wertvoller Marmor aus Carrara und Siena. Letzterer wirkt vor allem durch sein unterschiedliches Farbspiel; z. T. ist er mit reliefartigen Ornamenten und Figuren bearbeitet. Der Bischofs- und der Zarenthron mit seinen aus Marmor gemeißelten Löwen, die als Säulenfundamente dienen, weisen ebenso wie die Kanzel und die Ikonostase auf die repräsentative Wirkung hin, die hier beabsichtigt war. Die Fresken, von dreißig Künstlern unter der Leitung von A. Kisselev gemalt, thematisieren vorrangig Szenen aus dem Alten und Neuen Testament. Die zwölf Glocken der Kirche, deren schwerste fast 12 t

wiegt, wurden in Rußland herge-
stellt und sind in weitem Umkreis
zu hören. Bei hohen kirchlichen
Festen finden hier bis zu 5000
Menschen Platz, aber auch an
Werktagen suchen zahlreiche
Gläubige die Kathedrale zu einem
Moment der Besinnung auf.

Das Untergeschoß der Kirche,
das ursprünglich als **Krypta** dienen
sollte, beherbergt eine sehenswerte
Ausstellung mittelalterlicher Kunst
mit über 200 Ausstellungsstücken
(Mi–Mo 10.30–13, 14–18.30 Uhr,
Winter 10–17 Uhr). Im Mittelpunkt
steht eine Ikonensammlung, die
die wertvollsten Stücke des Landes
präsentiert. Darunter befinden sich
zwei äußerst kostbare zweiseitige
Ikonen aus dem 13./14. Jh.: ›Das

Wunder von Christus Latom‹ aus
dem Poganovski-Kloster mit der
Muttergottes und Johannes dem
Theologen auf der Rückseite sowie
jene aus Nessebar mit der Muttergottes auf der einen und Christus
Pantokrator auf der anderen Seite.
Auch einige seltene Werke aus
dem ersten Jahrhundert der osmanischen Herrschaft werden ausgestellt: die Ikone ›Deesis‹ (1949) aus
dem Batschkovo-Kloster und die
Ikone des Christus Pantokrator
(1607). Besonders zahlreich ist Ikonenmalerei aus dem 17. und
18. Jh. vertreten.

Die **Kunstgalerie Kyrill und Method (17)** (Mi–Mo, 11–18 Uhr) am
Alexander-Nevski-Platz bietet auf
drei Stockwerken neben westeu-
ropäischer Kunst auch Sammlun-
gen mit afrikanischen, indischen
und japanischen Kunstgegenstän-

Alexander-Nevski-Kathedrale

den. Ein paar Schritte von der Kathedrale entfernt, am Boulevard Vassil Levski, erstreckt sich ein Teil der **Universität (18).** Das wuchtige Hauptgebäude an der Kreuzung stammt aus den 20er Jahren dieses Jahrhunderts und vereinigt Stilelemente der Neoklassik, Neorenaissance und des Neobarock. Etwas zurückgesetzt liegt nebenan die **Nationalbibliothek Kyrill und Method** samt **Kyrill und Method-Denkmal (19)** (s. Thema *Slawenapostel,* S. 68). Einige Schritte entfernt erhebt sich mitten auf der Kreuzung das 1895 nach Plänen des tschechischen Architekten J. Kolar errichtete **Vassil-Levski-Denkmal (20),** ein schlichter Granitobelisk auf rechteckigem Fundament zu Ehren des an dieser Stelle 1873 gehenkten Freiheitskämpfers (s. Thema *Namen aus dem Schulbuch,* S. 145).

Wenden wir uns von der Alexander-Nevski-Kathedrale Richtung Innenstadt, so rahmen zwei weitere Sakralbauten den Platz ein. Im Südwesten liegt das **Gebäude des hl. Synod (21),** 1910 von P. Momtschilov erbaut. Seine Formensprache erinnert an byzantinische Architektur, farbige Majolikafliesen schmücken die Außenfassade. Über dem Eingang stellen farbenprächtige Mosaike hohe geistliche Würdenträger dar (Ilarion Makariopolski, Avxentij von Veles und Paissij von Plovdiv).

In ihrer Schlichtheit ist sie leicht zu übersehen, die **Sveta Sophia (22)** (›Sophienkirche‹) im nordwestli-

chen Teil des Alexander-Nevski-Platzes. Dabei gilt sie nicht nur als Namensgeberin der Stadt, in ihrer Baugeschichte verkörpert sie darüber hinaus einen Großteil der Stadtentwicklung. Ihrer jetzigen Gestalt gingen vier ältere Vorgängerbauten voraus: Der erste Bau war im 4. Jh. eine kleine einschiffige Grabkirche inmitten der frühchristlichen Nekropole von *Serdica.* Viele freigelegte Grabstellen im näheren Umkreis bestätigen dies. Ein erhalten gebliebenes Bodenmosaik aus der Apsis wird im Archäologischen Museum ausgestellt. Die nachfolgenden Bauten aus dem 4.–6. Jh. waren bereits dreischiffige Basiliken, wurden jedoch alle in Kriegen zerstört. Die Ende des 5. Jh./Anfang des 6. Jh. errichtete Kreuzkuppelkirche besaß in etwa die Gestalt, wie sie heute vorliegt. Ein kürzeres Querschiff verleiht ihr die Form eines lateinischen Kreuzes, eine interessante Synthese von basilikalem und kreuzförmigem Bauplan. Von einer Umwandlung in eine Moschee im 16. Jh. ist heute nichts mehr erkennbar. Seit Jahren wird die gesamte Anlage restauriert, zur Zeit ist sie nur in Teilen zugänglich.

Schon von weitem fällt die kleine russische **Sveti-Nikolai-Kirche (23)** (Boulevard Zar Osvoboditel) ins Auge. Zur gleichen Zeit und von denselben Architekten und Handwerkern wie die Alexander-Nevski-Kathedrale errichtet, fasziniert sie vor allem durch ihren äußeren Prunk. Im russischen Bau-

Markt in Sofia

stil des 16./17. Jh. gehalten, umgeben vier vergoldete Zwiebelkuppeln eine hohe Mittelkuppel. Farbige Außenverzierungen verleihen der Kirche zusätzlichen Glanz. Einige Schritte weiter folgt das **Naturkundemuseum (24)** mit einer riesigen Sammlung ausgestopfter und präparierter Tiere sowie einer sehenswerten Mineraliensammlung (Di–So 9–12, 14–18 Uhr).

Drei weitere Museen liegen nur einen Steinwurf entfernt. Das im ehemaligen Zarenschloß untergebrachte **Ethnographische Museum** bietet einen umfassenden Überblick über Kultur, Alltag und Traditionen in Bulgarien (Di–So 11–16 Uhr). Die im gleichen Gebäude beherbergte **Kunstgalerie (25)** gewährt, ergänzt durch ausländische Malereien und Plastiken, einen Einblick in die Entwicklungsetappen bulgarischer Malerei ab dem 19. Jh. Der ehemalige Zarenpalast zählt zu den ersten öffentlichen Bauten nach der Befreiung. In den Schloßbau bezogen die Wiener Architekten Rumpelmeyer und Grünanger einen türkischen Konak geschickt mit ein (Di–So 10–17 Uhr).

Das **Archäologische Nationalmuseum (26)** residiert in einem der ältesten osmanischen Bauten Sofias, der Bujuk-Moschee (1494 fertiggestellt). Der romantisch wirkende Bau ist auf den ersten Blick kaum als Moschee zu erkennen, nur aus einiger Entfernung sind seine Kuppeln überhaupt wahrzunehmen. Die ausgestellten Stücke bleiben überschaubar, einige der Exponate sind sehr sehenswert: so z. B. eine grazile Hirschstatue aus dem 8. Jh. v. Chr., ein aus dem 4. Jh. stammendes Bodenmosaik der Kirche Sveta Sophia oder ein Zirkusspielerelief aus *Serdica* (3./4. Jh.) Schwerpunkt der archäologischen Sammlung sind antike Bronzegegenstände und Steinplastiken (Di–So 10–16 Uhr). Betritt man wenige Schritte entfernt die Straßenunterführung vor dem ehemaligen Parteihaus der BKP, so kann man sich einige Überreste der Stadtmauer und des östlichen Stadttores aus dem antiken *Serdica* ansehen.

Wer sich einen schönen Rundblick über Sofia verschaffen will, sollte den am Ende des Boulevards Vitoscha liegenden **Kulturpalast (27)** aufsuchen. Das von Grünflächen und Wasserspielen umgebene wuchtige Gebäude beherbergt zahlreiche Konzertsäle und Ausstellungsräume, in denen kulturelle Veranstaltungen verschiedenster Art und Güte stattfinden. Das im obersten Stockwerk gelegene Café mit Freiterrasse lädt zum Entspannen ein und gewährt bei schönem Wetter einen weiten Ausblick auf Stadt und Umland.

Kirche von Bojana und Vitoschagebirge

Beliebtestes Naherholungsziel bei den Sofiotern ist ohne Zweifel das Vitoschagebirge. In einer halben Stunde bequem vom Stadtzentrum aus zu erreichen, ist es im Sommer ideal für erholsame Wanderungen weit ab vom Lärm der Stadt. Im Winter bieten mehrere mit Lifts gut versorgte Pisten ein exzellentes Skivergnügen direkt vor der Haustür. Welche Metropole hat schon Ähnliches zu bieten?

Über den Vorort **Dragalevzi** am südlichen Stadtrand kommt man am gleichnamigen Kloster aus dem 14. Jh. vorbei. Von den alten Gebäuden ist nur noch die Kirche mit wertvollen Fresken aus dem 15. und 17. Jh. erhalten geblieben. Die Straße endet weit oben im Gebirge, von hier aus kann man auf spärlich ausgeschilderten Wegen längere und kürzere Wanderungen unternehmen. Die Besteigung des **Tscherni Vrach,** des mit 2290 m höchsten Berges im Vitoschagebirge, empfiehlt sich aber nur trainierten Bergwanderern.

Über den 8 km südwestlich des Zentrums gelegenen Vorort **Bojana** mit seiner weltberühmten Kirche (s. Thema *Weltkulturerbe vor Sofias Toren,* S. 75) führt ein anderer Weg ins Vitoschagebirge. Vom Fernsehturm in der Gegend *Kopito* aus, der in 20 Min. mit dem Auto bequem zu erreichen ist, erhält man einen weiten Blick über Sofia und die angrenzenden Gebirge. Fährt man die kurvenreiche Bergstrecke noch weiter hoch, gelangt man in ein herrliches Wandergebiet. Berühmt ist die **Region Goldene Brücken** (*Slatni Mostove*), wo ein ›Strom‹ riesiger Steinblöcke an eine einstige Gletscherlandschaft erinnert.

Weltkulturerbe
vor Sofias Toren

Die Kirche von Bojana

Eine architektonisch herausragende Sehenswürdigkeit ist sie nicht, die Kirche der hll. Nikolaos und Panteleimonos im Stadtteil Bojana. Eigentlich handelt es sich um drei Kirchen, die jetzt einen zusammenhängenden Komplex bilden. Die älteste stammt aus dem 10. oder 11. Jh.; an diese ließ der regionale Feudalherr Sebastokrator Kalojan 1259 ein neues Kirchengebäude anbauen. Die dritte Kirche wurde erst im 19. Jh. errichtet.

Daß Bojana als Weltkulturgut eingestuft wurde und unter dem Schutz der UNESCO steht, rührt von seinen einmaligen Wandmalereien aus dem 13. Jh. her. In 89 verschiedenen Szenen mit über 240 Figuren liegen Fresken vor, deren Ausdrucksstärke und lebendige Gestaltung traditionelle Formen byzantinischer Malerei weit hinter sich ließen und ein neues Kapitel bulgarischer Malerei eröffneten. Ein bis heute unbekannter Meister schuf Figuren mit eigener Persönlichkeit und individueller Ausstrahlung, wie sie eigentlich erst seit dem 14. Jh. bekannt sind. Zwar wich der Künstler nicht von der traditionellen Ikonographie ab – so verewigte er das Stifterehepaar Sebastokrator Kalojan, dessen Frau Desislava sowie den bulgarischen Zaren Konstantin mit seiner Gemahlin Irina inmitten des Heilsgeschehens – doch das sind nicht mehr die stilisierten Gestalten der traditionellen Malerei, sondern Individuen mit einer eigener Aura. Vor allem das Portrait von Desislava, dem man immer wieder in unzähligen Kopien und Abbildungen begegnet, zählt zu den herausragendsten Kunstwerken Bulgariens. Auch in vielen anderen Szenen wie z. B. ›Maria mit dem Kind‹ oder ›Jesus unter den Schriftgelehrten‹ überrascht die lebensnahe und von genauer Beobachtungsgabe zeugende Ausführung der Personen.

Seit vielen Jahren werden diese Fresken nun restauriert und konserviert, ein Ende dieser Maßnahme ist nicht abzusehen. Fachleute gehen davon aus, daß diese Kunstwerke der Öffentlichkeit nie mehr zugänglich gemacht werden können, so sehr leiden sie unter den Besucherströmen. Als Trost für den Kunstliebhaber bleibt das kleine Museum neben der Kirche (Di–Sa 9–12, 13–17 Uhr), das zumindest eine Ahnung von der Einzigartigkeit dieser Malerei eröffnet.

Information: Eine allgemeine Touristeninformation existiert nicht. Zahlreiche Reiseveranstalter in der Innenstadt bieten Ausflüge an und vermitteln Hotelzimmer. So z. B. *Balkan Holidays International,* Triaditsa 5, ☎ 02/8 66 81; *Jamadvice,* Assen Slatarov 10, ☎ 02/44 15 20.

Achtung: Viele Telefonnummern werden in Sofia umgestellt; wenn Sie unter der angegebenen Nummer nicht den richtigen Anschluß bekommen, versuchen Sie es einfach einmal mit einer 9 davor!

Flugverbindungen: Über einen Internationalen Flughafen ist Sofia an das europäische Flugnetz angeschlossen. Täglich verkehren Linienflüge nach Deutschland, Österreich und in die Schweiz. Zahlreiche Inlandsflüge nach Varna und Burgas verbinden die Hauptstadt mit dem Schwarzen Meer.

Der Flughafen befindet sich 12 km vom Zentrum entfernt und ist mit den Buslinien 84 und 284 zu erreichen; Auskunft Flughafen *Internationale Flüge:* ☎ 02/72 06 72, *Inlandflüge:* ☎ 02/72 24 14

Eisenbahnverbindungen: Sofia ist per Eisenbahn mit allen größeren Städten des Landes verbunden. Ans Schwarze Meer verkehren auch Schlaf- und Speisewagen. Der Hauptbahnhof am Blvd. Maria Louisa (☎ 02/ 3 11 11) ist mit zahlreichen Straßenbahnen und Bussen (Straßenbahn Nr. 1, 6, 7, 8, 9, 12, 15; Bus Nr. 74, 77, 85, 313, 213, 285) problemlos zu erreichen.

Bus und Auto: Busfahren ist sehr preisgünstig, Fahrkarten bekommt man an fast allen Haltestellen.
Taxi: Unter den Taxifahrern gibt es nicht wenige schwarze Schafe. Einigen Sie sich also vorher über den Preis oder las-sen Sie sich besser noch ein Taxi telefonisch bestellen: ☎ 02/21 21 oder 12 80.
Leihwagen: *Avis,* ☎ 02/9 81 49 60; *Hertz,* ☎ 02/9 80 04 61; *Rentauto,* ☎ 02/9 20 09 25

Unterkunft in Sofia: *****Hotel *Kempinski Zografski,* James Bourchier Blvd. 100, ☎ 02/68 32 51, Fax 68 12 25: Luxusherberge etwas außerhalb des Zentrums; *Sheraton Hotel,* Sv. Nedelja-Platz 5, ☎ 02/ 9 81 65 41; Fax 9 80 64 64: teuerste Luxusherberge mitten in der Stadt. **** Hotel *Ambassador,* Simeonovsko Chaussee 110a, ☎ 02/9 62 56 06, Fax 9 62 55 98: neues Hotel unweit der Ringstraße um Sofia beim Stadtteil Simeonovo, gut geeignet für Geschäftsleute. ****Grand Hotel Sofia,* Narodno Sabranie-Platz 1a, ☎ 02/9 87 88 21, Fax 9 88 13 08: im Zentrum der Stadt gelegen, die Zimmer nach vorne gewähren einen schönen Blick auf Platz und Kathedrale; Hotel *Pliska,* Zarigradsko Chaussee 87, ☎ 02/7 12 81, Fax 72 39 52: an einer viel befahrenen Straße gelegen, jedoch nicht so ganz so teuer wie die o. g. Hotels; Hotel *Rila,* Car Kaloyan Str. 6, ☎ 02/9 80 88 65, Fax 9 81 33 86: liegt an einem kleinen öffentlichen Park, nicht ganz so laut wie viele der Hotels in Sofia

Mittelklasse bis einfach: Hotel *Baldshieva,* Car Assen 23, ☎ 02/9 81 12 57: gutes Mittelklassehotel mit modernen und sauberen Zimmern; Hotel *Car Assen,* Car Assen 23, ☎ 02/54 78 01: zentrales, kleines Hotel mit moderaten Preisen; Hotel *Repos,* Klokotnitsa Str. 1, ☎ 02/31 48 40, Fax 32 21 85: einfaches, sehr kleines Hotel mit sauberen Zimmern und moderaten Preisen unweit des Bahnhofs
Hotels außerhalb des Zentrums: Im Stadtteil Simeonovo finden Sie zahlreiche Privathotels, die meist billiger sind

als die Hotels im Zentrum, für Besichtigungen müssen Sie allerdings eine Busoder Taxifahrt einkalkulieren. Hotel *Jasmine,* Simeonovsko Chaussee 126, ✆ 02/6 35 11 21: gute Qualität zu einem vernünftigen Preis, ein empfehlenswertes Restaurant gibt's hier auch; weitere, relativ preisgünstige Unterkünfte in der Nähe sind *Bor,* Bor Str. 20, ✆ 02/6 35 13 11, *Kitka,* Kitka Str. 8, ✆ 02/9 63 49 34; *Janeva,* Krairechna Str. 15, ✆ 02/6 35 23 54
Vermittlung von Privatquartieren: *Balkantour,* Blvd. Stambo-Lijski 27, ✆ 02/9 87 72 33, oder Zimmervermittlung im Hauptbahnhof, ✆ 02/32 71 19

 Essen und Trinken: Alle der größeren Hotels verfügen über eigene Restaurants, im *Sheraton-* und im *Kempinski*-Hotel können Sie sehr gut essen, müssen allerdings auch einiges auf den Tisch legen; weitere Restaurants: *Beyond The Alley, Behind the Cupboard,* Budapest Str. 31, ✆ 02/83 55 81: gutes Essen in angenehmer Atmosphäre, Vorbestellung ist deshalb ratsam; *Fantasia,* Sv. Nedelya-Platz 6, ✆ 02/9 87 91 33: griechische Musik und Tanz zum Essen am Abend; im *Paradise* (Positano 10) und im *Baalbeck* (Vassil Levski 6) serviert man gute libanesische Küche; etwas außerhalb, im Stadtteil Dragalevtsi, wird in der *Vodenicharski mehana* Folklore geboten, auch das Essen ist in Ordnung, ✆ 02/67 10 21.

Für die schnelle Malzeit gibt es bereits mehrere Fast food-Restaurants, zentral gelegen und gut sind *Goody's* am Sv. Nedelja-Platz sowie *Pizza Hut* am Dondukov Blvd. 7 und an der Ecke Gen. Gurko/Vassil Levski Blvd.

 Bank: Zahlreiche Banken in der Innenstadt. Zentral liegt die Bulgarische Nationalbank am Alexander-Battenberg-Platz.

Post: Die Hauptpost liegt an der Kreuzung Vassil-Levski-/Gurko-Str.; 50 m entfernt kann in einem gesonderten Gebäude telefoniert werden.

Einkaufen: Größtes Kaufhaus der Stadt ist das *ZUM* am Boulevard Maria Louisa. Zahlreiche neu eröffnete Geschäfte (vor allem Mode) locken am Boulevard Vitoscha zu einem Bummel. An wechselnden Standorten in der Nähe touristischer Sehenswürdigkeiten bieten Straßenhändler Ikonen und moderne Malerei, Schnitzereien und Stickereien sowie bunten Trödel und antike Souvenirs an.

Tagesausflüge zum Kloster Semen und ins Rilagebirge

Für Kunstliebhaber von Interesse ist ein Besuch des **Klosters Semen** zwischen Pernik und dem Mineralbad Kjustendil. Im Mittelpunkt steht dabei der kubische Bau der unscheinbaren Johanniskirche. Mit ihren drei gleichhohen, halbrunden Apsiden, die bis zum Dach reichen und ihren durch Blendbögen gegliederten Fassaden stellt sie ein einzigartiges Beispiel mittelalterlicher Architektur dar, das nirgendwo in Bulgarien eine Entsprechung findet. Auf älteren Kirchenfundamenten erbaut, stammt die Johanniskirche in ihrer jetzigen Form aus dem 13./14. Jh. In dieser Zeit entstanden auch die Fresken, die aufgrund ihrer Expressivität und der sich abzeichnenden Individualität der dargestellten Personen als ebenso revolutionär wie die der Bojana-

Kirche gelten dürfen. Die Wandmalereien zählen zu einer volkstümlichen Strömung mittelalterlicher Kunst, die auch Darstellungen
des Alltagslebens miteinbezog. So
wird z. B. in der Leidensgeschichte
Christi das völlig alltägliche
Schmieden von Nägeln gezeigt.

Ein Ausflug ins Rilagebirge führt
über **Pantscharevo** (10 km südlich
von Sofia, Richtung Samokov), dessen Stausee bescheidene Bademöglichkeiten eröffnet, weiter zum
Iskar-Stausee, den eine riesige
Wasserfläche (29 km^2) bedeckt.
Auf besondere Freizeitangebote
jenseits kleiner Badestrände sollte
man jedoch nicht hoffen.

Das 65 km von Sofia entfernte
Samokov entwickelte sich im 18.
und 19. Jh. zu einem bedeutsamen
Wirtschafts- und Handelsstädt-
chen, fast alle Handwerkszünfte
waren hier vertreten. Schon im
17. Jh. wurden in der Umgebung
dank großer Eisenerzvorkommen
über 100 Hochöfen und Gießerei-
en gezählt, die von dem riesigen
türkischen Markt profitierten. Der
Name *Samokov* bedeutet soviel
wie ›automatische Schmiede‹,
denn man nutzte die Wasserkraft
der Iskar als Antrieb in den Handwerksstätten. Anfang des 20. Jh.
konnten die Anlagen mit modernen Fabriken nicht mehr konkurrieren und mußten nach und nach
schließen. Noch heute zeugen einige Wohnhäuser und Kirchen
vom ehemaligen Reichtum. Kunst-
geschichtliche Berühmtheit erlangte die Stadt durch die sogenannte

Über Stock und Stein: Goldene Brücken

Samokov-Schule, eine spezifische
Stilrichtung der Holzschnitzkunst
im 19. Jh. Diese in ganz Bulgarien
(z. B. im Rila-Kloster) vertretene
Schule charakterisiert ihre Konzentration auf ornamentale Motive.
Die Darstellung menschlicher Gestalten war für Künstler der Samokov-Schule eher eine Ausnahme.

Einen Blickfang im Stadtzentrum
stellt die **Bairakli-Moschee** mit
dem davor liegenden pilzförmigen
Brunnen dar. Sie zählt zu den Mei-

sterwerken der Samokov-Schule, denn sie ist innen mit reichem, ornamentalem Schmuck verziert. Beachtenswert ist auch, daß die Kuppel auf freistehenden Säulen ruht.

Einen ersten Eindruck von der Bergwelt des Rilagebirges erhält man in **Maljoviza** (1750 m über dem Meeresspiegel). Der Ort ist gleichermaßen als Ausgangspunkt für Spaziergänge wie auch längere Wanderungen geeignet. 10 km östlich von Samokov liegt in einer Höhe von 1300 m **Borovez**, das zu den bekanntesten Wintersportorten Bulgariens zählt, aber auch im Sommer einen gut geeigneten Ausgangspunkt für Wanderausflüge in

das östliche Rilagebirge darstellt. Die mögliche Palette reicht dabei von kürzeren Spaziergängen bis hin zu mehrtägigen Wanderungen zu einsamen Hütten und Hochgebirgsseen. Dutzende von Hotels, Ferienanlagen und Campingplätzen bieten Übernachtungsmöglichkeiten für jeden Geschmack und Geldbeutel. Skifahrern eröffnet sich auf über 20, mit zahlreichen Lifts gut ausgestatteten Pisten und Loipen ein herrliches Skigebiet. Für Après-Ski ist natürlich auch gesorgt, ebenso wie für Skischulen und Kinderbetreuung. Von Borovez aus kann auch der **Mussala,** höchster Gipfel des Rilagebirges (2925 m), bestiegen werden.

Verkehrsverbindungen: Von Sofia, Samokov und Plovdiv aus bestehen regelmäßige Busverbindungen mit Borovez. Kloster Semen steuert man am besten mit dem Auto an.

Hotels und Restaurants in Borovez: ***Hotel *Bor*, ✆ 0 72 18/2 70; ***Hotel *Bresa*, ✆ 0 72 18/3 60; ***Hotel *Ela*, ✆ 90 72 18/4 79; ***Hotel *Jastrebez*, ✆ 0 72 18/3 59; ***Hotel *Mura*, ✆ 0 72 18/2 81; ***Hotel *Rila*, ✆ 0 72 18/4 41; **Hotel *Edelweiß*, ✆ 0 72 18/2 64

Informationen über Wander- und Skiurlaub in Borovez: Mehrere Reiseveranstalter in Deutschland bieten Pauschalangebote für einen Winterurlaub in dieser Region. Über organisierte Bergtouren und Ausflüge erkundigt man sich am besten an den Hotelrezeptionen vor Ort.

Die schönsten Routen durch das Land

Das Rila-Kloster mit seinem mächtigen Katholikon steht am Anfang der Reise

Durch das Rila- und Piringebirge

Südlich von Sofia setzen drei Gebirge landschaftliche Akzente: das Rila- und Piringebirge mit ihren eher alpinen Höhenzügen sowie die Westrhodopen mit ihren vergleichsweise eher lieblichen Hügelketten. Ausgedehnte Wälder, kleine, glasklare Hochgebirgsseen und zahllose Bäche und Flüsse gilt es hier zu entdecken. Stationen wie das Rila-Kloster und das kleine Städtchen Melnik setzen dabei auch kulturelle Höhepunkte.

Über das Rila-Kloster nach Melnik

Ein Besuch des Rila-Klosters kann auch als organisierter Tagesausflug von Sofia aus unternommen werden (120 km). Die Region verlockt jedoch zu einem mehrtägigen Aufenthalt. Da sind zum einen die vielen kleinen Kirchen und Kapellen in unmittelbarer Nähe des Klosters, zum anderen darf die Gegend als ideale Wanderregion bezeichnet werden. Mehrere Hotels und zahlreiche Campingplätze bieten ausreichend Übernachtungsmöglichkeiten.

Das **Rila-Kloster** liegt 20 km östlich der kleinen Stadt **Rila** in einem Tal, das ziemlich steil zu schneebedeckten Gipfeln aufsteigt. Als prächtigstes und monumentalstes Wahrzeichen orthodoxer Religion in Bulgarien ist das Kloster eine Art ›Wallfahrtsort‹ für Bulgaren und

ausländische Touristen gleichermaßen. Bereits am frühen Vormittag erscheinen die ersten Busse mit Besuchern, und erst am späten Nachmittag kehrt wieder klösterliche Ruhe ein. Außer den einzigartigen Wandmalereien (s. Thema *Rila-Kloster*, S. 84) sind das Klostermuseum und die große Klosterküche *(magerniza)* im Nordflügel hervorzuheben. Bemerkenswert ist, daß sich der 22 m hohe Abzugskamin durch alle Stockwerke windet. Die z. T. ebenfalls reich verzierten Mönchszellen, Wirtschafts- und Verwaltungsräume sowie vier weitere Kapellen sind Touristen leider nicht zugänglich.

Am Kloster vorbei und auf enger Straße weiter in das Tal hinein, gelangt man nach 7 km zu den **Partisanenwiesen**, einer reizvollen Gegend mit wunderbaren Ausblicken (Campingmöglichkeiten, Hütte). Von hier aus können kürzere und

Malereien in den Arkaden des Rila-Klosters

längere Wanderungen unternommen werden. Man sollte allerdings nicht vergessen, daß man sich im Hochgebirge befindet, entsprechende Ausrüstung und Vorbereitungen sind also unentbehrlich. Von den Partisanenwiesen ist man z. B. zur Hütte *Ribni Esera* schon 4 Std. unterwegs. Auf der Wanderung passiert man eine Gegend mit Dutzenden unberührter Hochgebirgsseen. Zum größten See des Rilagebirges, dem **Smradivo Esero**, benötigt man ca. 3,5 Std. Zu den **Sieben Seen** *(Sedemte Esera)* wandert man mindestens 5 Std. Vor dem Aufbruch ist es ratsam sich in den Unterkünften vor Ort zu erkundigen, ob die anzusteuernden Hütten geöffnet sind.

Vom Rila-Kloster zurück auf die E 79 erreicht man nach ca. 11 km **Blagoevgrad** (70 000 Einw.) am Fuße des Rilagebirges. Das großzügige Zentrum mit seinen modernen Gebäuden vermittelt einen wohlhabenden Eindruck. Mineralquellen und ein gemäßigtes Klima haben die Stadt als Heilbad bekannt gemacht. Am Ende des Zentrums, jenseits der Bistriza, stößt man neben dem Historischen Museum auf

Das Rila-Kloster

In seiner ursprünglichen Gestalt wurde das Kloster vom hl. Ivan Rilski (876–946) gegründet, der sich wie so mancher seiner Zeitgenossen aus Kritik am sittlichen Verfall der offiziellen Kirche als Einsiedler in die Einsamkeit der Berge zurückgezogen hatte und hier in einer Höhle lebte. Schon zu Lebzeiten soll er als Heiliger verehrt worden sein. Mönche scharten sich um ihn und schufen um 931 die Grundlage für eine Klostergemeinschaft. Wo sich das Domizil dieser Klostergemeinschaft befunden hat, konnte bis heute leider nicht geklärt werden. Erst seit dem 14. Jh. sind präzise Angaben überliefert: Der Feudalherr Chreljo Dragovol ließ im 14. Jh. bestehende Klosterbauten befestigen, der sogenannte Chreljo-Turm im Klosterhof stellt somit das älteste erhalten gebliebene Zeugnis jener Epoche dar.

Während des Zweiten Bulgarischen Reiches erfuhr das Kloster eine beständige Förderung und wurde – vor allem unter den Zaren Ivan Alexander (1331–71) und Ivan Schischman (1371–1393) – mit Privilegien bedacht. In der Folgezeit war das Kloster Feudalherr zahlreicher Dörfer, Ländereien und Güter. Diese Privilegien wurden unter osmanischer Herrschaft von mehreren Sultanen bestätigt, zeitweise war das Kloster sogar von Steuerabgaben befreit. Der Wandel des Osmanischen Reiches mit seinen inneren Unruhen und Verfallserscheinungen ging aber auch am Rila-Kloster nicht spurlos vorüber, mehrmals wurde es im 17. und 18. Jh. überfallen und geplündert oder fiel Bränden zum Opfer. Ende des 18. Jh./Anfang des 19. Jh. setzte innerhalb und außerhalb des Klosters eine rege Bautätigkeit ein: Den stark anwachsenden Pilgerscharen mußte Unterkunft und Verpflegung gewährt werden. Mehrere in dieser Zeit erbaute oder restaurierte Kirchen und Nebenklöster *(metochs)* in der unmittelbaren Umgebung verweisen auf die Bedeutung Rilas als Ziel von Pilgerfahrten.

Seine heutige Gestalt ist im wesentlichen ein Werk des 19. Jh., als Rila sich erneut zu einem kulturellen und geistigen Zentrum des Landes entwickelte. Nach einem schweren Brand 1833 wurde die Anlage mit finanzieller und tatkräftiger Unterstützung aus allen Teilen des Landes rekonstruiert. Große Meister verschiedenster Schulen waren an diesem Projekt beteiligt, dessen glanzvolle Wiederherstellung als nationale Aufgabe betrachtet wurde. So ist es noch heute schwierig, bestimmte Bauteile oder Fresken einzelnen Künstlern zuzuordnen: Zu sehr traten lokale Schulen in den Hintergrund, fand eine gegenseitige

Bildnis Ivan Rilskis von
Sachari Sograf

Befruchtung statt. Vielleicht ist das Rila-Kloster gerade deshalb als
Gesamtkomposition so einmalig und faszinierend.

Wirkt das Kloster mit seinen 20 m hohen Steinmauern von außen
wie eine abweisende Festungsanlage, so fesseln die Fassaden des
Innenhofes jeden Besucher mit ihrer variationsreichen Gestaltung. Die
mehrgeschossigen Wohngebäude sind durch Stein- und Holzarkaden,
durch Erker und Kioske gegliedert. Hinzu kommen Schnitzereien,
ornamentale Verzierungen sowie die farbigen Wandmalereien. Jeder
Flügel hat sein eigenes Gepräge erhalten. Je nach Tageszeit und Wet-
terverhältnissen ergeben sich völlig unterschiedliche Licht- und Schat-
tenwirkungen, die eine ganz eigene Atmosphäre entfalten. Das mächtige Katholikon ist nicht nur allseits sichtbares Zentrum der Anlage,
sondern auch ihr künstlerischer Höhepunkt. Um 1834 wurde es von
dem Baumeister Pavel aus Krimin erbaut, der hier seine Erfahrungen
vom Athos einbrachte. Die dreischiffige Kreuzkuppelbasilika ist durch
seitliche Apsiden und Kapellen ergänzt, die dem Bau eine bewegte
Struktur verleihen.

Die farbenprächtigen Malereien im offenen Säulengang ziehen die
meiste Aufmerksamkeit auf sich. Zusammen mit den Fresken im Inneren der Kirche werden ca. 1200 Szenen religiösen Inhalts erzählt.
Zahlreiche Stifterportraits und realistische Darstellungen geben aber
auch Auskunft über diesen Zeitabschnitt der ›Wiedergeburtszeit‹. Viele
der Szenen an den Außenwänden stellen dem diesseitigen Lebens-

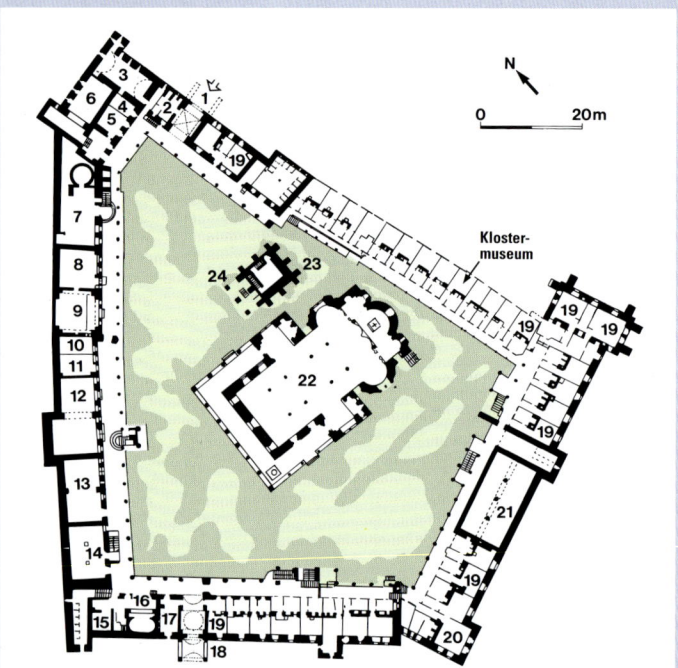

Rila-Kloster: **1** Samokov-Tor **2** Torwächter **3** Mühle **4** Arrestzelle **5** Krankenzimmer **6** Lager der Mühle **7** Große Backstube **8** Nebenraum der Küche **9** *Magerniza* (Klosterküche) **10** Zimmer für Köche **11** Lagerraum **12** Weinlager **13** Sauerkrautkeller **14** Käselager **15** Lagerraum **16** Kleine Backstube **17** Torwächter **18** Dupniza-Tor **19** Mönchszellen **20** Abtwohnungen **21** Speiseraum **22** Katholikon **23** Chreljo-Turm **24** Glockenturm

wandel Höllenqualen gegenüber, geißeln den Lebenswandel mancher Zeitgenossen und leiten so zu einem gottesfürchtigen Leben an. Viele Meister, vor allem aus den Schulen von Samokov und Bansko, haben sich an den Malereien beteiligt, so bekannte Namen wie Sachari Sograf, Stanislav Dospevski und Dimiter Molerov sind darunter. Die vergoldeten Schnitzarbeiten und das reichhaltige Bildprogramm im Inneren der Kirche legen ein weiteres Zeugnis für die repräsentative Bedeutung dieser Stätte ab.

ein sehenswertes Ensemble restaurierter Häuser aus der ›Wiedergeburtszeit‹, die zu einem Bummel durch die Gassen einladen. In ihrer Mitte erhebt sich die **Kirche Sveta Bogorodiza** (1844), deren Schwarz-Weiß-Bemalung schon von weitem ins Auge sticht. Besonders sehenswert sind die überaus zahlreichen Holzarbeiten sowie die geschnitzte Ikonostase.

Ein Abstecher nach Osten, an der Bistriza entlang, führt nach 35 km in das **Naturschutzgebiet Parangaliza**. Über ein Drittel des 1500 ha großen Gebietes ist dicht, in erster Linie von Fichten, bewaldet. Verschiedenste Blumenarten wie Enzian, Glockenblumen und Vergißmeinnicht bedecken die Wiesen. Die Region erstreckt sich in einer Höhe von 1500–2500 m und ist vor allem durch ihre alten Bäume bekannt. 40–45 m hohe, z. T. 200–300 Jahre alte Exemplare gedeihen hier dank besonderer Klimaverhältnisse. Auf einer landschaftlich reizvollen Strecke im Tal der Struma gelangt man nach **Sandanski**, einem Luftkurort mit mildem Klima und Mineralquellen, besonders geeignet für Menschen mit Erkrankungen der Atemwege. Der Ort ist auch als Ausgangspunkt für Erkundungen des Piringebirges zu empfehlen.

Man mag es kaum glauben, daß Ende des 19. Jh. hier einmal 20 000 Einwohner gelebt haben sollen. Heute zählt **Melnik**, kleinste Stadt Bulgariens, nur noch wenige hundert Bewohner. Einst staffelten sich die Häuser in mehreren Reihen übereinander am Berg, so daß in den Gassen kaum zwei Esel aneinander vorbeikamen. Vom Glanz des letzten Jahrhunderts – in Melnik standen den Gläubigen 72 Kirchen mit reichem Interieur zur Verfügung – künden heute immerhin noch mehr als 100 schön renovierte Häuser aus der ›Wiedergeburtszeit‹. Melniks Umland war schon unter Thrakern und Römern besiedelt; slawische Stämme lebten hier im 6./7. Jh., und vom Mittelalter zeugen Festungsruinen in den Bergen. Im 13. Jh. diente Melnik quasi als Verbannungsort für reiche griechische Adlige, die hier zahlreiche Häuser und Kirchen errichten ließen. Eine wirtschaftliche Blütezeit erlebte die Stadt im 18./19. Jh., als die ansässigen Händler jede Woche Pferde- und Kamelkarawanen nach Budapest, Wien, Venedig und in andere europäische Städte entsandten. Neben Tabak und Seide war Melnik vor allem für seinen Wein berühmt: ein schwerer roter Tropfen, der der Legende nach so dickflüssig gewesen sein soll, daß man ihn in einem Tuch tragen konnte.

Neben einigen erhaltenen Kirchen, Ruinen und vielen sehenswerten Gebäuden im Stil der Rhodopen-Bürgerhäuser (s. S. 116), sticht vor allem das **Kordopulov-Haus** am Ortsrand hervor. Es ist das größte bulgarische Haus aus der ›Wiedergeburtszeit‹. Bemerkenswert an dem Gebäude aus dem Jahre 1754 sind die beiden über-

Roshen-Kloster

einander verlaufenden Fensterrei-
hen, Ausdruck des Reichtums seines Besitzers. Bei näherer Betrach-
tung entpuppen sich die oberen
Fenster als bemaltes Bleiglas, das
an venezianische Vorbilder und
Kirchenfenster erinnert. Die Innen-
räume sind repräsentativ mit Holzschnitzereien, Wandmalereien und
Stuckarbeiten ausgestattet. Hinter
dem Eßzimmer liegt ein als
Bücherregal getarntes Versteck von
Jane Sadanski, einem berühmten
Revolutionär dieser Region. Der
luxuriöse Zuschnitt des Hauses
wird durch eine Sauna neben dem
Eßzimmer komplettiert.

Beeindruckend sind die Keller-
anlagen, typisch für viele Häuser
Melniks. In manchen Kellern, die
sich insgesamt mehrere Kilometer
unterhalb der Stadt erstreckten, haben bis zu 400 t Wein bei gleich-
bleibender Temperatur gelagert. Einige der mehrere tausend Liter fassenden Weinfässer sind noch erhalten.

Die Einbettung in eine einzigartige Landschaft begründete den besonderen Ruf Melniks. Wind und
Wetter haben die umliegenden
Sandsteinfelsen ausgewaschen und

In Melnik harmonieren Architektur und Landschaft

zum Teil über 100 m hohe Pilze, Pyramiden und viele andere skurrile Phantasiegebilde entstehen lassen. Auf dem Weg zum **Roshen-Kloster**, 6 km östlich von Melnik, kommt man an vielen markanten Formationen vorbei. Die Anhöhe mit dem Klosterbau kann man zu Fuß ersteigen, oder man fährt mit dem Auto (auch Bus) bis nahe dem Klostereingang. Kaum jemand, der beim Betreten des Klosterhofes nicht von seiner Ausstrahlung gefangengenommen wird. Die grob behauenen Balken und dunklen Hölzer der zwei- und dreigeschossigen Umgangsgalerie lassen die Steine in den Hintergrund treten und erzeugen zusammen mit den Weinreben, die großen Teilen des Hofes Schatten spenden, eine ruhige, fast intime Atmosphäre. Das Katholikon (*Sveta Bogorodiza*), das vermutlich auf die Gründungsphase des Klosters zurückgeht (12./13. Jh.), ist mit Dutzenden Wandmalereien – vornehmlich aus dem 17. und 18. Jh. – bedeckt und beinhaltet eine kunstvoll geschnitzte Ikonostase aus der Debar-Schule. Wer von hier aus eine Viertelstunde in die Berge hochsteigt, kann bei guter Sicht einen wunderbaren Rundblick genießen, bis nach Melnik hinein, das von hier aus über einen Wanderpfad erreichbar ist.

Über Velingrad nach Bansko

Auf einer wenig befahrenen Paßstraße in teilweise schlechtem Zustand geht es weiter Richtung Goze Deltschev in die Bergwelt des Piringebirges. Einige Kilometer hinter der Stadt, am Ortseingang des Dorfes Garmen, liegt das 3 ha große Ruinenfeld der von Kaiser Trajan gegründeten römischen Siedlung **Nicopolis ad Nestum**. Eine Besichtigung dürfte aber nur für Spezialisten von Interesse sein.

Kurz vor dem Mineralbad Ognjanovo führt eine schmale Straße in das 16 km entfernte Dorf **Kovatscheviza**. In diesem auch heute noch bewohnten ›Freilichtmuseum‹ sind Häuser aus dem 19. Jh. in ihrem ursprünglichen Zustand erhalten, ein weiteres Beispiel für die Architektur der frühen ›Wiedergeburtszeit‹ in den Rhodopen. Die Bauweise ist nicht repräsentativ ausgerichtet, sie folgt stärker wohnlich-wirtschaftlichen Zwecken. Die Fassaden sind kaum künstlerisch ausgearbeitet: Auf einem hohen Steingeschoß erhebt sich ein vergleichsweise niedriges Holzgeschoß mit Erkern. Enge Gassen mit grobem Steinpflaster, in denen sich die mit Steinplatten gedeckten Dächer der Häuser fast berühren, prägen das Dorfbild in dieser abgelegenen Bergwelt. Kein Ort der schrillen Töne, sondern eine Möglichkeit, sich in die bäuerlichen Lebensverhältnisse vergangener Zeiten zurückzuversetzen. Ein weiteres Reservat historischer Architektur kann östlich von Kovatscheviza aufgesucht werden: Die Ortschaft heißt **Dolen**.

Der **Stausee bei Dospat** zählt zu den größten und schönsten Bulgariens und ist bei Anglern wegen seines Fischreichtums beliebt (Campingmöglichkeiten). Die Straße nach Batak führt uns durch weite Nadelwälder noch an mehreren kleineren Stauseen vorbei, die zu einem Halt einladen. Die Gegend um den **Batak-Stausee** ist eine Ferienregion mit zahlreichen Hotels sowie betrieblichen und staatlichen Ferieneinrichtungen, die allmählich der Öffentlichkeit zugänglich gemacht werden. Die beiden Orte **Batak** und **Brazigovo** (jeweils 5000 Einw.) sind als Zentren des Aprilaufstandes von 1876 in die Geschichte eingegangen: Zur Vergeltung töteten die Türken Tausende ihrer Bewohner. 5 km südwestlich von Peschtera lohnt die **Sneshanka-Höhle** einen Besuch. In der 145 m langen Tropfsteinhöhle folgen sieben Säle mit reichen Gesteinsformationen aufeinander.

Einen kleinen Abstecher wert ist die 36 km westlich von Plovdiv gelegene Stadt **Pasardshik** (82 000 Einw.). Bis 1934 trug die Stadt den Namen *Tatar Pasardshik*, was auf ihre Gründung im 15. Jh. durch Tataren aus dem südlichen Rußland

Markt in Bansko

hindeutet. Ihre verkehrsgünstige Lage führte zu einer so starken Entwicklung der Handelsaktivitäten, daß die Stadt vor 100 Jahren bedeutender als Sofia war. Etwa 20 Moscheen soll es hier gegeben haben und die große Karawanserei konnte 3000 Pferde und 2000 Kamele unterbringen.

Kunstinteressierte sollten die **Kirche Sveta Bogorodiza** besuchen (direkt an der Hauptstraße *Bulgaria*), deren Ikonostase eine der besten Schnitzarbeiten des Landes darstellt. Die meisterhaft filigrane Arbeit stammt aus der Debar-Schule; die einzelnen Motive treten plastisch hervor und gewinnen im Wechselspiel von Licht und Schatten an Lebendigkeit. Biblische Szenen sind in eine Welt aus Pflanzen und Tieren eingebettet. Einige der Ikonen stammen von dem bulgarischen Maler Stanislav Dospevski (1823–1878). Sein ehemaliges Wohnhaus liegt nur wenige Schritte entfernt direkt am Kanal und wurde zu einem kleinen Museum umgestaltet (Mo–Fr vorm. und nachm. geöffnet). Nur 50 m von der Sveta Bogorodiza entfernt ist im **Nikola Christovitsch-Haus**, einem Gebäude im Stil der Plovdiver Bürgerhäuser, eine ethnographische Ausstellung untergebracht. Handwerkskunst, Wohnkultur und Alltagsleben dieser Region sind das Thema der Exposition (Di–So 9–12, 14–18 Uhr).

Über **Velingrad**, einen Bade- und Luftkurort mit 70 Mineralquellen, gelangen wir auf gebirgiger Strecke in den Hochgebirgskurort **Jundola**. Auf einem Bergsattel in einer Höhe von 1350 m gelegen, bildet er die Grenze zwischen den Rhodopen und dem Rilagebirge. Als Ausgangspunkt für die Erkundung des südöstlichen Rilagebirges eignen sich die beiden Orte **Jakoruda** und **Beliza**.

Dank Baumwollhandel erlebte **Bansko** (10 000 Einw.) im 18./19. Jh. eine prosperierende Entwicklung. Noch heute zeugen viele denkmalgeschützte Häuser, meist von einer hohen Mauer umgeben, vom früheren Wohlstand ihrer Besitzer. Sehenswert ist das bauliche Ensemble des Uhrturms mit der Kirche Sveta Troiza, deren Ikonostase von einheimischen Künstlern hergestellt wurde. Die Malschule von Bansko, die im 18. und 19. Jh. zahlreiche Werke in ganz Bulgarien anfertigte, hat sich weit über den Ort hinaus einen Namen gemacht. Eine der herausragendsten, holzgeschnitzten Ikonostasen Bulgariens ist in der leider meist geschlossenen Friedhofskirche zu finden.

Mittlerweile hat sich Bansko zum viertgrößten Wintersportzentrum des Landes entwickelt; Loipen und Pisten unterschiedlichster Schwierigkeitsgrade warten auf Skifans. Im Sommer ist der Ort ideal für die Erkundung der höchsten Teile des Piringebirges.

In den 70er Jahren wurden die höchsten **Gebirgszüge des Pirin**

Rila- und Piringebirge

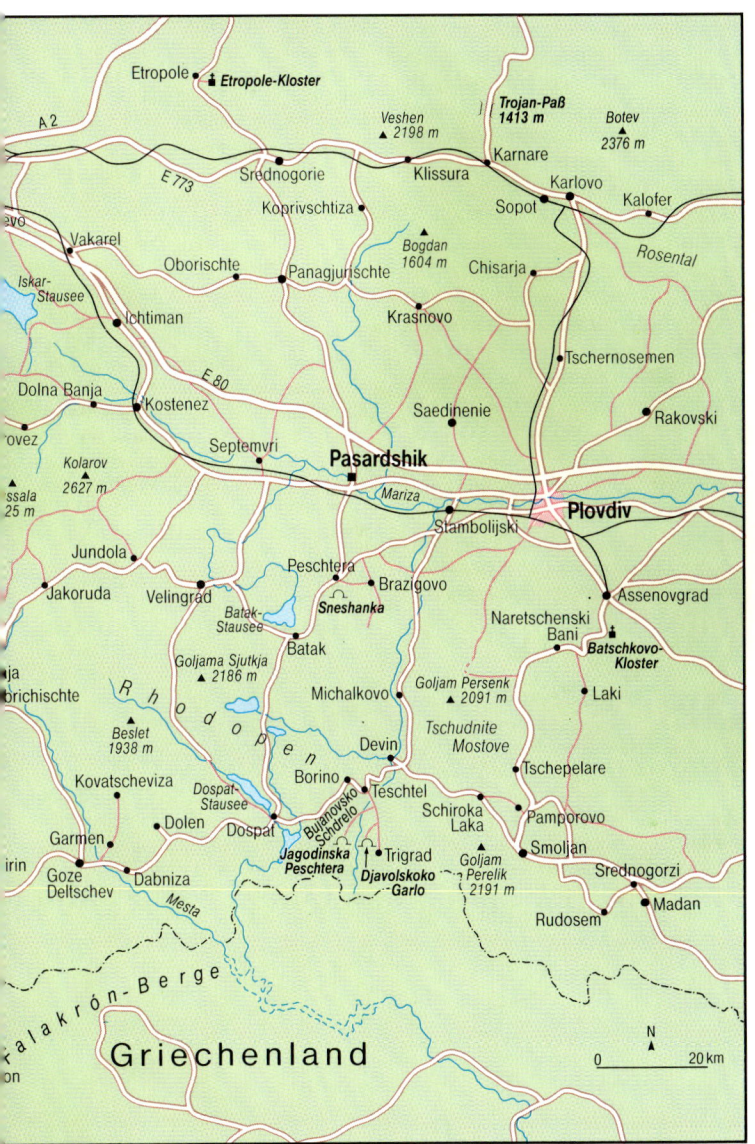

Etropole • ⛪ *Etropole-Kloster*

A 2

Veshen ▲ 2198 m

Trojan-Paß 1413 m

Botev ▲ 2376 m

E 773

Srednogorie

Koprivschtiza •

Klissura

Karnare

Karlovo •

Sopot

Kalofer

Vakarel

Oborischte

Panagjurischte

Bogdan 1604 m

Chisarja •

Rosental

Iskar-Stausee

Ichtiman

Krasnovo

Tschernosemen •

Dolna Banja

Kostenez

E 80

Saedinenie

Rakovski •

rovez

Kolarov 2627 m

Septemvri

Pasardshik

ssala 25 m

Mariza

Plovdiv

Jundola

Stambolijski

Jakoruda

Velingrad

Batak-Stausee

Peschtera •

Brazigovo •

Sneshanka

Assenovgrad •

Naretschenski Bani

Batschkovo-Kloster

ja richischte

Goljama Sjutkja ▲ 2186 m

Batak

Michalkovo •

Goljam Persenk ▲ 2091 m

Laki •

R h o d o p e n

Beslet 1938 m

Devin •

Tschudnite Mostove

Tschepelare •

Kovatscheviza •

Dospat-Stausee

Borino •

Bularovsko Schdrelo

Teschtel

Schiroka Laka

Pamporovo •

Garmen •

Dolen •

Dospat

Jagodinska Peschtera

↑ Trigrad

Goljam Perelik 2191 m

Smoljan •

Srednogorzi •

Goze Deltschev

Dabniza

Mesta

Djavolskoko -Garlo

Rudosem •

Madan •

irin

k a l a k r ó n - B e r g e

on

Griechenland

N
▲
0   20 km

93

zum Nationalpark erklärt, dem mit 40 000 ha größten Bulgariens. 45 Gipfel steigen hier auf mehr als 2600 m Höhe an, gekrönt vom 2914 m hohen **Vichren**. Erfahrene Wanderer können ihn von der Vichren-Hütte aus (1950 m Höhe, Zufahrt mit dem Pkw möglich; Übernachtungsmöglichkeiten) in 3–4 Std. ersteigen. Das Piringebirge gilt passionierten Wanderern und Bergsteigern als ›erste Adresse‹, gute Ausrüstung und Vorbereitungen sind in dieser Hochgebirgsregion allerdings unerläßlich. Es werden auch organisierte Wandertouren angeboten. 176 z. T. sehr romantisch gelegene Bergseen, Begegnungen mit seltenen Tieren und Pflanzen und natürlich die unendliche Abgeschiedenheit des Hochgebirges garantieren einen erholsamen Aktivurlaub.

Zug- und Busverbindungen: Blagoevgrad kann auch mit dem Zug erreicht werden, es liegt an der Eisenbahnstrecke Sofia–Kulata (Griechenland). Auch Bansko ist mit der Eisenbahn erreichbar, wenn auch keine direkte Zugverbindung mit den großen Zentren existiert. Bansko liegt an der Eisenbahnstrecke Dobrinischte – Septemvri und verfügt über Busverbindungen nach Raslog, Blagoevgrad, Plovdiv und Sofia.

Unterkunft am Rila-Kloster: ***Hotel *Rilez,* neben dem Kloster, ☎ 21 06. **Hotel *Rila,* im Ort Rila, ☎ 9 37 54/21 67. Auch das Kloster bietet Unterkünfte; an der Strecke vor und hinter dem Kloster liegen mehrere Campingplätze. **...in Blagoevgrad:** ***Hotel *Alen Mak,* im Stadtzentrum, ☎ 0 73/2 33 73; Hotel *Rilzi,* 3 km nördlich von Blagoevgrad, ☎ 0 73/2 07 15. **...in Sandanski:** *****Balneohotel Sandanski,* ☎ 07 46/51 65, Fax 52 71: mit Kuranwendungen; Hotel *Sveti Vratsch,* ☎ 07 46/20 93, Fax 64 09: eine der ehemaligen Residenzen von Todor Shivkov. **...in Melnik:** **Hotel *Melnik,* ☎ 99 72/2 74 37. Auch mehrere Privatquartiere im Ort. **...am Batak-See:** Hotel *Orbita-Tsigov Chark,* direkt am Stausee, ☎ 9 64 53/23 27. **...in Pasardshik:** ***Hotel *Elbus,* ☎ 0 34/2 65 30. **...in Velingrad:** ***Hotel *Velina,* im Viertel Zepino, ☎ 03 59/34 12: mit balneologischer Abteilung. **Hotel *Zdravets,* ☎ 03 59/26 82. **...in Bansko:** **** Hotel *Bansko,* ☎ 0 74 43/42 75, Fax 43 53: empfehlenswertes und bestes Hotel im Ortszentrum. ***Hotel *Pirin,* ☎ 0 74 43/ 22 95 oder 25 36

An alle Hotels sind Restaurants angeschlossen.

Höhlen: Die Sneshanka-Höhle bei Peschtera ist elektrifiziert und steht im Sommer Besuchern gegen ein geringes Eintrittsgeld offen. Da die Führer jedoch nicht immer vor Ort sind, empfehlen sich vorherige Erkundigungen in einem der Hotels der nahegelegenen Städte, z. B. in Batak.

Von Sofia an die Donau

Die grandiose Felsenlandschaft von Belogradtschik mit ihren phantasievollen Gesteinsformationen steht im Mittelpunkt dieser zweitägigen Tour in den nordwestlichen Teil Bulgariens. Ausflüge in die ›Unterwelt‹ eröffnen die Magura- und die Ledenika-Höhle.

Auf dem Weg nach Belogradtschik

Wer Richtung Norden nicht die gut ausgebaute, dafür aber etwas längere Strecke über Botevgrad nehmen will, fährt über **Novi Iskar** und wird mit dem reizvollen Tal der Iskar belohnt. Kleine Häuschen kleben an den bewaldeten Hängen des Balkangebirges, man fühlt sich wie in der Schweiz.

Die **Felsen von Lakatnik** laden als erste Sehenswürdigkeit zu einem Halt ein. Direkt an der Straße schießt ein Bach die Felsen herunter, daneben entspringt eine Quelle, die einen Teich bildet. Oberhalb liegen mehrere große Höhlen – z. T. mit Seen und Wasserfällen –, die allerdings nicht beleuchtet sind und daher nur gut ausgerüsteten Gruppen zu empfehlen sind! Bei gutem Wetter kann man hier häufig junge Bergsteiger beobachten, die ein Training absolvieren.

Vorbei an dem im 19. Jh. neu erbauten **Tscherepisch-Kloster** aus dem 14. Jh. und den bizarren **Fels**formationen **von Ritlite** gelangen wir auf malerischer Strecke nach **Vraza**. Zwei für Bulgariens historische Architektur typische Wohntürme sind hier sehr gut erhalten geblieben. Der Serapionov-Turm stammt aus der Mitte des 17. Jh., der mit 13,40 m größere, malerische Meschtschien-Turm wurde Anfang des 18. Jh. erbaut und läßt noch gut seine Doppelfunktion von Wohn- und Verteidigungszweck erkennen. 6 km südwestlich von Vraza schließt sich auf der Straße nach Milanovo die für Besucher geöffnete **Ledenika-Höhle** an. Die Akustik des 23 m hohen Hauptsaals ist so beeindruckend, daß hier bisweilen Konzerte veranstaltet werden. Von Ende November bis Mitte April bildet heruntertropfendes Wasser eigenwillige Eisformationen.

Hinter der Industriestadt **Montana** passiert man linker Hand die

Felsenfestung von Belogradtschik   ▷

Bergketten des Balkangebirges, während sich rechter Hand eine weite Ebene bis hin zur Donau öffnet. Landwirtschaft herrscht in dieser Gegend vor, immer wieder begegnet man Fuhrwerken, oft winzige Wagen mit Eseln oder Kühen. Traktoren sind auf den Feldern seltener zu sehen, schweißtreibende Feldarbeit mit der Hacke ist hier noch die Regel (s. Thema *Zurück auf eigener Scholle*, S. 23).

Belogradtschik (7000 Einw.) liegt 20 km von der Hauptstraße entfernt. Je näher man dem Ort kommt, desto wilder und kurioser wird die Landschaft, die ersten roten Felsformationen tauchen auf und bieten in ihren ausgewaschenen Formen ein pittoreskes Bild. Diese phantastische Felsenlandschaft umfaßt 200 ha, bei einem Spaziergang lassen sich immer neue ›Gestalten‹ entdecken, die z. T. mehr als 100 m hoch in den Himmel ragen. Die **Festung von Belogradtschik** rief schon in früheren Jahrhunderten die Bewunderung zahlreicher Reisender hervor. Malerisch erhebt sie sich gleich oberhalb der Stadt und ist auf jeden Fall einen Besuch wert. Die Festung ist in den höchsten Felsen der Region eingelassen und wird von mehreren Mauerringen umgeben. Lange Zeit galt sie als uneinnehmbar. Das östliche Befestigungswerk wurde bereits von den Römern errichtet, Byzantiner und Bulgaren führten den Ausbau fort, schließlich übernahmen sie die Osmanen, um die nah vorbeiführende Han-delsstraße zu schützen. Von den oberen Teilen der Befestigung hat man mit dem Fernglas eine sehr gute Aussicht auf die bizarren Steinformationen des Umlandes. Vorsicht ist allerdings geboten, da Absicherungen an den steil abfallenden Felsen kaum vorhanden sind.

Nach Vidin

Die 25 km entfernte **Magura-Höhle** bei Rabischa erlangte aufgrund ihrer Felsmalereien aus der frühen Bronzezeit einen gewissen Bekanntheitsgrad. Eine genaue Datierung steht aber noch aus. Fledermauskot diente als Grundlage der verwendeten Farben; dargestellt sind kultische Szenen sowie einzelne Menschen und Tiere. Funde belegen, daß die Höhle seit dem späten Paläolithikum bewohnt war (100 000–40 000 v. Chr.). Die insgesamt 1,7 km lange, leider häufig geschlossene Höhle birgt zahlreiche Säle, darunter den sogenannten ›Triumphsaal‹ (128 m lang, bis 58 m breit und 28 m hoch).

Ihre günstige Lage an der Donau machte **Vidin** schon frühzeitig zu einem geschätzten Siedlungsgebiet. Thraker und Kelten hatten sich hier niedergelassen, die Römer errichteten eine befestigte Siedlung *(Bononia)*, doch immer wieder zerstörten Hunnen und Awaren die Stadt. Eine Blütezeit erlebte sie während des Zweiten Bulgarischen Reiches: Unter dem Na-

Bulgarischer Joghurt

Anfang des 20. Jh. sammelte ein russischer Biologe, Ilja Mechnikoff, Lebensdaten aus 36 Ländern und fand heraus, daß Bulgarien die höchste Anzahl an Hundertjährigen aufweist: auf 1000 Einwohner entfallen 4 Hundertjährige. Mechnikoff führte diese Tatsache auf den reichhaltigen Genuß bulgarischen Joghurts zurück, der dank seiner besonderen Zusammensetzung gesundheitsfördernd wirke.

Wie weit die Wurzeln dieser traditionellen bulgarischen Speise zurückreichen, ist unbekannt. Erstmals wird Joghurt bei dem griechischen Geschichtsschreiber Herodot erwähnt, der es als Geschenk der Thraker aufzählt. Und der griechische Geograph Strabon weiß über diese Stämme zu berichten: »Sie trinken Joghurt und vermischen es mit Pferdeblut.« Inwieweit die militärischen Erfolge der Thraker mit ihren Ernährungsgewohnheiten zusammenhängen, sei dahingestellt, heute stehen jedenfalls die positiven Wirkungen des Genusses von Joghurt fest. Es ist als wichtiger Kalziumspender bekannt, was für einen stabilen Knochenaufbau von großer Bedeutung ist. Es enthält wichtige Vitamine wie B 1, B 6, B 12, Karotin u. a. und verfügt über antibakterielle Eigenschaften. Auf seiner Basis hergestellte Produkte werden bei Mundentzündungen wie auch bei Hautwunden und Verbrennungen eingesetzt. Manche Forscher behaupten auch eine antikarzinogene Wirkung vor allem zur Vorbeugung von Darmkrebs. Eine Mischung aus Magermilchjoghurt, abgekochtem Wasser und Zitronensaft soll bei Durchfällen helfen. Die besondere Zusammensetzung bulgarischer Joghurtkulturen hat sogar zu seiner Patentierung in vielen Ländern geführt.

Aber auch wer bei den gesundheitsfördernden Wirkungen von Joghurt seine Zweifel anmelden mag, sollte sich zumindest vom Geschmack überzeugen lassen. Zum Beispiel bei einem der bulgarischen Nationalgerichte, der kalten Suppe *Tarator*. Man nehme: 1 Pfd. Joghurt, eine kleingeschnittene, frische Gurke, vier zerstampfte Knoblauchzehen, vier Eßlöffel Öl, ein halbes Bund kleingehackter Dill, Salz und Eiswürfel. Salz, Öl und Knoblauch werden gründlich gemischt und den Gurken zugefügt. Der gut geschlagene Joghurt wird dieser Mixtur untergehoben, die anschließend – je nach Geschmack – mit kaltem Wasser verdünnt wird. Mit Dill bestreut und mit einigen Eisstückchen serviert ist es eine köstliche Vorspeise oder Zwischenmahlzeit. Feinschmecker fügen dem Ganzen noch Walnüsse hinzu.

men *Bdin* fungierte sie im 14. Jh. als Hauptstadt des gleichnamigen Fürstentums und fiel erst 1396 unter osmanische Herrschaft.

Die wichtigste Sehenswürdigkeit der Stadt, die **Festung Baba Vida**, liegt direkt an der Donau. Ihre jetzige Gestalt bezieht sie im Kern aus dem 10. Jh., auch wenn in den folgenden Jahrhunderten zusätzliche Befestigungen durch Türme und Mauerverstärkungen erfolgten. Ohne Zweifel stellt Baba Vida die imposanteste Festungsanlage Bulgariens dar. Ein Park und eine lange Promenade entlang der Donau laden unter schattenspendenden Bäumen zum Bummeln ein. Neben einigen alten Kirchen und einem türkischen *Konak* aus dem 18. Jh. sind vor allem Moschee und Bibliothek des Osman Pasvantooglu (um 1800 erbaut) zu erwähnen. Als unabhängiger türkischer Feudalherrscher vermochte Pasvantooglu von 1792–1807 sogar der Macht des Sultans Widerstand entgegenzusetzen.

Wer nicht auf demselben Weg nach Sofia zurückkehren möchte, kann ein Stück an der Donau entlangfahren, die hier breit und gemächlich dahinfließt, und bei **Lom** in südlicher Richtung abbiegen. Man fährt durch ärmliche Siedlungen und passiert bis Michailovgrad endlose Getreidefelder. Die weitere Strecke über **Berkoviza** ist zwar anstrengender und kurvenreicher als die Hauptstraße, doch immer neue Einblicke in das Balkangebirge sowie die Möglichkeit, unterwegs den für diese Gegend berühmten Joghurt zu erstehen, lohnen den Umweg (s. Thema *Bulgarischer Joghurt*, S. 99).

Verkehrsverbindungen: Vraza ist ebenso wie Vidin auch mit der Eisenbahn zu erreichen. Vidin ist einer der wichtigsten Donauhäfen Bulgariens und durch eine Fähre mit dem rumänischen Kalafat verbunden. Donauschiffe fahren von Passau bis ans Schwarze Meer. Von Vidin aus fahren Busse nach Lom und Sofia, ein kleiner Flughafen außerhalb der Stadt ist lediglich von lokaler Bedeutung.

Unterkunft in Vraza: **Hotel *Hemus,* im Stadtzentrum, ✆ 0 92/20 35 80; Motel *Haschove,* an der Straße nach Sofia, ✆ 0 92/2 42 87
... in Belogradtschik: ***Hotel *Touristitscheski Dom,* ✆ 09 36/33 82
... in Vidin: **Hotel *Rovno,* ✆ 0 94/2 44 02; Hotel *Bononia,* ✆ 0 94/2 28 00

Camping: An Vidins Ausfallstraße Richtung Sofia liegt ein Campingplatz.

Höhlen: Die Ledenika- und die Magura-Höhle sind elektrifiziert und stehen im Sommer Besuchern offen. Trotzdem passiert es häufiger, daß man vor verschlossenen Höhleneingängen steht. Eine vorherige Information in einem der Hotels von Vraza oder Belogradtschik ist daher sinnvoll.

Plovdiv

Auf holprigem Kopfsteinpflaster durch die engen Gassen der Plovdiver Altstadt zu bummeln ruft Erinnerungen an mittelalterliche Kleinstädte Westeuropas wach. Der Besucher wird rasch nachempfinden, warum diese Atmosphäre seit dem 19. Jh. magische Anziehungskraft auf die Künstler Bulgariens ausübt.

Lage und Geschichte

156 km von Sofia entfernt erstreckt sich Plovdiv auf mehreren Hügeln zu beiden Seiten der Mariza. Mit seinen 370 000 Einwohnern zählt es zu den wirtschaftlichen und kulturellen Zentren des Landes. Als Messestandort hat Plovdiv auch internationalen Bekanntheitsgrad erlangt. Zahlreiche kulturelle Veranstaltungen, internationale Festivals und Ausstellungen bieten das ganze Jahr über reichlich Abwechslung. Vor allem seiner sehenswerten Altstadt wegen zählt die Stadt zu den beliebtesten Reisezielen Bulgariens.

Archäologische Zeugnisse verweisen auf Siedlungen bereits aus der Steinzeit. Seit dem 2. Jt. v. Chr. errichteten Thraker auf den umliegenden Hügeln befestigte Ansiedlungen, und einige Quellen erwähnen die thrakische Stadt *Eumolpias* auf dem Gebiet des heutigen Plovdiv als wichtigste Siedlung des Odrysenreiches im 5. Jh. v. Chr. (s. S. 28). Nach ihrer Eroberung durch Philipp II. von Makedonien 341 v. Chr. erhielt die Stadt den Namen *Philippopolis* (thrakischer Name *Pulpudeva*). Unter Kaiser Claudius schwangen sich 46 n. Chr. die Römer zu den neuen Herrschern auf: Als Mittelpunkt der Provinz *Thracia* nannten sie die Stadt nun *Trimontium*.

Nach 834 wurde die Stadt Teil des Ersten Bulgarischen Reiches. In späteren Jahrhunderten war sie häufig Ziel von Eroberungen und Opfer mehrerer Zerstörungen. Allein zwischen 1204 und 1364, als sie unter osmanische Herrschaft fiel, wechselte die Stadt elfmal den Besitzer.

Dank weitreichender Handelsbeziehungen erlebte Plovdiv im 18. und 19. Jh. eine Zeit des wirtschaftlichen Aufschwungs. Dieser ökonomische Aufschwung fand seinen Ausdruck auch in der Architektur. Die eher volkstümliche Bauweise des 18. Jh. wich im 19. Jh. einer repräsentativen Bauform. Träger dieses Stilwandels waren Kaufmannschaft und Handwerker, die

Die Architektur der ›Wiedergeburtszeit‹

In dem komplizierten Prozeß des Niedergangs des Osmanischen Reiches eröffneten sich seit dem 17. Jh. der bulgarischen Bevölkerung Freiräume, aktiv an Handel und Wirtschaft teilzunehmen. Durch die Produktion für den riesigen osmanischen Markt, aber auch durch den Handel mit europäischen Staaten setzte ein enormer wirtschaftlicher Aufschwung ein, der zunehmend Reichtum in den Händen von bulgarischen Händlern und Handwerkern konzentrierte. Wachsendes Selbstbewußtsein dieser Bevölkerungsschichten war die Folge und fand im 19. Jh. im Wunsch nach vollständiger Befreiung von fremder Vorherrschaft seine Zuspitzung. Dieser Zeitabschnitt wird in Bulgarien allgemein unter dem Begriff ›Nationale Wiedergeburt‹ zusammengefaßt.

Die Auswirkungen dieses Prozesses auf Bulgariens Kultur lassen sich am augenscheinlichsten an der Wohnhausarchitektur ablesen. Repräsentative und gleichzeitig funktionale Häuser wurden gebaut, meist

Schwarzmeer-Häuser in Nessebar

Pirin-Haus in Melnik

um einen Hof herum angelegt und von einer schützenden Mauer umgeben. Das Erdgeschoß diente in erster Linie als Lager, Werkstatt oder
Verkaufsraum. Das obere Geschoß bzw. die oberen Stockwerke wurden als Wohnräume genutzt. Den Mittelpunkt bildete ein Wohn- und
Eßraum mit Herd, der *Kaschta* (›das Zuhause‹). Üblich waren auch eine offene Veranda, der *Tschardak*, oder ein Salon für repräsentative
Anlässe.

Die Häuser der ›Wiedergeburtszeit‹ weisen regional so starke Unterschiede auf, daß verschiedene Haupttypen unterschieden werden
können: das Rhodopen-Haus, das Pirin-Haus oder das Schwarzmeer-
Haus, um nur einige zu nennen. Waren in den östlichen Landesteilen
komplette Holzbauten vorherrschend, so gliederten sich in den übrigen Gebieten die Gebäude in ein steinernes Erdgeschoß mit einem
darüberliegenden verputzten Fachwerkbau. Die dominierende asymmetrische Bauweise wurde Mitte des 19. Jh. durch das symmetrische
Plovdiver Wohnhaus ergänzt.

Bei öffentlichen Bauten setzten bulgarische Baumeister ebenfalls
neue Akzente: Ganze Stadtviertel mit Handwerkerläden und Handelsniederlassungen entstanden. Vor allem aber wurden vermehrt Uhrtürme als Symbol der neuen Zünfte errichtet. Zu den schönsten zählen

Plovdiver Bürger-
haus (Ethnograph.
Museum)

die Uhrtürme in Trjavna und Botevgrad. Der berühmte *Konak* in Veliko Tarnovo und auch der dortige *Hadshi-Nikola-Han* wurden in dieser
Zeit von Nikola Fitschev (1800–1881), dem wohl berühmtesten bulgarischen Baumeister des 19. Jh., erbaut. Seinem Wirken entspringen
auch die Jantra-Brücke bei der Stadt Bjala, einem Zeitgenossen zufol-
ge der vollkommenste Bau jener Zeit im gesamten Osmanischen
Reich, und die überdachte Brücke in Lovetsch.

Mit dem Zuwachs an religiösen Freiheiten wurden auch die Sakralbauten wieder monumentaler. An die Seite der einschiffigen Kirchen,
vorzugsweise in ländlichen Gebieten, traten dreischiffige Hallenkir-
chen mit zunehmend dekorativen Elementen. Herausragende Kirchenbauten gehen auch hier wieder auf Nikola Fitschev zurück, so
z. B. die Kirche der hll. Konstantin und Helena in Veliko Tarnovo und
die Dreifaltigkeitskirche in Svischtov.

Ein Großteil der heute erhaltenen Klosterbauten stammt in seiner
jetzigen Form ebenfalls aus der ›Wiedergeburtszeit‹. Meist zweigeschossige, von außen an Festungen erinnernde Wohn- und Wirtschaftsbauten umgeben dabei einen oder mehrere Höfe mit dem Katholikon in der Mitte. Das Innere der Höfe ist in der Regel mit Holz
ausgebaut: Offene Veranden, Treppen und Erker sind häufig mit aufwendigen Schnitzarbeiten verziert. Das Rila-Kloster gehört ohne
Zweifel zu den schönsten derartigen Klosterbauten.

nicht zuletzt durch ihre ausländischen Handelskontakte und Niederlassungen neue Anregungen und fremde Einflüsse mitbrachten. Farbige und verzierte Fassaden, z. T. mit aufgemalten Säulen und Fensterumrandungen, aufwendige Schnitzereien, Dachgesimse und Vorbauten brachten das gewachsene Selbstbewußtsein der Bewohner schon an den Fassaden zum Vorschein.

Die Altstadt von Plovdiv: **1** Dshumaja-Moschee **2** Sv. Bogorodiza **3** Gemäldegalerie **4** Sv. Konstantin i Elena **5** Nikolaidi-Haus **6** Balabanov-Haus **7** Ethnographisches Museum **8** Hissar Kapija **9** Georgiadi-Haus **10** Lamartine-Haus **11** Römisches Theater **12** Sv. Marina **13** Stadion **14** Forum **15** Imaret-Moschee **16** Archäologisches Museum **17** Sv. Nedelja **18** Sv. Petka

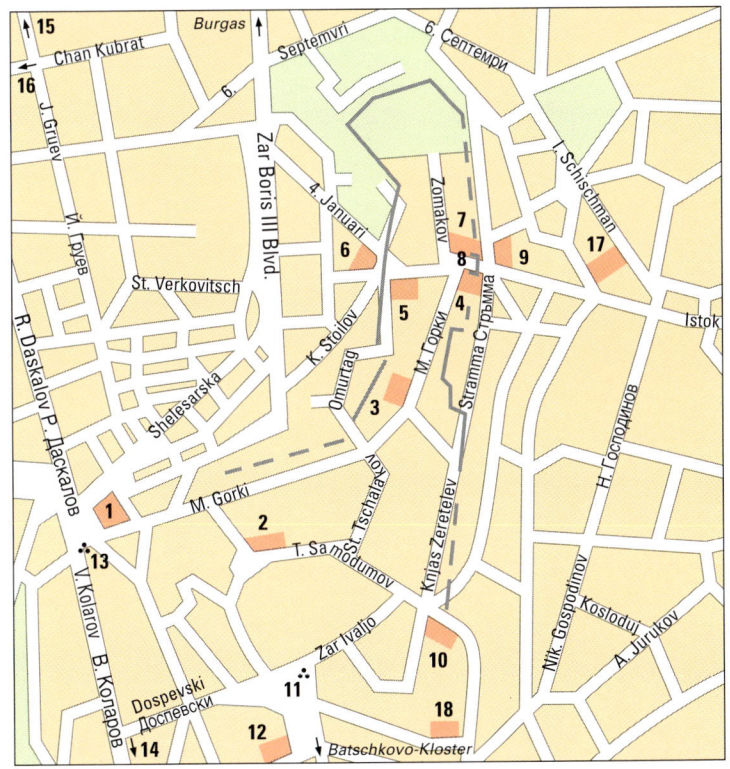

In den Innenräumen setzte sich Großzügigkeit und zur Schau gestellter Reichtum fort. Kunstvoll geschnitzte Holzdecken, Wandfriese und eine Fülle gegenständlicher und ornamentaler Wandmalereien zieren so manches Zimmer. Meist bildet ein großer, repräsentativer Salon das Zentrum des Hauses. Zu beiden Seiten schlossen sich verschiedene Wohnräume an. Im Keller befanden sich Vorratskammern und Wirtschaftsräume. Die in der Regel zwei- bis viergeschossigen Häuser waren meist symmetrisch angelegt. Besonders sehenswerte Beispiele der ›Wiedergeburtsarchitektur‹ werden im Rundgang durch die Altstadt angesprochen.

Nach der Befreiung von den Osmanen war Plovdiv – gemäß den Bestimmungen des Berliner Friedens von 1878 – zunächst zur Hauptstadt der Provinz *Ostrumelien* erklärt worden. 1885 fiel es schließlich wieder an Bulgarien.

Rundgang durch die Altstadt

Plovdivs historische Altstadt bedeckt drei der sechs Stadthügel. Seit 1956 steht sie unter Denkmalschutz, weist sie doch mehr als 200 erhaltenswerte Objekte auf.

Die Altstadt erkundet man am besten von der **Dshumaja-Moschee (1)** im Zentrum der Stadt aus. Über einige Treppen gelangt man nach wenigen Metern zur 1844 erbauten **Kirche Sveta Bogorodiza (2)**, in der 1859 das erste Mal ein Gottesdienst in bulgarischer Sprache abgehalten wurde. Vorbei an der **Gemäldegalerie (3)** des Malers Slatju Bojadshiev (1903–1962) erreichen wir das Herz der Altstadt, in der sich zahlreiche Kirchen, Museen und sehenswerte Gebäude drängen.

Die prächtig ausgemalte **Kirche Sv. Konstantin i Elena (4)**, in ihrer heutigen Form aus dem Jahr 1832, erhebt sich an der Stelle eines älteren Vorgängerbaus. Die dreischiffige Kirche mißt 20 x 14 m, ihr fünfstöckiger Glockenturm erreicht eine Höhe von 13 m. Holzsäulen ziehen sich durch den Innenraum. Die vergoldete Ikonostase ist ein Werk des Schnitzers Ivan Paschkula, einige der Ikonen wurden 1836 von Sachari Sograph geschaffen. Nebenan präsentiert eine kleine Ikonenausstellung Werke aus dem 17.–19. Jh. (geöffnet 9–8 Uhr, deutsche Führungen auf Anfrage möglich).

Vorbei am **Haus Nikolaidi (5)** erreichen wir das **Balabanov-Haus (6)**, in dessen sehenswerten Innenräumen eine Ausstellung (Gemälde, Schnitzereien) untergebracht ist (tägl. 9–12, 13–18.30 Uhr). Das nur wenige Schritte entfernte **Ethnographische Museum (7)** ist im 1847 errichteten Kojumdshioglu-Haus untergebracht. Mit seinem geschwungenen Dach und seinen abgerundeten Formen besticht es schon durch sein Äußeres, die runden und elliptischen Formen setzen sich im Inneren fort. Reiche

Holzschnitzereien und prächtige Fresken weisen auf kaufmännischen Wohlstand hin. Die Ausstellung vermittelt einen guten Einblick in bulgarische Volkskunst und Kultur (Di–So 9–12, 14–17 Uhr).

Durch das **Hissar Kapija (8)**, ein Tor der spätantiken Festungsanlage, gelangen wir zu einem der schönsten Häuser der Altstadt, dem **Georgiadi-Haus (9)**, in dem das ›Museum der bulgarischen Wiedergeburt und Befreiungskämpfe‹ residiert (Mo–Sa 9–12, 14–17 Uhr). Das dreigeschossige Haus verfügt in jedem Stockwerk über einen Empfangssaal mit vorgeblendetem Erker. Auch hier faszinieren wieder

reiche Schnitzarbeiten an Holzdecken und Wandschränken.

Wir passieren das **Alphonse-de-Lamartine-Museum (10)** (So–Di 9–12 Uhr), das Haus eines griechischen Kaufmanns, das Lamartine auf seiner Orientreise 1833 als Unterkunft diente, und erblicken vor uns ein im 2. Jh. unter Kaiser Marcus Aurelius angelegtes **Theater (11)**. Mit etwas Glück kann man eine abendliche Theateraufführung oder ein Konzert in stilvollem Rahmen genießen.

Vom römischen Theater aus entdeckt man unten die **Kirche Sveta Marina (12)**, 1853 als dreischiffige Basilika errichtet. Das halbe Kirchenschiff ist von einer Galerie umgeben, in deren Kuppeln gut erhaltene Wandmalereien jüngeren Datums zu sehen sind. Von herausragender Qualität ist ohne Zweifel

Georgiadi-Haus und Hissar Kapija

Römisches Theater

die Ikonostase aus dem 19. Jh., die neben üppiger ornamentaler Schnitzerei Tiere und Szenen aus der Bibel wiedergibt. In diesen Szenen verbergen sich zahlreiche Anspielungen auf den damals herrschenden Kampf gegen die griechische Kirchenhierarchie. Einige der Ikonen stammen von Stanislav Dospevski (s. S.190). Der nur wenige Schritte entfernte hölzerne Glockenturm (1869/70) steht baulich in merkwürdigem Kontrast zur Kirche.

Sehenswürdigkeiten außerhalb der Altstadt

Dominierendes Bauwerk im Zentrum ist die **Dshumaja-Moschee** aus der Mitte des 15. Jh. Bleigedeckte Kuppeln ruhen auf einer Stein- und Backsteinarchitektur, vier Säulen tragen neun Gewölbe. An ihrer Außenwand blieb eine alte Sonnenuhr erhalten, im Innenraum fällt ein Springbrunnen ins Auge.

Reste eines antiken **Stadions (13)** aus dem 2. Jh. sind in unmittelbarer Nachbarschaft zur Moschee zu finden. Nur einige Sitzreihen und ein Zugang dieser einst 30 000 Besucher fassenden Anlage sind noch erhalten. Vom einstigen römischen **Forum (14)** zeugen noch Fundamentreste, Marmorsäulen und Straßen (neben der Hauptpost und dem Hotel *Trimontium*).

Die **Imaret-Moschee (15)** von 1444/45 diente einst nicht nur als Freitagsmoschee, sondern beherbergte auch die geistlichen Würdenträger, die das osmanische Heer bei seinen Eroberungszügen begleiteten. Die in den 70er Jahren restaurierte Moschee besticht vor allem durch ihre Fassadengestaltung. Der ornamentale Einsatz roter Ziegel zwischen Feldsteinen an der Wand der Kuppelräume setzt sich im hoch aufragenden Minarett fort.

Das große **Archäologische Museum (16)** birgt reichhaltige Funde aus thrakischer, makedonischer und römischer Zeit sowie späteren Jahrhunderten. Eine Besonderheit stellt die Münzabteilung mit mehr als 30 000 Einzelstücken dar (bis auf weiteres geschlossen).

Flugverbindungen: In Stadtnähe liegt ein Flughafen mit nationalen und internationalen Destinationen.

Zugverbindungen: Plovdiv ist mit allen Zentren des Landes verbunden. Der Hauptbahnhof liegt südwestlich des Zentrums an der Christo-Botev-Str., ✆ 0 32/62 27 29.

Bus und Auto: Der Busbahnhof liegt in der Nähe des Bahnhofs in der Christo-Botev-Str. 16.
Mietwagen werden im *Novotel Plovdiv*, ✆ 0 32/55 19 94, sowie im Hotel *St. Petersburg*, ✆ 0 32/55 44 09, vermietet.
Taxiruf: ✆ 0 32/61 02, 61 11, 61 18

Unterkunft: *****Novotel Plovdiv,* ✆ 55 19 94, Fax 55 19 74: teuerstes und bestes Hotel der Stadt in der Uliza Zlatju Bojadshiev. ****Hotel *Noviz,* Blvd. Russki 55, ✆ 0 32/63 12 81, Fax 63 37 70: kleines modernes Haus, 500 m vom Zentrum entfernt, das auch Geschäftsleuten die notwendigen Einrichtungen bietet. ***Hotel *Mariza,* Blvd. Car Boris III., ✆ 0 32/55 27 35: ideal für Messebesucher, da es dem Ausstellungsgelände gleich gegenüber liegt; Hotel *Royal,* Belgrad Str. 3, ✆ 0 32/65 07 04, Fax 65 07 03: mit etwas viel Prunk neu errichtetes Haus in der Nähe von Messe und Altstadt; Hotel *Trimontium,* Uliza Kapitan Raicho 2, ✆ 0 32/62 45 34, Fax 23 88 21: altes, zentral gelegenes Hotel mit eigenem Charme

Einfache Privatzimmer können Sie buchen bei: *Esperantsa,* Vaptsarov Boulevard 26, ✆ 0 32/27 43 77; *Prima Vista,* Ivan Vazov 76b und Otets Paisij 21b, ✆ 0 32/27 27 78

Essen und Trinken in der Altstadt: *Paldin,* Zeretelev-Str. 3, ✆ 0 32/63 17 20; *Thrakijski Stan,* Paldin-Str. 5, ✆ 0 32/22 45 10; *A la Frangite,* Nektarijev-Str. 15, ✆ 0 32/26 95 95; *Ritora,* Samodumov-Str., ✆ 0 32/22 20 93. Im Umkreis der Fußgängerzone liegen weitere Restaurants.

Bank/Post: Geldwechsel ist an allen Hotelrezeptionen möglich. Die Post befindet sich am südlichen Ende der Fußgängerzone gleich beim Hotel *Trimontium.*

Durch die Rhodopen

Eine Reise von Plovdiv in die Rhodopen empfiehlt sich Wanderern und Naturfreunden, die die Begegnung mit ursprünglichen, z. T. bizarren Landschaften und abgeschiedenen Ortschaften suchen.

Batschkovo-Kloster

Während sich das Batschkovo-Kloster bequem innerhalb eines Tagesausflugs erreichen läßt (28 km südlich von Plovdiv, an der Straße Richtung Smoljan), sollten für die gesamte Route vier Tage eingeplant werden. Die bergige Strecke kann nur mit dem eigenen Pkw oder einem Mietwagen zurückgelegt werden, Smoljan und Kardshali bieten sich als Zwischenstopps für Übernachtungen an. Wer die Route abkürzen möchte, kann von Kardshali aus über Charmanli auf kurzem Wege zurück nach Plovdiv fahren.

So mancher Besucher wird erstaunt sein. Säumen noch wenige Meter vor dem Klostertor von **Batschkovo** zahlreiche ›Touristenbuden‹ mit dem üblichen Angebot an Souvenirs am Weg, so eröffnet sich mit Betreten des ersten Klosterhofes eine völlig andere Welt. Grobes Steinpflaster wird durchbrochen von Grasflächen, Blumen und Büschen, hohe Bäume spenden in der sommerlichen Hitze ersehnten Schatten. Ein kleines Rinnsal schlängelt sich mitten durch den Hof, eiskaltes Quellwasser bietet Erfrischung. Hühner, Schafe und Hasen vervollkommnen den Eindruck einer Oase in den Bergen. Obwohl es nach dem Rila-Kloster das zweitgrößte Kloster Bulgariens ist und ein fast ebenso beliebtes Ausflugsziel darstellt, vermag Batschkovo dennoch Besinnlichkeit und Lebendigkeit zugleich auszustrahlen. Die hier lebenden Mönche scheinen sich noch nicht den Anforderungen der Touristenströme gebeugt zu haben. Wer nicht im Kloster übernachten will, dem vermittelt ein Besuch am frühen Vormittag oder in den Abendstunden die beste Vorstellung von klösterlichem Leben.

Batschkovo wurde 1083 von den aus Georgien stammenden adligen Brüdern Gregorios und Abasios Bakuriani gegründet und trug damals den Namen ›Kloster der heiligen Gottesmutter von Petritsch‹. Zahlreiche Ländereien sorgten für finanzielle Unabhängigkeit, und eine aus jener Zeit erhaltene Klosterordnung berichtet sogar von einer weitreichenden

Autonomie des Klosters: Es war allein dem Patriarchen unterstellt. So konnte es sich im 11. und 12. Jh. zu einem Zentrum georgischer Kultur im Ausland entwickeln. Unter den Zaren Ivan Assen II. und Ivan Alexander entwickelte sich Batschkovo neben Rila zu einem kulturellen Zentrum des Zweiten Bulgarischen Reiches. Von den osmanischen Eroberern verschont, fiel Batschkovo in den folgenden Jahrhunderten zwar mehrmals Bränden zum Opfer, wurde jedoch immer wieder aufgebaut.

Rundgang

Zuerst gelangt man in den nördlichen Klosterhof, wo zweistöckige Gebäude neueren Datums zwei miteinander verbundene Kirchen umschließen. Die kleine **Erzengelkirche**, ein einschiffiger Kuppelbau im westlichen Teil, stammt ursprünglich aus dem 12. Jh. und wurde in seiner heutigen Gestalt wahrscheinlich im 18. Jh. errichtet. Ausgemalt wurde sie 1846 von Johannes Moschos. Faszinierend wirken auch heute noch die farbenfrohen Wandmalereien. Im Gewölbe unter der Erzengelkirche befindet sich auch einer der drei Eingänge zum Narthex des **Katholikons ›Heilige Gottesmutter‹**. Diese Hauptkirche wurde Anfang des 17. Jh. als Kreuzkuppelkirche des athonischen Typs errichtet und stellt für ihre Zeit ein außergewöhnliches Beispiel monumentaler Architektur dar. Besondere Aufmerksamkeit verdienen die Wandmalereien im

Narthex von 1643 mit über 1000 Figuren. Darstellungen von Heiligen in Bojarenkleidern geben genauso wie Szenen der ersten Christenverfolgungen, in denen die Verfolger mit Krummschwertern ausgerüstet sind, zeitgenössische Erfahrungen wieder, ohne den traditionellen Kanon christlicher Ikonographie zu verlassen. Dies fällt auch an der holzgeschnitzten Ikonostase auf: Die Ikone der Gottesmutter (1793) zeigt Maria in einem Hemd mit bulgarischer Stickerei, ihr Tuch um den Kopf ist in typisch rhodopischer Art gebunden.

Überhaupt sind es die zahllosen Wandmalereien aus verschiedenen Jahrhunderten, die Kunstinteressierten immer wieder neue ›Entdeckungen‹ bescheren. So auch die Fresken im alten **Speisesaal** des Klosters (Refektorium): 1643 von einem unbekannten Meister gemalt, faszinieren hier vor allem Darstellungen bekannter Persönlichkeiten – in erster Linie Philosophen – aus der griechischen und römischen Geschichte, die eine für die damalige Zeit gewagte Erweiterung des orthodoxen Bildprogramms bedeuten. Vermutlich war es ein Versuch, die Kontinuität philosophischer und religiöser Anschauungen zu behaupten und kann somit als heimliches Plädoyer für Toleranz in geistigen Dingen gedeutet werden. Das große Klosterpanorama von Alexi Atanassov aus der Mitte des 19. Jh. im südlichen Teil dieses Klosterhofes zählt zu den größten Wandmalereien

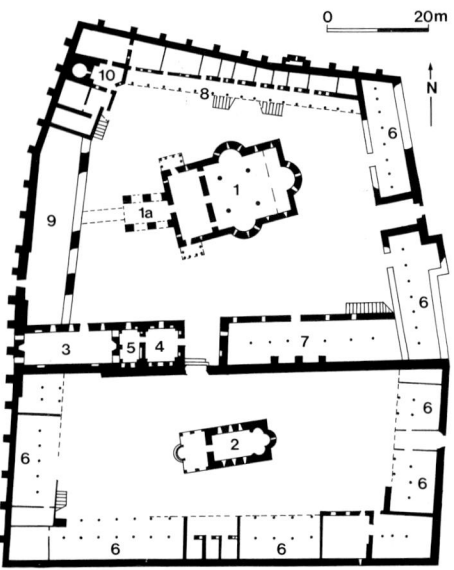

Batschkovo-Kloster
1   Katholikon
1a Krypta
2   Nikolaos-Kirche
3   Speisesaal
4   Klosterküche
5   Küchenraum
6   Ställe
7   Keller
8   Herberge
9   Lager
10 Backstube

der Balkanhalbinsel. Auf den noch feuchten Putz trug der Künstler nach eigenen Rezepturen gemischte Farben auf: Deshalb sind die Fresken so gut erhalten geblieben. Sie vermitteln nicht nur ein Bild der Klosterarchitektur des 19. Jh., sie geben auch Auskunft über die damaligen gesellschaftlichen Zustände.

Einen künstlerischen Höhepunkt stellen ohne Zweifel die 1839/40 ausgeführten Wandmalereien Sachari Sografs (1810–1853) dar. Szenen mit mehr als 600 Gestalten bedecken Wände und Decken der **Nikolaoskirche** im südlichen Klosterhof. An den Szenen der Vorhalle läßt sich besonders gut Sografs Stil, weltliche Elemente in die

christliche Malerei einzubringen und auch vor dem Aufgreifen sozialkritischer Themen nicht zurückzuschrecken, erkennen. So geißelte er z. B. die damalige Plovdiver Oberschicht, indem er sie im ›Jüngsten Gericht‹ auf dem Weg in die Hölle darstellte. In derselben Szene wird eine Gruppe nackter Frauen von Teufeln in einen Feuerstrom getrieben – eine bis zu diesem Zeitpunkt einmalige Darstellung auf einer Wandmalerei. Eine weitere, bis dahin unbekannte Neuerung stellt auch das Selbst-

---

Trotz der Touristenströme findet man in Batschkovo noch lebendiges Klosterleben wie Besinnlichkeit

bildnis des Künstlers zusammen mit den Stiftern dar (ganz links oben in der Vorhalle). Die ca. 100 Gestalten im Gewölbe der Erzengelkirche stammen ebenfalls aus der Hand Sografs. Indem er auch hier viele seiner Figuren in zeitgenössischen Gewändern verewigte, gelang es ihm, christliche Symbolik mit Gegenwartsproblemen zu verknüpfen.

300 m östlich des Klosterkomplexes liegt die sogenannte **Beinkirche** aus dem 11. Jh. Sie besteht aus einer Gruft mit einer Oberkirche und verfügt über wertvolle Wandmalereien, die z. T. noch aus dem 11. Jh. stammen. Leider sind einige durch die Feuchtigkeit schon stark zerstört worden.

Tschepelare, Pamporovo und Smoljan

Naretschenski Bani liegt in einem engen Tal und hat sich durch seine heilenden Mineralquellen einen Namen gemacht. Bei Magen- und Darmerkrankungen, Nervenleiden und Stoffwechselerkrankungen suchen viele hier Linderung; zahlreiche Hotels, Ferienheime und Sanatorien sind darauf eingestellt. Nach 14 km führt eine Abzweigung zu den **Felsenbrücken** *(Tschudnite Mostove)*, eine durch Wasser in Jahrtausenden geschaffene Spielerei der Natur mit bis zu 95 m langen Brücken aus Felsformationen.

Tschepelare mit seinen 7000 Einwohnern zählt zu den im Ausland weniger bekannten Höhenkurorten. In erster Linie sind es bulgarische Urlauber, die im Sommer von hier aus zu Wanderungen aufbrechen und im Winter Abfahrtslauf betreiben – eine preisgünstige Alternative zu Pamporovo. Tschepelare wird von der Holzindustrie geprägt und ist innerhalb Bulgariens für seine Skiproduktion bekannt. Wer bereits eine der zahlreichen Höhlen Bulgariens besucht hat, den wird vielleicht das einzige **Höhlenmuseum** des Landes interessieren. Es liegt nur wenige Meter vom Stadtzentrum entfernt auf einem kleinen Hügel. Unter Glas werden neben Skeletten ausgestorbener Tierarten Spuren der ersten menschlichen (Höhlen-)Bewohner präsentiert. Die Erklärungen über die verschiedenen Entstehungsformen von Höhlen sind in diesem bescheidenen Museumsbau leider nur auf Bulgarisch verfaßt (Di–So 9–12, 14–17 Uhr).

10 km südlich von Tschepelare schließt sich **Pamporovo** an, neben Borovez (s. S. 79) der bekannteste bulgarische Wintersportort. Das Klima der Region um Pamporovo ist untypisch für die Rhodopen: Warme Luftmassen vom Mittelmeer stoßen hier auf Kaltluft aus dem Norden. Die Folge dieser Klimagrenze sind sonnige, angenehm warme Sommer und ein ausgeglichenes Wetter im Winter mit relativer Schneesicherheit von Dezember bis April. Pamporovo ist ein internationaler Ferienort mit jahrzehntelanger Tradition. Zwar kann

Rezepte der Natur: Heilpflanzen

Die Legende erzählt, daß der Thraker Orpheus tief in den Rhodopen lebte und mit Musik und Pflanzen Krankheiten heilen konnte. Die heilende Wirkung von Pflanzen war in Bulgarien schon in der Antike und dem Mittelalter bekannt. Anfang des 10. Jh. lebte der Mönch Ivan Rilski, der Wundertäter genannt, im Rilagebirge. Er verfügte über außergewöhnliche Fähigkeiten, die Heilwirkung von Pflanzen einzusetzen. Sein Ruhm reichte weit über die Grenzen des Landes hinaus. Im Rila-Kloster wird heute noch ein Buch aufbewahrt, in dem seine Rezepturen und Methoden festgehalten sind. Jahrhundertelang galt das Kloster als ein Ort, in dem die verschiedensten Krankheiten und Leiden geheilt werden konnten (s. Thema *Das Rila-Kloster,* S. 84).

Nicht weniger bekannt war im 11. Jh. der Mönch Bogomil. In seinem Werk *Zelejnik,* was soviel wie Grün bzw. Natur bedeutet, sind Heilmethoden mit Pflanzen, Honig und anderen Naturstoffen beschrieben. Weitere bekannte Persönlichkeiten dieser Zeit waren Bojan der Magier, ein Sohn des Zaren Simeon, und Vassili Vratsch (›der Arzt‹), der nicht allein in Bulgarien, sondern auch im Byzantinischen Reich wirkte. Wegen seiner für die Zeitgenossen unverständlichen und neuartigen Heilmethoden wurde Vratsch verfolgt und schließlich öffentlich auf dem Hippodrom in Konstantinopel verbrannt. Ein im 14. Jh. das Land bereisender Geistlicher schrieb: »Ich bin in vielen Ländern gewesen, aber nirgendwo habe ich so viele herumreisende wundertätige Heiler angetroffen wie in den bulgarischen Gebieten.«

Unter den Osmanen konnten sich Volksmedizin und Volksheilkunde ungestört weiterentwickeln. Für das einfache Volk war es im Krankheitsfall die einzige Möglichkeit, Hilfe und Heilung zu finden. Die Rezepturen wurden häufig nur mündlich überliefert und als wertvolle Familiengeheimnisse von Generation zu Generation weitergegeben.

Mit dem Versuch, altbulgarische Medizin, fernöstliche Weisheiten und moderne westliche Methoden zu vereinbaren, wurde in den 20er Jahren dieses Jahrhunderts Petar Danov bekannt. In der heutigen Zeit ist das Werk Petar Dimkovs weitverbreitet, vor allem sein 1977 erschienenes dreibändiges Werk ›Bulgarische Volksmedizin, Naturheilung und naturgerechtes Leben‹. Für fast alle Krankheiten werden

›natürliche Heilmethoden‹ angegeben. Die bulgarische Volksmedizin kennt allein 772 verschiedene Heilpflanzen, von denen heute noch ca. 300 Verwendung finden. Die moderne Medizin – auch außerhalb Bulgariens – versucht mittlerweile, sich dieses traditionelle Wissen anzueignen und mit der Schulmedizin zu vereinbaren. In Bulgarien jedenfalls hat sich das Vertrauen in die herkömmliche Volksmedizin bis auf den heutigen Tag erhalten.

man von hier aus auch im Sommer reizvolle Wanderungen unternehmen, doch Pamporovos eigentümlicher Reiz liegt im Wintersport. Man findet in erster Linie leichte bis mittelschwere Abfahrten bis zu einer Höhe von 2000 m am Sneshanka-Gipfel.

Smoljan (40 000 Einw.), in 1010 m die höchstgelegene Stadt Bulgariens, trägt seinen Namen nach dem hier einst ansässigen slawischen Stamm der Smolenen. Umrahmt von hohen Bergen, unter denen sich der Goljam Perelik mit seinen 2191 m als höchster Berg der Rhodopen ausweist, besticht Smoljan durch sein landschaftliches Panorama. Nördlich der Stadt, verstreut in einer Höhe von 1500–1600 m, bilden mehrere kleine Seen ein beliebtes Ausflugsziel. Vor allem in den Stadtteilen Smoljan-Raikovo und Smoljan-Ustovo stößt man auf mehrere gut renovierte Beispiele rhodopischer Architektur der ›Wiedergeburtszeit‹. In der Regel sind dies in Hanglage errichtete, asymmetrische Bauten mit festungsartiger Vorderfassade. Außer archäologischen Funden aus der Region ge-

währt das Ethnographische Museum interessante Einblicke in Brauchtum, Handwerkstraditionen und Lebensweise früherer Generationen von Rhodopenbewohnern (Di–So 9–12.30, 13.30–17.30). Das Museum befindet sich in einem modernen Komplex oberhalb der Hauptstraße im Zentrum der Stadt. Direkt gegenüber liegt eine Gemäldegalerie mit Werken von bulgarischen Malern (Di–So 9–12, 13.30–17.30).

Zwei Ausflüge

Von Smoljan aus lassen sich zwei reizvolle Tagesausflüge in die Bergwelt der Rhodopen unternehmen.

Unsere erste Tour führt in das 23 km nordwestlich von Smoljan in einem engen Rhodopental gelegene Dörfchen **Schiroka Laka**, dessen Häuser sich eng an die steilen Hänge schmiegen. Durch Schafzucht schufen sich seine Bewohner bescheidenen Wohlstand, von dem viele, heute noch erhaltene Häuser zeugen. Der Ort stellt ebenso wie Koprivschtiza (s. S. 153) eine Art Freilichtmuseum für Volksarchitektur dar. In weiten Teilen ist er unter Denkmalschutz gestellt worden. Die hohen und schmalen Steinhäuser passen sich architektonisch der Hanglage an und sind in der Regel zwei- bis dreigeschossig, wobei das obere Stockwerk jeweils ein Stück über das untere hinausragt und durch Erker gegliedert wird. Schwere Steinplatten bedecken die Dächer. Die 1834 erbaute **Kirche Sveta Bogorodiza** ist mit einer bemerkenswerten Geschichte verbunden: In einer Zeit, als die Errichtung orthodoxer Kirchen der Erlaubnis der osmanischen Herrscher bedurfte, wandten sich die Bewohner von Schiroka Laka mit einer derartigen Bitte an Sultan Mahmut II. Zur allgemeinen Über-

Lädt zu Wanderungen ein: Landschaft in den Rhodopen

raschung bewilligte er einen Kirchenbau, doch nur unter einer Bedingung: daß der Bau innerhalb von 40 Tagen fertigzustellen sei. Unter großen Anstrengungen und dem Einsatz aller Kräfte des Dorfes gelang es, diese Frist einzuhalten.

Auf unserem weiteren Weg Richtung Dospat zweigt eine Straße in südlicher Richtung nach Trigrad nahe der griechischen Grenze ab. Nach wenigen Kilometern weist ein ausgeschilderter Abzweig zu der Höhle **Jagodinska Peschtera** im Bujanovsko Schdrelo, dem mit 7 km längsten Cañon Bulgariens. Durch die fünfstöckige, insgesamt 10 km lange Höhle führt ein 1,7 km langer Fußweg an vielfältigen und skurrilen Formen vorbei, die Stalaktiten und Stalagmiten hier gebildet haben. Mehrmals am Tag werden Führungen angeboten

(am Eingang warten!). Auf jeden Fall sollte man sich warm anziehen, denn die Höhlentemperatur beträgt zu jeder Jahreszeit konstant 6 °Celsius.

Zurück am eben genannten Abzweig biegen wir nach rechts, Richtung Trigrad ab und erreichen bald ein imposantes Karstgebiet. In Millionen von Jahren hat sich hier das Gebirge angehoben, und das sich in den Felsen schneidende Wasser konnte mächtige Cañons bilden, auf deren Grund wir uns auf schmaler Straße entlangschlängeln. Fast bedrohlich wirken die oft senkrechten Felswände, nur zur Mittagszeit dringen Sonnenstrahlen auf den Grund des Einschnitts. An mächtigen Felsformationen vorbei erreichen wir die Höhle **Teufelskehle** *(Djavolskoto Garlo)*, die besichtigt werden kann (leider werden die angegebenen Öffnungszeiten nicht immer eingehalten!). Der Name ›Teufelskehle‹ rührt daher, daß in ihr das Wasser des Flusses verschwindet und auf kurzer Strecke mehr als 100 m Höhe überwindet.

Ein zweiter Tagesausflug führt abseits der großen Hauptstrecke von Smoljan in südwestlicher Richtung nach **Smiljan**. Wahrscheinlich vom thrakischen Stamm der Bessen gegründet, zählt Smiljan zu den ältesten Siedlungen der Rhodopen und war bis zum 17. Jh. gesell-

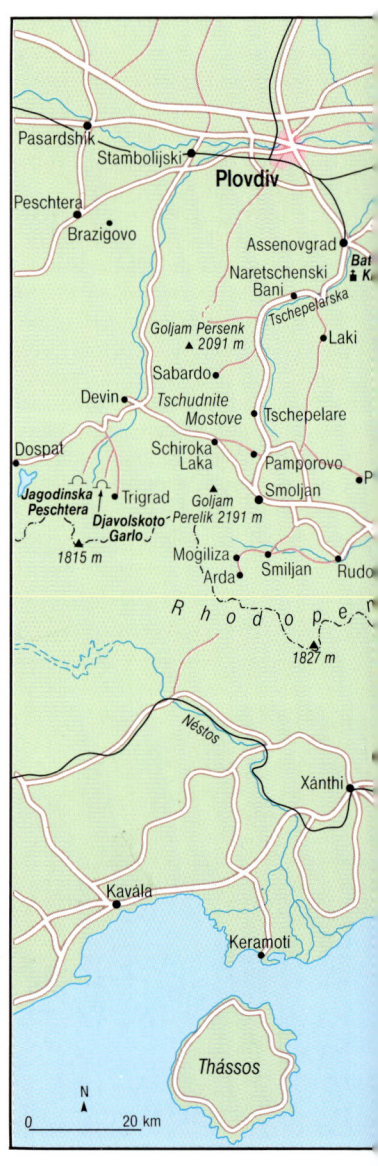

Durch die Rhodopen

118

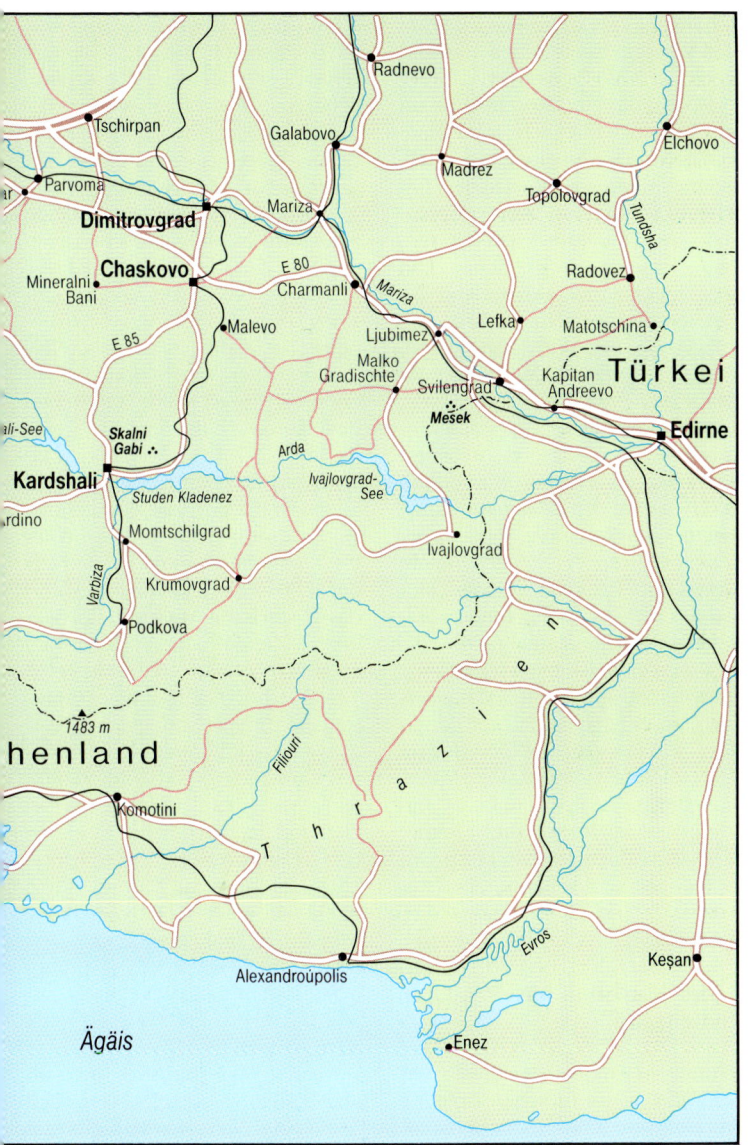

schaftliches und religiöses Zentrum der Region. Heute leben hier nur noch ca. 1000 Einwohner.

Vorbei am Dorf **Koschniza** – einer fast ausschließlich von Pomaken bewohnten Siedlung (s. S. 122), gelangen wir zu dem kleinen Ort **Mogiliza** mit dem **Aguschev-Konak**, dem ansehnlichsten Herrenhaus der gesamten Rhodopen. Um drei miteinander verbundene Innenhöfe lagert sich ein Komplex von Wohn- und Wirtschaftsbauten, der zwischen Ende des 18. Jh. und Mitte des 19. Jh. errichtet wurde. Der monumentale Bau, der aufgrund vielfältiger Holzschnitzereien, Erker und Türme mit südländisch wirkenden Malereien noch heute vom Reichtum seines ehemaligen Besitzers zeugt, umfaßt insgesamt 78 Räume. In einem Flügel des *Konaks* ist ein ethnographisches Museum untergebracht.

Wer einen weiteren *Konak* sehen möchte und dort auch übernachten will, sollte das von Mogiliza ca. 3 km entfernte Dorf **Bugata** aufsuchen. Der ehemalige *Konak* von Bugata ist heute Rathaus und Herberge zugleich. Die Zimmer sind vorbildlich renoviert, die Einrichtungen sind schlicht, aber stilvoll.

Über Kardshali bis Svilengrad

Zurück in Smoljan, gelangen wir von hier aus in östlicher Richtung in eine typische Rhodopenlandschaft. Dicht bewaldete Hügelketten begleiten uns auf landschaftlich sehenswerter Strecke nach **Ardino**. Schon seit 2000 Jahren wird in dieser Region Erz abgebaut. Darüber hinaus wird heute Holzwirtschaft betrieben und Tabak angepflanzt.

Die 60 000 Einwohner zählende Stadt **Kardshali** liegt zwischen zwei riesigen Stauseen, die mehrere Kraftwerke versorgen und gleichzeitig als Naherholungsgebiet dienen. Die Stadt gilt als kulturelles Zentrum der Ostrhodopen, lebt doch ein großer Teil der türkischen Bevölkerung Bulgariens in dieser Region (s. Thema *Roma, Gagausen, Pomaken und Türken,* S. 121). Einen Einblick in die 8000jährige Siedlungsgeschichte dieses Gebietes – mit sehenswerten Funden aus der thrakischen Epoche – gewährt das **Historische Museum,** nur wenige Minuten vom Stadtzentrum entfernt (Ivailo-Str. 18, Di–So 9–12, 14–18 Uhr). Nachgebaute Werkstätten, Zimmereinrichtungen vergangener Jahrhunderte und zahllose Gebrauchsgegenstände vermitteln ein anschauliches Bild bäuerlicher und handwerklicher Kultur in den Ostrhodopen (deutschsprachige Führung auf Vorbestellung ✆ 03 61/2 68 51). Das weitläufige Museum ist in einem Bau der 20er Jahre untergebracht, das ursprünglich als islamische Ausbildungsstätte vorgesehen war, diesen Zweck aber nie erfüllte.

Verläßt man Kardshali in östlicher Richtung, so stößt man nach 5 km in der Nähe von **Semselen** auf

Roma, Gagausen, Pomaken und Türken

Man kann davon ausgehen, daß fast ein Sechstel der Einwohner Bulgariens einer der vielen ethnischen oder religiösen Minderheiten angehört. Diese Aussage muß deshalb so vorsichtig formuliert werden, weil neuere, verläßliche Zahlen bislang noch nicht vorliegen. Die ›sozialistische Minderheitenpolitik‹ Bulgariens, von der eigentlich nur in den unmittelbaren Nachkriegsjahren die Rede sein kann, als nationalen Minderheiten in der sogenannten ›Dimitrov-Verfassung‹ ein Recht auf die eigene Muttersprache und eigene Kultur garantiert worden war, degenerierte nach dem Zweiten Weltkrieg mehr und mehr zu einer nationalistischen Politik unter dem Deckmantel sozialistischer Phraseologie. Daß seit 1965 keine Nationalitätenstatistik mehr veröffentlicht wurde, ist Ausdruck einer allein auf Assimilation ausgerichteten Politik, die – von ›nationaler Rückbesinnung‹ beseelt – das Konzept einer »einheitlichen sozialistischen bulgarischen Nation« verfolgte.

Die Folgen dieser Politik bekam in erster Linie die größte Minderheit des Landes, die Türken, zu spüren. Mit ungefähr 1 Mio. Menschen umfassen sie ca. 10 % der gesamten Bevölkerung Bulgariens. Die höchste Konzentration türkischer Bevölkerung ist in den Regionen um Schumen, Russe, Chaskovo und Kardshali anzutreffen. Seit Bulgariens Unabhängigkeit mußten sie immer wieder Diskriminierungen erleiden, wie z. B. mangelnde oder gänzlich fehlende Schulbildung. Die Geschichte des fünfhundertjährigen ›osmanischen Jochs‹ – schon immer ausschließlich durch die ›getrübte Brille‹ des Nationalismus gesehen (s. Thema *500 Jahre Joch*, S. 33) – wurde durch das Gerede, Bulgarien müsse sich gegen den ›islamischen Fundamentalismus‹ verteidigen, bis in die Gegenwart verlängert. Die Folge waren: Harte Eingriffe in den Alltag der türkischen Minderheit, türkische Tänze und türkische Hochzeiten wurden verboten, auf Beschneidung stand Haftstrafe, Moscheen wurden geschlossen. Seit den 70er Jahren war Türkischunterricht an den Schulen verboten.

Einen neuerlichen Höhepunkt erreichte diese nationalistische Diskriminierungspolitik Mitte der 80er Jahre, als eine Zwangsbulgarisierung türkischer Namen verordnet wurde: Die türkische Minderheit sollte nominell verschwinden. Aus Ali und Jussuf sollten Ivan oder Todor werden. Schließlich sollte auch noch die türkische Sprache aus der Öffentlichkeit verbannt werden. Die sowieso schon zensierte Tageszeitung *Yeni Ischik* erschien eines Tages in kyrillischen statt lateinischen Buchstaben und in bulgarischer Sprache. Bis Sommer 1989 flohen daraufhin über 350 000 bulgarische Türken über die Grenze in die Türkei, die Schwierigkeiten hatte, quasi über Nacht so viele Menschen aufzunehmen. Aber auch in Bulgarien selbst ergaben sich große Probleme, denn in Industrie und Landwirtschaft fehlten plötzlich 100 000 Arbeitskräfte – vom außenpolitischen Schaden einmal abgesehen. Mit dem Sturz Schivkovs wurden Anfang der 90er Jahre diese Maßnahmen schrittweise zurückgenommen, Zehntausende Türken kamen nach Bulgarien zurück. Politisch wird diese Minderheit heute im wesentlichen von der ›Bewegung für Recht und Freiheit‹ (BRF) repräsentiert, die bei den Wahlen im Juni 1990 6 % der Stimmen erreichte.

Auch bei der zweitgrößten Minderheit des Landes, den Roma, ist man auf Schätzungen angewiesen. Zur Zeit geht man von einer Zahl aus, die deutlich über 400 000 liegt. Mehrere Gruppen werden unterschieden: orthodoxe, bulgarischsprechende Roma, muslimische, türkischsprechende Roma, orthodoxe, rumänischsprechende Roma sowie eine kleine Gruppe, die das neuindische Romani spricht. Die aufgrund eines Gesetzes offiziell seßhaften Roma zogen und ziehen z. T. auch heute noch als Musiker, Handwerker oder Händler über Land. Auch diese Minderheit verschwand in den 70er Jahren aus den offiziellen Verlautbarungen, ihre Existenz wurde totgeschwiegen. Wie in den Nachbarländern ist ihr Dasein von extremer Rückständigkeit geprägt.

Allen anderen Minderheiten Bulgariens ist gemeinsam, daß sie zahlenmäßig kaum ins Gewicht fallen und äußerlich fast nicht in Erscheinung treten. Dazu zählen u. a. Armenier, Russen, Griechen, Juden, Tataren, Rumänen, Deutsche, Serben, Tschechen, Albaner und Ungarn. Die Existenz einer mazedonischen Minderheit wird in Bulgarien offiziell bestritten.

Als Besonderheit sind noch zwei ethnisch-religiöse Minderheitengruppen zu nennen. Die Pomaken sind muslimischen Glaubens, sprechen aber bulgarisch. Sie leben schwerpunktmäßig südlich der Mariza, ihre Zahl ist im Augenblick nicht bekannt (1970: 170 000). Auch die Gagausen, die orthodoxen Glaubens sind, aber einen speziellen türkischen Dialekt sprechen, konzentrieren sich in einigen Regionen und Dörfern, ihre Anzahl dürfte aber wohl nur einige Tausend betragen.

Freie Minderheit: Roma

skurrile Steinformationen namens **Skalni Gabi**. Sie sind durch Verwitterung entstanden und ähneln in ihrer Gestalt Pilzen und Säulen, aber auch menschlichen Wesen. Im Volksmund werden sie ›Versteinerte Hochzeit‹ genannt.

Der schnellste Weg zurück nach Plovdiv führt über das 54 km nördlich gelegene Chaskovo (s. S. 125). Wer jedoch den touristisch wenig erschlossenen aber landschaftlich reizvollen Südosten des Landes kennenlernen möchte, gelangt über **Momtschilgrad** in den entlegensten Teil der Rhodopen. Auch hier fahren wir durch eine abwechslungsreiche, hügelige Landschaft, meist bis zu den Bergspitzen mit Wald bedeckt, nur ab und zu erstrecken sich kahle Bergrücken (z. B. vor Krumovgrad). Immer wieder tauchen die roten Dächer kleiner Bergdörfer auf, die in ihrer Abgeschiedenheit und Ursprünglichkeit einen eigenen Reiz haben.

Ivajlovgrad (5000 Einw.) war lange Zeit nur mit Sondergenehmigung zu betreten, befinden wir uns doch hier schon im Grenzgebiet zu Griechenland. Viele halten es für einen der sonnigsten Flecken Bulgariens, und der Anbau von Wein, Tabak, Nuß- und Mandelbäumchen bestätigten das. Auch Seidenraupenzucht wird hier betrieben. Die 3 km südlich der Stadt ausgegrabene römische **Villa Armira** war einst ein repräsentativer Landsitz mit über 20 Räumen aus dem 2.–4. Jh., wurde jedoch schon im 4. Jh. von den Goten zerstört. Nur noch Fundamente sind heute vorhanden. Bekanntheit erlangte die Villa vor allem durch die dort gefundenen Mosaiken, die im Sofioter Nationalmuseum für Geschichte besichtigt werden können (gleich vorn beim Eingang). Mit einfachsten Mitteln wurden hier ausdrucksstarke Figuren und Szenen gestaltet.

Die Gegend um **Svilengrad** war schon frühzeitig wegen ihrer strategisch und handelspolitisch günstigen Lage an der Mariza bewohnt. Eine alte thrakische Siedlung wurde von den Römern zu einer Festung ausgebaut. Die Anfänge der heutigen Stadt liegen im 15. Jh. Lange Zeit blieb sie türkisch, erst 1913 fiel sie wieder an Bulgarien. Bis 1934 trug sie sogar noch den Namen des türkischen Großwesirs *Mustafa Pascha*. Bedeutendstes Kulturdenkmal ist die 1529 möglicherweise von dem türkischen Architekten Mimar Sinan erbaute, 295 m lange **Brücke über die Mariza**. Reisende des 16. Jh. berichten von ihr als der »schönsten Brücke der Türkei«. Sie zählte einmal 20 Bögen und steht jetzt unter dem Schutz der UNESCO. Heute ist die Stadt ein Zentrum des Tabakanbaus und der Seidenraupenzucht.

6 km südwestlich von Svilengrad bei dem Dorf Mesek (dem Schild ›Kropniza 1 km‹ folgen) wurde das größte thrakische Kuppelgrab Bulgariens entdeckt, das **Grab von Mesek**. Wahrscheinlich stammt es aus der Mitte des 4. Jh. v. Chr. Die Anlage besteht aus einem über 20 m langen Gang *(dromos)*, 1,55 m breit und 2,50 m hoch, an den sich axial drei ›Säle‹ anschließen. Sind die ersten beiden rechteckig angelegt, so besticht der letzte Saal durch seinen kreisförmigen Grundriß bei einem Durchmesser von 3,30 m und einer Höhe von 4,30 m. Als Totenkammer versperrte ursprünglich eine zweiflügelige Bronzetür den Zugang zu diesem Raum, die beiden anderen waren lediglich mit Steinplatten verschlossen. Die Beigaben des Toten sollten unerreichbar sein. In der Totenkammer wurden zahlreiche Bronzegegenstände (Schmuck, Gerätschaften) gefunden. Die aus großen, sorgfältig behauenen Steinblöcken errichtete Grabanlage gewährt einen guten Einblick in die späte Bestattungspraxis der Thraker (Taschenlampe mitnehmen: Die Grabanlage ist nicht verschlossen und nicht bewacht).

Oberhalb von Mesek stößt man auf eine mittelalterliche Festungsruine. Möglicherweise handelt es sich um die **byzantinische Festung Neutsikon** aus dem 11./12. Jh. Auf dem 120 m x 80 m großen Areal konnten bisher keine Wohngebäude gefunden werden, vielleicht diente die Burg ausschließlich als Rückzugsort bei Notfällen. Die Mauern sind bis zu 2,50 m dick, 8 m hoch und waren früher mit Zinnen bestückt. Fünf mehrstöckige, zylinderförmige Türme sind nur noch als Ruinen vorhanden.

Unser Rückweg führt uns auf einer gut ausgebauten Transitstrecke, die Sofia, Plovdiv und Istanbul verbindet, über Chaskovo zurück nach Plovdiv. In **Chaskovo** (90 000 Einw.) lohnt die älteste Moschee Bulgariens, die Eski-Dshumaja-Moschee von 1395, einen kurzen Zwischenstopp.

 **Zug- und Busverbindungen:** Pamporovo ist durch Busse mit Smoljan, Tschepelare, Plovdiv und Sofia verbunden. Busverbindungen von Smoljan aus bestehen mit Sofia, Plovdiv und Assenovgrad. Kardshali verfügt über einen Eisenbahnanschluß (Eisenbahnlinie Podkova-Russe) sowie über Busverbindun-gen mit Smoljan, Chaskovo und Plovdiv.

Unterkunft in Tschepelare: *Hotel *Sdravets*, im Stadtzentrum, ☏ 0 30 51/21 77. **...in Pamporovo:** ****Hotel *Afra*, ☏ 0 30 21/2 33–2 36, 2 86. ***Hotel *Bor*, ☏ 0 30 21/2 33, 2 36, 2 86; Hotel *Murgavez*, ☏ 0 30 21/3 17, 3 18; Hotel *Perelik* , ☏ 0 30 21/3 76. **Hotel *Prespa*, ☏ 0 30 21/7 03; darüber hinaus noch mehrere 2-Sterne-Hotels, einen Cam-

pingplatz und eine Villensiedlung (am besten im Ort erfragen). **...in Smoljan:** ***Hotel *Smoljan*, im Stadtzentrum, ☏ 03 01/2 32 93. **Hotel *Sokoliza*, ☏ 03 01/3 30 85. **...in Kardshali:** ***Hotel *Arpesos*, ☏ 03 61/2 88 01. **...in Svilengrad:** ***Hotel *Svilena*, ☏ 03 79/26 09 oder 35 09. **...in Chaskovo:** ***Hotel *Aida*, im Stadtzentrum, ☏ 0 38/2 50 33

Essen und Trinken: In Pamporovo existiert ein breites Angebot an Restaurants. Wie überall in Bulgarien verfügen auch hier die Hotels in der Regel über eigene Restaurants. Hervorzuheben sind das Restaurant *Malina* (auf dem Weg nach Schiroka Laka) und das Restaurant *Tscheverme*.

In Kardshali sind die Restaurants *Russalka* und *Bulgaria* im Stadtzentrum zu empfehlen.

Skimöglichkeiten in Pamporovo: 5 Sessel- und 4 Schlepplifte, 3 Babylifte und 2 Lifte am Gipfel Sneshanka. Übungshänge. 2 Loipen. Transfer zur Piste. Deutschsprachige Skischule. Seilbahn von Smoljan aus. Skiverleih, Kinderbetreuung, Diskotheken, Sauna und Weinstuben findet man in den angegebenen Hotels.

Von Sofia nach Veliko Tarnovo

Diese Tour verbindet die moderne Hauptstadt Sofia mit der Metropole des Zweiten Bulgarischen Reiches Veliko Tarnovo. Abseits der Hauptstraße führt unser Weg in beschauliche Balkanstädtchen wie Etropole oder Teteven und zu abgelegenen Klosteranlagen.

Etropole und Teteven

Auf gut ausgebauter Strecke von Sofia aus ist die Annäherung an das Balkangebirge sehr behutsam. Bewaldete Hügelketten erinnern an eine Schweizer Gebirgslandschaft. Mitten in dieser waldreichen Gegend, 17 km von der Autobahn entfernt, liegt das kleine Städtchen **Etropole** (9000 Einw.) auf geschichtsträchtigem Boden. Reste einer thrakischen Siedlung und Festung wurden in direkter Nachbarschaft freigelegt. Bereits in der Antike war der Ort als Bergbausiedlung bekannt, noch heute wird in der Region Kupfererz abgebaut.

Das Historische Museum, das nicht weit von der Fußgängerzone liegt, ist in einem alten *Konak* aus dem Jahre 1853 untergebracht, beherbergt keine besonderen Schätze. Einige Schritte weiter erhebt sich ein 1710 errichteter Uhrturm, der ursprünglich Verteidigungszwecken diente. Biegt man hier nach rechts ab, erreicht man nach wenigen Schritten die kleine **Kirche Sveti Georgi**, deren Vorläuferbau aus dem Zweiten Bulgarischen Reich stammt. Obwohl sie nicht zu den großen Sehenswürdigkeiten des Landes gehört – äußerlich erinnert sie an eine Dorfkirche –, verfügt sie über einige sehenswerte alte Ikonen aus dem 17./18. Jh. Im Kirchenraum kann sehr gut die traditionelle Trennung der Kirchengemeinde nachvollzogen werden: Der vordere Teil war für die Männer bestimmt, der später angebaute, hintere für die Frauen. Nur die jüngeren, unverheirateten Frauen mußten oben auf der Empore Platz nehmen.

Folgt man auf der Strecke Richtung Teteven nach wenigen Kilometern einem unscheinbaren Schild nach rechts mit der Aufschrift *manastira* (Kloster), so erreicht man nach kurzer Fahrt in die Berge das **Kloster von Etropole** (*Etropolski manastir* oder *Sveta Troiza*). Das im 12. Jh. errichtete Kloster liegt landschaftlich äußerst

reizvoll. An den Klostermauern
plätschert ein Bach vorbei, der
Blick reicht weit über das Land.
Die verschiedenen Teile der Anlage fügen sich harmonisch aneinander: Die dunkelbraune Farbe der
Holzarchitektur, das Gras und die
Bäume im Klosterhof vermitteln
eine Atmosphäre der Ruhe und
Abgeschiedenheit. Während der
osmanischen Herrschaft war das
Kloster ein Zentrum der Wahrung
und Überlieferung bulgarischer
Kultur. Mönche kopierten alte
Handschriften und Bücher und erhielten sie so der Nachwelt. Die
dreischiffige Kreuzkuppelkirche
mit ihren fünf Kuppeln stammt aus
dem Jahr 1858. Vassil Levski fand
hier zeitweilig Unterschlupf, der
damalige Abt des Klosters war in
der revolutionären Bewegung sehr
engagiert.

Idyllische Hügellandschaft

Auf landschaftlich abwechs-
lungsreicher Strecke gelangt man,
begleitet von Flüssen und Bächen,
durch eine sanfte Hügellandschaft
über Jamna nach **Teteven** (13 000
Einw.). Der Ort ist von Felsen und
bewaldeten Bergen umgeben und
eignet sich gut als Ausgangspunkt
für Wanderungen ins Balkangebirge. Im 18./19. Jh. war Teteven
ein wichtiges Handwerkerstädtchen
und bekannt für seine Holzver-
arbeitung. Heute ist der Ort für
seinen aus heimischen Pflaumen
gebrannten Schnaps berühmt. Das
Historische Museum im Zentrum
birgt neben vorgeschichtlichen
Funden einige thrakische Gegenstände und gibt Einblick in Landwirtschaft und ländliches Handwerk der Region. Von dem am
Ortsrand liegenden **Elias-Kloster**
aus dem 14. Jh. ist nur noch die
kleine Kirche erhalten geblieben,
der Rest ist ausgebrannt. 12 km
weiter südlich liegt tief im Balkan
der Höhenkurort **Ribariza**, von
dem aus der **Veshen** (2196 m) zu
erreichen ist. Außer bescheidenen Wintersportmöglichkeiten kann
man hier nur kuren und wandern.

Richtung **Jablaniza** zweigt einige Kilometer hinter dem Ort Glo-
shene eine Straße (Wegweiser
›manastira 10 km‹) zum **Gloshene-
Kloster** (*Gloshenski manastir*) ab.
Ohne geländegängiges Fahrzeug
wird man allerdings nicht weit

kommen, die letzten 7 km ab einem kleinen Dorf sollten am besten zu Fuß zurückgelegt werden. Ein angenehmer Waldweg unter schattenspendenden Bäumen windet sich die Hänge hinauf, erst kurz vor dem Ziel kommt das Kloster in Sicht, das majestätisch auf einem steilen Felsen thront, eine selbst für bulgarische Verhältnisse einzigartige Lage. Im 12. Jh. sollen das Kloster und das gleichnamige Dorf von dem Kiewer Fürsten Georgij Glosh gegründet worden sein, der auf der Flucht vor den Tataren hier Aufnahme fand. Die Gebäude sind z. T. zweigeschossige Holzbauten auf einem Steinfundament; der Zahn der Zeit nagt leider sichtbar an den Mauern. Nur wenige Menschen finden den Weg hier hoch; wer Abgeschiedenheit und Wandermöglichkeiten sucht, ist hier am rechten Fleck. Ein Mönch hält die Stellung und gewährt auf Wunsch ein äußerst bescheidenes Nachtlager.

Unweit des Dorfes **Brestniza** kann eine der schönsten Höhlen Bulgariens besichtigt werden, die **Saeva-Dupka-Höhle** (tägl. 8–17 Uhr). In den fünf Sälen der 400 m langen Höhle findet man skurrile Formen von Stalagmiten und Stalaktiten, die im Laufe von Jahrmillionen hier entstanden sind.

Lovetsch und Pleven

Weiter auf der E 771 Richtung Veliko Tarnovo gelangt man nach 42 km an einen Abzweig, von dem aus in nördlicher Richtung mit Lovetsch und Pleven zwei historisch bedeutsame Städte besucht werden können. Beide Städte bieten gute Übernachtungsmöglichkeiten. Auf südlicher Route kann man über Trojan, Gabrovo, Trjavna und Drjanovo in 1–2 Tagen Veliko Tarnovo erreichen.

Die heute 50 000 Einwohner zählende Stadt **Lovetsch** blickt auf eine lange Geschichte zurück. Prähistorische und thrakische Siedlungsspuren wurden hier gefunden. Eine römische Festung namens *Melta*, deren Ruinen oberhalb des alten Stadtviertels erhalten blieben, verweist auf die strategische Bedeutung dieses Ortes am Ufer der Ossam. Im Befreiungskampf gegen die Osmanen war Lovetsch Sitz des ›Inneren Revolutionären Zentralkomitees‹, dem Vassil Levski vorstand. Ihm sind ein monumentales Denkmal und ein kleines Museum gewidmet (s. Thema *Namen aus dem Schulbuch*, S. 145).

Von Süden her kommend sieht man bei der Annäherung an Lovetsch gleich rechts die **Altstadt Varosha** mit ihren Häusern aus dem 19. Jh. liegen. Einige von ihnen sind als bescheidene Museen eingerichtet und erlauben einen Einblick in die Wohnkultur des 19. und frühen 20. Jh. Die über die Ossam gespannte **Ladenbrücke** erinnert ein wenig an Florenz. Von Nikola Fitschev 1847 als Holzbrücke errichtet, wurde sie nach einem

Brand 1925 aus Beton rekonstruiert und ist bis heute die einzige gedeckte Brücke Bulgariens.

In **Pleven** (135 000 Einw.) bewegen wir uns gleichfalls auf geschichtsträchtigem Boden. Schon im 4.–3. Jt. v. Chr. entstanden in dieser Region erste Siedlungen; ein thrakischer Marktflecken lag südlich der heutigen Stadt am Ausgang der Kailaka-Schlucht. Unter den Römern trug die dortige Festung den Namen *Storgosia*, die Slawen nannten die Stadt *Kamenez* (›Kalksteinfelswände‹). Unter osmanischer Herrschaft profitierte Pleven von seiner strategischen und handelspolitischen Bedeutung: Hier ansässige Kaufleute machten mit landwirtschaftlichen Produkten gute Geschäfte. Herausragende historische Bedeutung erhielt die Stadt 1877, als sich unter Osman Pascha eine große türkische Armee hier verschanzte und erst nach mehrmonatigen blutigen Kämpfen aufgab. An Plevens Rang im Befreiungskrieg erinnern in der unmittelbaren Region mehr als 100 Denkmäler. Heute zählt die Stadt zu den kulturellen und wirtschaftlichen Zentren des Landes.

Genaueres über den Befreiungskampf erfährt man im ›Museum der Befreiung Plevens 1877‹, das, umgeben von einem kleinen Park, in dem schönen alten **Ivan-Vasov-Haus** im Stadtzentrum nahe der Fußgängerzone untergebracht ist (8–12, 14–18 Uhr; Mi geschl.). Ebenfalls im Zentrum stößt man auf die **Sveti-Nikolai-Kirche** (1834),

ein gutes Beispiel für die Kirchenarchitektur der ›Wiedergeburtszeit‹. Sie birgt sehenswerte Wandmalereien und eine Ikonostase aus der Schule von Trjavna (s. S. 190). Am Ende der Fußgängerzone, am Platz des 9. September, erhebt sich das Mausoleum der im Kampf um Pleven 1877 gefallenen russischen und rumänischen Soldaten (1903–07). Nur einen Steinwurf entfernt liegt die Kunstgalerie mit Werken des Malers Svetlin Russev (Di–Sa 11–19 Uhr). Das Gebäude, ein ehemaliges Bad, sticht durch seine außergewöhnlichen Fensterformen ins Auge.

Das riesige **Historische Museum** in der Zamenhof-Str. 13 gehört zu den wirklich sehenswerten des Landes, vor allem aufgrund seiner reichhaltigen archäologischen Abteilung, in der sehr viele Ausgrabungsfunde aus Nordbulgarien von der Frühzeit bis zur Spätantike ausgestellt sind. Der antiken Sammlung schließt sich eine ethnographische Abteilung an (8–12, 14–18.30 Uhr; Di und Mi vormittags geschl.).

Nicht weit vom Stadtzentrum entfernt erstreckt sich auf einem Hügel der 10 ha große **Skobelev-Park**, wo ›Die Epopöe von Pleven‹ ausgestellt wird. Auf einem kreisförmig angelegten Panorama (115 m x 15 m) werden vor dem Hintergrund einer riesigen Leinwand in realistischen Szenen Stationen der Schlacht um Pleven nachgezeichnet. Der sich wenige Kilometer südlich der Stadt an-

Landwirtschaft im Balkan

schließende **Kailaka-Park** (ausge-
schildert) stellt mit seinen Restaurants, Hotels und einem Schwimm-
bad ein Naherholungszentrum für
die Bewohner der Region dar.

🚆 **Zugverbindungen:** Lovetsch verfügt über Zugverbindungen mit
Trojan und Levski. Von Pleven aus verkehren Züge nach Sofia und Varna.

🛏 **Unterkunft in Teteven:** **Hotel
Teteven, ✆ 06 78/32 22; Hotel
Selenata residenzia, 4 km östlich von
Teteven, ✆ 06 78/36 11. **...in Lovetsch:**
***Hotel *Lovetsch,* im Zentrum, ✆
0 68/2 42 92. **Hotel *Varosha,* neben
der alten Brücke, ✆ 0 68/2 59 51.**...in
Pleven:** ***Hotel *Balkan,* ✆ 0 64/

2 22 15; Hotel *Pleven,* am Bahnhof, ✆
0 64/3 01 81. **Hotel *Kailaka,* am Kailaka-Park, ✆ 0 64/2 35 15

✕ **Essen und Trinken:** Alle genannten Hotels verfügen über Restaurants. Im Hotel *Balkan* in *Pleven* stehen
mehrere Restaurants, ein Café und eine
Bar zur Auswahl.

🏦 **Bank/Post:** Für Geldwechsel sowie Post und Telefonieren ins
Ausland wendet man sich am besten an
eine Hotelrezeption.

ℹ **Information in Pleven:** Die Firma
Pleventourist in der San-Stefano-
Str. 3 (✆/Fax 0 64/2 41 19 und ✆
0 64/2 62 29) steht als größter Reiseveranstalter Nordbulgariens für touristische
Auskünfte zur Verfügung. Hier können
neben Hotels auch Privatunterkünfte
gebucht werden sowie Ausflüge und
Rundreisen in ganz Bulgarien.

Opa Vassil hat's nicht leicht.
Dorfalltag im Balkangebirge
– Von Elka Tschernokosheva –

»Als Gott die Erde schuf und fast damit fertig war, betrachtete er zufrieden seine eigene Schöpfung und voller Freude küßte er zweimal die Erde. An diesen Stellen entstanden die schönsten Fleckchen der Erde. Beim ersten Mal entstand die Schweiz; beim zweiten Mal war es Balabansko.«

Der Postbote des kleinen Dörfchens Balabansko erzählt gern diese Geschichte. Er und alle anderen Dorfbewohner verspüren eine innige Zuneigung zu ihrem Dorf abseits der großen Straßen tief im Balkangebirge. Es liegt an einem sonnigen Südhang, und von hier aus kann man einen weiten Blick über zahlreiche Täler und auf die hohen Gipfel des Balkan genießen. Bis zu den Spitzen des Botev reicht die Sicht. »In der Ebene gedeiht Korn, in den Bergen – Menschen«, erzählen die Dorfbewohner stolz und etwas verächtlich gegenüber »denen da unten« in der Ebene. Mit sparsamen Worten erklären sie diesen Satz: »In der Ebene ist alles einfach, dort wächst alles wie von selbst, hier jedoch ist es schwer. Aber es sind ja die Schwierigkeiten, die den Menschen ausmachen.«

Es sind hauptsächlich alte Leute, die diese Geschichten erzählen. Die Jungen arbeiten fast alle in der nahegelegenen Stadt, viele wohnen mittlerweile auch dort. Opa Vassil gehört zu denen, die schon immer hier gelebt haben. Seine Kinder arbeiten in der Stadt, neben seiner Frau lebt noch eine Tochter im Haus, die täglich mit dem Bus zur Arbeit in die Fabrik fährt. Seit dem Umbruch von 1989 hat Vassil zusätzlich zu seinem kleinen Garten hinter dem Haus alte Äcker zurückerhalten. Arbeit hat er schon immer genug gehabt, und so wird es wohl auch bleiben.

Vor allem im Sommer heißt es früh aufstehen. Zuerst müssen die Tiere versorgt werden: zwei Schweine, ein Esel, eine Kuh und einige Schafe. An manchen Tagen muß er die Schafe zur Weide treiben; einige Familien haben sich zusammengetan und hüten alle Schafe gemeinsam. So kann jeder abwechselnd die ganze Schar melken. Dies hat den Vorteil, daß genügend Schafsmilch zusammenkommt, um eigenen Schafskäse zu produzieren.

Erst wenn die Tiere versorgt sind, frühstückt Vassil zusammen mit seiner Frau: Brot, Schafskäse, Tomaten, Paprika und Speck gehören auf jeden Fall dazu. Mit Ausnahme des Brotes, das nur an Sonntagen selbst gebacken wird, ist alles selbst hergestellt worden. Anschließend gehen beide im Garten oder auf dem Feld arbeiten. Angebaut werden Kartoffeln, Mais, Bohnen und Weißkohl. In den Gärten werden Gemüse gezüchtet und Obstbäume gehegt. Vassil muß draußen auf den Wiesen Heu ernten, eine harte Arbeit. Viele Tage ist er mit seinem alten Eselskarren unterwegs, um den Wintervorrat einzubringen. An manchen Abenden und vor allem am Wochenende kommt auch schon mal der Sohn mit seinem Lada oder der Enkel auf dem Motorrad vorbei, um zu helfen.

Am späten Nachmittag geht Vassil dann ins Dorfzentrum, wo sich vor dem Lebensmittelgeschäft die Dorfbewohner versammeln. Alle warten auf das Lastauto, das jeden Werktag frisches Brot aus der Stadt anliefert. Jeder nimmt sich Zeit für ein kurzes Schwätzchen: über Dorfangelegenheiten, die Ernte und nur am Rande über die ›große Politik‹. Man versichert sich jedes Jahr erneut, daß es »dieses Jahr so trocken ist wie nie zuvor«. Doch im Sommer bleibt nicht viel Zeit für längere Gespräche, erst im Winter nach der Ernte sitzen die Männer länger in der Kneipe oder bei den Nachbarn.

Eine Sache beschäftigt das gesamte Dorf seit den ersten Frühlingstagen: Wie werden die Pflaumen wohl in diesem Jahr wachsen? Pflaumenzucht hat hier eine lange Tradition, man macht Marmelade daraus oder trocknet sie, aber im Vordergrund steht dabei der *Slivova* – der Pflaumenschnaps. Jedes Dorf und jedes Haus in dieser Gegend rühmt sich, »den besten Schnaps« herzustellen. Die Pflaumenernte findet sehr spät statt, damit die Früchte möglichst viel Sonne mitbekommen und sehr süß sind. Einige Monate werden die Früchte in großen Holzgefäßen aufbewahrt, bevor sie zu Schnaps gebrannt werden. In Balabansko gibt es noch mehrere solcher Destillationsapparate. In Eichenfässern wird der Selbstgebrannte schließlich dann gelagert.

Auch Vassil trinkt täglich ein, zwei Gläschen und nimmt ein Fläschchen mit, wenn er zu den Nachbarn geht. Dann werden die alten Geschichten wieder erzählt: Wie er als Kind einmal einen Wolf gesehen hat, und wie er zusammen mit seinem Nachbarn auf dem Rückweg von der Stadt von Räubern überfallen wurde.

Abends ist es ruhig im Dorf. Als ob die Zeit etwas langsamer und stiller verläuft als anderswo. »Es ist der Balkan«, sagt Vassil bedächtig und meint, daß damit alles erklärt sei.

Über das Trojan-Kloster nach Veliko Tarnovo

Zurück zur E 771 kann man über **Sevlievo**, dessen Uhrturm und Eliaskirche einen kurzen Zwischenstopp lohnen (s. S. 136), direkt Veliko Tarnovo ansteuern.

Ein landschaftlich und kulturhistorisch beeindruckender ›Umweg‹ führt auf einer südlichen Route über Trojan und Gabrovo in zwei Tagen nach Veliko Tarnovo.

Das kleine Städtchen **Trojan** (26 000 Einw.) liegt am Ufer des Beli Ossam am Ausgang des mit einer Höhe von 1434 m höchsten Balkanpasses, dem Trojan-Paß. Die Stadt ist in ganz Bulgarien für ihre Töpferwaren berühmt. Als örtliche Besonderheit darf das Museum für Kunstgewerbe und angewandte Künste gelten. Es ist das einzige seiner Art in Bulgarien und zeigt Exponate des regionalen Kunsthandwerks.

5 km östlich von Trojan, auf dem Weg zum gleichnamigen Kloster, erreichen wir das kleine Dörfchen **Oreschak**, das ebenfalls für sein lokales Kunsthandwerk bekannt ist. In mehreren sehr großen Ausstellungshallen (tägl. 9–17 Uhr) kann Kunsthandwerk der Gegenwart – Textilien, Töpferwaren, schmiedeeiserne Gegenstände, Bilder – sowohl besichtigt als auch gekauft werden.

Nur wenige hundert Meter entfernt liegt das drittgrößte Kloster Bulgariens, das **Trojan-Kloster**. Ende des 16.Jh erbaut, stammt seine

bedeutendste Sehenswürdigkeit, die dreischiffige Kreuzkuppelkirche im zweiten Klosterhof, in ihrer heutigen Gestalt freilich aus dem Jahr 1835. In den Jahren 1847–49 schuf der bekannte Meister Sachari Sograf (s. S. 190) innerhalb von nur zwei Jahren ca. 2000 Szenen und Figuren, die Innenwände und Narthex der Kirche bedecken. Sografs Fresken zeugen von einer reichen Phantasie, gehen sie doch weit über den traditionellen religiösen Kanon hinaus und beziehen die Gegenwart oftmals zeitkritisch mit ein. Sografs gesamtes Bildprogramm kann als exemplarischer Beleg für das gewachsene Selbstbewußtsein bulgarischer Künstler und ihre Emanzipation vom griechisch-orthodoxen Darstellungskanon gewertet werden. Dazu gehören Sografs Selbstbildnis im Nordfenster, die Konzentration auf bulgarische und slawische Heilige, mehrere Stifterportraits sowie ein ›Rad des Lebens‹. Neben Sografs Werken verdient aber auch die kunstvoll geschnitzte Altarwand Beachtung. Sie ist ein Werk der Holzschnitzer Nikola Mateev und Petar des Schnitzers (1838–39) aus der Trjavna-Schule und besticht als phantasievolle Komposition, in der Tier- und Pflanzenmotive vorherrschen. Ein weiteres Meisterwerk der Schnitzkunst aus der Trjavna-Schule stellen die 1794 gefertigten

Der Balkan (Stara Planina) ▷

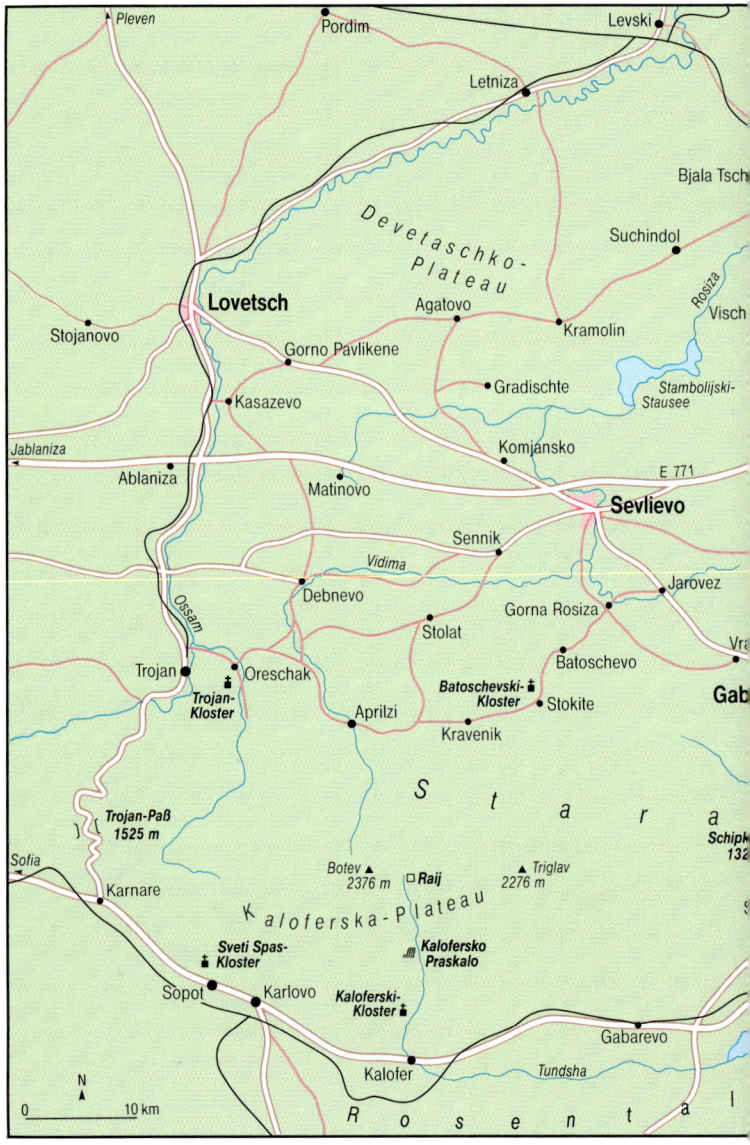

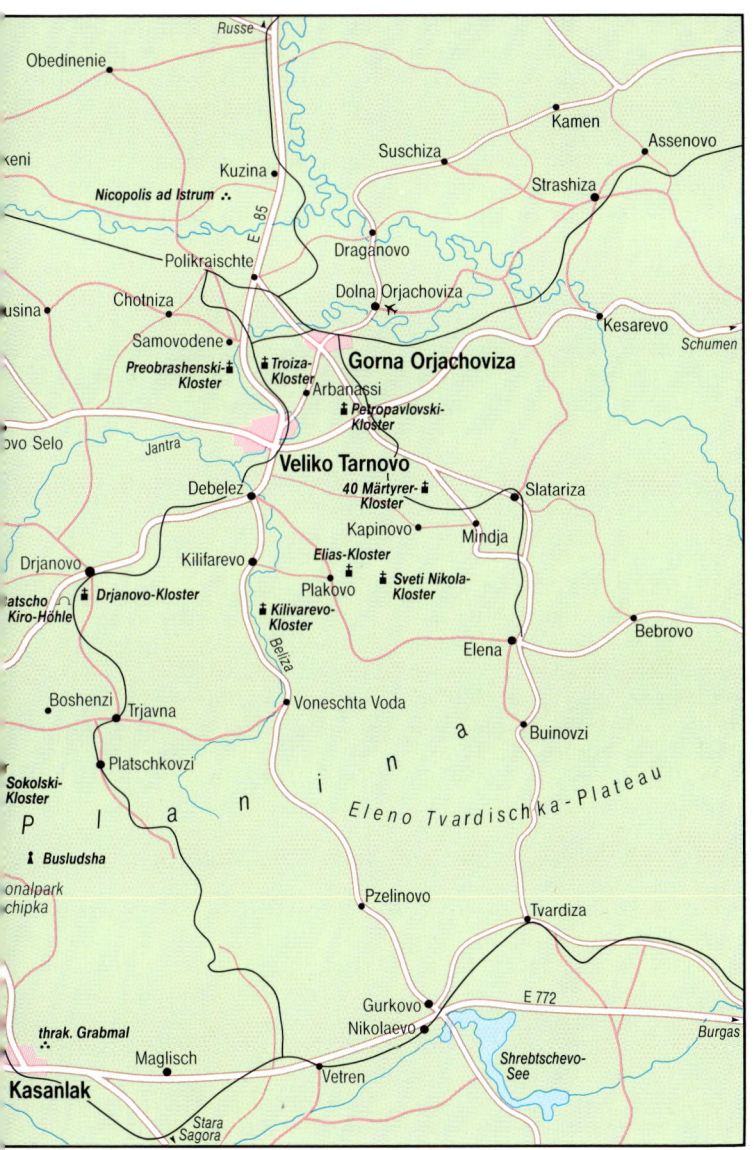

Obedinenie

Russe

Kamen

Kuzina

Suschiza

Assenovo

Nicopolis ad Istrum ∴

Strashiza

E 85

Draganovo

Polikraischte

Chotniza

Dolna Orjachoviza

Kesarevo

Schumen

usina

Samovodene

Preobrashenski-Kloster

Troiza-Kloster

Gorna Orjachoviza

Arbanassi

Petropavlovski-Kloster

ovo Selo

Jantra

Veliko Tarnovo

Debelez

40 Märtyrer-Kloster

Slatariza

Kapinovo

Mindja

Drjanovo

Kilifarevo

Elias-Kloster

Sveti Nikola-Kloster

latscho
Kiro-Höhle

Drjanovo-Kloster

Plakovo

Kilivarevo-Kloster

Beliza

Elena

Bebrovo

Boshenzi

Trjavna

Voneschta Voda

Buinovzi

Platschkovzi

Sokolski-Kloster

P   l   a   n   i   n   a

Eleno Tvardischka - Plateau

Busludsha

onalpark
chipka

Pzelinovo

Tvardiza

thrak. Grabmal

Gurkovo

E 772

Nikolaevo

Burgas

Maglisch

Vetren

Shrebtschevo-See

Kasanlak

Stara Sagora

Altartüren in der Kapelle Sveti Nikola dar. Von anderen bekannten Künstlern der ›Wiedergeburtszeit‹ stammen die Ikonen der Altarwand, darunter Werke Dimitar Sografs, des Bruders des berühmten Meisters. 1872 gründete Vassil Levski (s. S. 146) hier ein geheimes Revolutionskomitee, dem der Abt des Trojan-Klosters vorstand. Das Zimmer, in dem Levski vor Häschern Unterschlupf fand, ist zu einem kleinen Museum umgestaltet worden. Da die ursprüngliche Klosteranlage im Laufe der Jahre zu klein wurde, sind zwei weitere Höfe angefügt worden. Die Mönche bieten Unterkunft, im Kloster hergestellte Töpferwaren können preisgünstig erstanden werden.

24 km östlich von Trojan erreicht man bei **Aprilzi** den zentralen Teil des mittleren Balkangebirges. Von hier aus können zahlreiche Berghütten angesteuert werden: ein gutes Wandergebiet im Sommer, im Winter bestehen Skimöglichkeiten. Auch der 2376 m hohe **Botev** kann von Aprilzi aus bestiegen werden. Kurz hinter **Stokite** geht es links ab und auf kurvenreicher Bergstrecke weiter zum 4 km entfernten **Batoschevski-Kloster** (*Uspenie Bogoroditschno*), das während der Herrschaft des Zaren Michail II. Assen (1246–1256) gegründet wurde. Die osmanischen Herrscher erteilten 1838 die Erlaubnis, das längst zerstörte alte Kloster wieder aufzubauen. Die dreikupplige Kirche verfügt über interessante Wandmalereien eines

unbekannten Meisters (ca. 1869).

Das älteste Bauwerk der unter osmanischer Herrschaft gegründeten Stadt **Sevlievo** ist der in der Stadtmitte gelegene, 18 m hohe Uhrturm aus dem Jahre 1779. In der nicht weit entfernten St. Elias-Kirche ist es vor allem die kunstvoll geschnitzte Ikonostase, die einen Besuch lohnt. Wie so viele Holzschnitzereien der Region stammt auch sie aus der Trjavna-Schule. Ihre Besonderheiten liegen nicht allein in der handwerklichen Ausführung, sondern in der meisterhaften ›Zeichnung‹ von Menschen und Tieren (z. B. Szenen von der Erschaffung der Welt): Das ist in dieser auf ornamentale Motive spezialisierten Holzschnitzerschule nur äußerst selten anzutreffen. Das Freiheitsdenkmal im Stadtzentrum geht auf Entwürfe des italienischen Bildhauers Arnoldo Zocchi (1894) zurück, die Säule stammt aus dem antiken *Nicopolis ad Istrum*.

Die Menschen von **Gabrovo** sind seit jeher für ihre Freude an Späßen bekannt, nicht umsonst findet in dieser Stadt alle zwei Jahre ein Festival des Humors und der Satire statt. Vielleicht ist es kein reiner Zufall, daß der amerikanische ›Verpackungskünstler‹ Christo aus Gabrovo stammt. Weltweit einzigartig ist das sehenswerte **Haus des Humors und der Satire** in der Brianska Str., wo man sich in 10 Sälen mit den unterschiedlichsten Formen des Humors auseinandersetzen kann. Die Exponate stammen aus mehr als 150 Ländern, darunter Gemälde, Fotos, Karikaturen und Masken (tägl. 9-13, 14-18 Uhr). Der Legende nach im 14. Jh. von einem Schmied namens Ratscho gegründet – dem mitten im Fluß Jantra ein Denkmal gewidmet wurde –, entwickelte sich die Stadt dank der Wasserkraft der Jantra zu einem wichtigen Handwerkerzentrum. Ende des 19. Jh. arbeiteten hier mehr als 800 Werkstätten mit Wasserkraft. Noch heute stellt Gabrovo mit seinen 80 000 Einwohnern ein bedeutendes Industriezentrum dar. War früher die Textilindustrie vorherrschend, so dominieren nun Maschinenbau und Elektrotechnik. Mit dem **Aprilov-Gymnasium** befindet sich in Gabrovo die älteste, 1835 eröffnete weltliche Oberschule Bulgariens. Der **Uhrturm** in der Altstadt stammt aus derselben Zeit. Einige Häuser in der Opaltschenska- und Radetzky-Str. vermitteln einen recht guten Eindruck hiesiger Architektur der ›Wiedergeburtszeit‹.

Einen umfassenden und eindrucksvollen Einblick in Handwerk, Kultur und Architektur der ›Wiedergeburtszeit‹ kann man im 8 km südlich von Gabrovo gelegenen **Etar** gewinnen. Dieses Museumsdorf wurde in den 60er und 70er Jahren um einige alte, erhalten gebliebene Werkstätten aus dem 18./19. Jh. herum errichtet. Wohnhäuser und Werkstätten verschiedener Handwerksbetriebe wurden originalgetreu nachgebaut. Für Touristen wird hier noch auf althergebrachte Weise gearbeitet.

Den Handwerkern kann man am Arbeitsplatz zusehen und die hergestellten Artikel vor Ort erwerben. Fast alle Handwerksbetriebe machen sich die Wasserkraft des nahen Baches zunutze. Neben Schmiede, Töpferei und Drechslerwerkstatt finden sich hier u. a. eine Teppichwaschanlage sowie eine Konditorei. Fast ein wenig zu idyllisch wird in Etar das Leben vergangener Jahrhunderte lebendig erhalten (tägl. 8–12, 13–17 Uhr).

Zwischen Gabrovo und dem Schipka-Paß erhebt sich auf einem steilen Felsen, mitten in einer Erholungsregion, das 1833 gegründete **Sokolski-Kloster**. Eine vor einer Höhle errichtete kleine Holzkirche wurde im Laufe des 19. Jh. zu einem Kloster ausgebaut. 1862 wurde die Klosterkirche innen und außen von Meistern aus Schipka mit Wandmalereien versehen.1856 nahmen die Osmanen hier eine Gruppe von Heiducken gefangen und stießen sie grausam in die Tiefe. Noch heute kann man die eisernen Haken sehen, an die sie gefesselt waren. Der von Fitschev 1868 mitten im Hof errichtete Steinbrunnen mit seinen acht Wasserrohren erinnert symbolisch an die acht Opfer. In der Wanderregion südlich des Klosters liegen zahlreiche Hütten, wer von hier aus allerdings zum **Schipka-Paß** (s. S. 161) hochsteigen will, muß schon eine mehrstündige Wanderung einplanen.

Das kleine Dörfchen **Boshenzi**, 16 km östlich von Gabrovo mitten in den Hügeln des Balkangebirges gelegen, wurde bereits 1964 zum architekturhistorischen Reservat erklärt. Ungefähr 100 gut erhaltene Häuser aus dem 18./19. Jh. bieten ein nahezu unverändertes Architekturensemble der ›Wiedergeburtszeit‹, wie es ähnlich in Etar, Koprivschtiza (s. S. 153) und Scheravna (s. S. 163) anzutreffen ist. Vermutlich wurde der Ort bereits im 15. Jh. gegründet, 1750 wurde er zum ersten Mal urkundlich erwähnt. Wie viele bulgarische Orte profitierte auch Boshenzi vom wirtschaftlichen Aufschwung im 18. Jh.: 80 % seiner Einwohner trieben Handel, vor allem mit Wolle, Bienenwachs, Pelzen und Leder. Nur 5 % waren in der Landwirtschaft tätig und 15 % im Handwerk, eine für die damalige Zeit außergewöhnliche Verteilung. Die meist zweigeschossigen Holz- und Fachwerkbauten verbergen sich z. T. hinter hohen Mauern und passen sich gut der hügeligen Landschaft an. In zwei zur Besichtigung offenen Häusern kann das je nach sozialer Schicht unterschiedliche Wohnniveau nachvollzogen werden: in einem Bauernhaus und dem Haus eines reichen Händlers. In einigen der historischen Häuser von Boshenzi kann auch übernachtet werden.

Das kleine Städtchen **Trjavna** (13 500 Einw.), 21 km östlich von Gabrovo, ist vor allem durch seine zahlreichen Maler und Schnitzer bekannt geworden, die im 19. Jh. im ganzen Land unterwegs waren und deren Werke heute noch in vielen Kirchen bewundert werden können. Die sogenannte Schule von Trjavna bildete im 17. Jh. eine lokale Kunstrichtung aus, die innerhalb der Handwerkerfamilien von den Vätern an die Söhne weitergegeben wurde. Diese anfangs rein familiär-lokale Kunst – bekannt sind die Familien Vitanov, Sachariev, Dimitrov aus Trjavna – bevorzugte auf dem Gebiet der Malerei die Herstellung von Ikonen. In der Holzschnitzkunst spezialisierte sich die Schule von Trjavna auf Pflanzenmotive und phantasievolle ornamentale Verzierungen, belebt durch Tierdarstellungen. Nur sehr selten wurden Menschen dargestellt (s. S. 190). Das ›Museum für

Drjanovo

Holzschnitzkunst und Ikonenmalerei‹, das im schönen **Daskalov-Haus** in der Slavejkov-Str. 27 untergebracht ist, vermittelt einen anschaulichen Einblick in das reiche Schaffen der heimischen Künstler (Di–So, 8–12, 14–18 Uhr). Ein Bummel durch die ausgedehnte Altstadt lohnt, sind doch viele alte Häuser erhalten geblieben. Im Erdgeschoß befinden sich häufig Läden und Werkstätten, mit etwas Glück kann man auch noch heute einem Schnitzer bei der Arbeit zuschauen. Trjavna verfügt über einen der schönsten Marktplätze Bulgariens und über eine sehenswerte Gruppe alter Bürgerhäuser, die mit dem alten **Uhrturm** (1814) und der dahinter liegenden **Brücke** (1844) gut harmonieren. In den nahegelegenen **Kirchen Sveti-Archangel-Michail** und **Sveti Georgi** können mit der Ikonostase und dem Bischofsthron Meisterwerke der Holzschnitzkunst aus der Trjavna-Schule besichtigt werden.

Nach 17 km erreicht man das kleine Städtchen **Drjanovo** mit seinen 10 000 Einwohnern. Bekanntheit erlangte es als Geburtsort des wohl berühmtesten bulgarischen Baumeisters des 19. Jh., Nikola Fitschev (auch *Kolju Fitscheto* genannt). Im Zentrum ist ihm ein Museum gewidmet, das Modelle, Pläne und Fotos seiner Arbeiten zeigt (Di–So, 9–12, 15–18 Uhr). Gleich daneben kann mit dem **Laftschieva-Haus** von 1840 ein Einblick in die Lebensweise des letzten Jahrhunderts gewonnen werden (Schlüssel im Museum erfragen). Dieses hölzerne Zweifamilienhaus wurde vollkommen ohne Nägel errichtet. Mit der **Sveti-Nikola-Kirche** kann eine der zahlreichen, von Fitschev erbauten Kirchen besichtigt werden.

4 km südwestlich der Stadt, Richtung Gabrovo, lohnt ein Abstecher in das malerisch an einem Fluß gelegene und von hohen Felswänden umsäumte **Drjanovo-Kloster** (Sveti-Archangel-Michail). Ein Vorläuferbau an anderer Stelle stammt bereits aus dem 12. Jh., die jetzige Anlage geht auf das Jahr 1845 zurück. Überregionale Bekanntheit bezieht das Kloster aus seiner Rolle im Aprilaufstand 1876 (s. S. 34). Damals hatten sich hier 200 Aufständische verschanzt und neun Tage lang – bis zum blutigen Ende – einer osmanischen Übermacht getrotzt. Ein Mausoleum und ein kleines Museum erinnern an die Tragödie.

300 m oberhalb des Klosters kann man die **Batscho-Kiro-Höhle** besichtigen, deren 1200 m langer, aber nur teilweise begehaber Gang bizarre Gesteinsformationen birgt. Funde aus der Steinzeit verweisen auf die lange Siedlungstradition dieser Region (tägl. 7–12, 13–18 Uhr).

ℹ **Information:** Das regionale Tourismusbüro von Gabrovo , Vahsrashdane-Platz 2, ☎/Fax 0 66/2 91 61, gibt Auskünfte über Unterkunftsmöglichkeiten und Ausflüge in diesem Teil des Balkangebirges.

 **Zug- und Busverbindungen:** Trojan kann mit der Eisenbahn von Lovetsch aus erreicht werden sowie mit Bussen von Sofia und Lovetsch. Gabrovo hat Anschluß an die Eisenbahnlinie Russe-Stara Sagora und verfügt über Busanschlüsse mit Sofia und zahlreichen anderen Städten.

 Unterkunft in Trojan: Hotel *Kapina 1*, Park ka Pintscho, ✆

Gasthaus von Hadshi Nikoli in Tarnovo

06 70/2 29 30. **...in Gabrovo**: ***Hotel *Balkan*, im Stadtzentrum, ✆ 0 66/ 2 34 74; Hotel *Etar*, beim Museumsdorf Etar, ✆ 0 66/4 20 26. **...in Drjanovo**: **Motel *Momini Skali*, direkt neben dem Kloster, ✆ 06 76/24 71. **... in Trjavna:** Hotel *Trjavna*, Al. Kantschev Str. 46, ✆ 06 77/34 48

Essen und Trinken: Wie überall haben die Hotels eigene Restaurants. Gemütliche Atmosphäre bietet das Restaurant *Stranopriemniza* in der Opaltschenska-Str. in Gabrovo sowie das Restaurant im Museumsdorf Etar.

Veliko Tarnovo

Die mittelalterliche Hauptstadt des Zweiten Bulgarischen Reiches liegt malerisch an steilen Hängen über den Flußwindungen der Jantra. Die zahlreichen Klöster in unmittelbarer Umgebung und das Dorf Arbanassi werden Kunstliebhaber faszinieren.

Geschichte

1185 ist als erstes entscheidendes Datum der Stadtgeschichte zu nennen. Die Feudalherren Peter und Assen führten einen erfolgreichen Aufstand gegen die byzantinische Herrschaft an und legten so den Grundstein für das Zweite Bulgarische Reich, dessen Hauptstadt Tarnovo *(Tarnovgrad)* wurde (1187 bis 1393). Die Stadt entwickelte sich rasch zum wirtschaftlichen und kulturellen Mittelpunkt des Landes. Im **Frenkishar-Viertel** ließen sich Kaufleute aus Ragusa, Venedig und Genua nieder. In dieser »Königin der Städte«, oft auch als »Zweite nach Konstantinopel« bezeichnet, erfuhren Baukunst und Malerei, Literatur und Kunstgewerbe neue Entfaltungsmöglichkeiten.

Doch diese Blütezeit war nicht von Dauer. Mit der nahezu vollständigen Zerstörung der Stadt 1393 durch osmanische Truppen ging ein Großteil der Zeugnisse dieser Epoche verloren. Doch bis ins 19. Jh. blieben Handwerk und Handel Tarnovos so bedeutsam, daß ihre Kaufleute Handelsniederlassungen von Wien bis Alexandrien gründeten und ihre Söhne zum Studium ins Ausland schicken konnten.

Nach der Befreiung durch russische Soldaten 1877 – zahlreiche Aufstandsversuche waren vorangegangen – nahm eine konstituierende Versammlung 1879 die ›Verfassung von Tarnovo‹ an, die seinerzeit zu den fortschrittlichsten Verfassungen Europas zählte. Heute ist Tarnovo mit seinen 70 000 Einwohnern eine Industriestadt, in der der Tourismus zunehmend an Bedeutung gewinnt.

Trapesiza- und Zarevez-Hügel

Der mittelalterliche Stadtkern konzentrierte sich um die drei Hügel *Zarevez*, *Trapesiza* und *Sveta*

Gora. Wie meist mußte sich das gemeine Volk mit Behausungen außerhalb der befestigten Hügel begnügen. Der **Trapesiza-Hügel**, auf dem Reste alter Festungsmauern und Ruinen von 17 Kirchen freigelegt wurden, diente Adel und hohen Geistlichen als Wohn- und Zufluchtsort. Die Ausgrabungen sind jedoch für den archäologischen Laien eher enttäuschend.

Beherrscht wird die Stadt vom **Zarevez-Hügel**, auf dem nach der Reichsgründung die Burg der lokalen Feudalherren Peter und Assen zu einer fast uneinnehmbaren Festung ausgebaut wurde. Während des Zweiten Bulgarischen Reiches residierten hier Zar und Patriarch. Auf der Festung hat man einen guten Ausblick auf große Teile der Altstadt und die umliegenden Hügel – ein guter Platz zur ersten Orientierung. Bis zu 3,50 m dicke, durch Zinnen, Strebepfeiler und Türme zusätzlich befestigte Mauern, die heute teilweise rekonstruiert sind, umschlossen eine Fläche von 100 000 m².

Man betritt die Anlage durch das westliche **Haupttor (1)**, das ursprünglich aus drei, z. T. über Zugbrücken miteinander verbundenen Toren bestand. Das zweite Tor existiert heute nicht mehr. Vorbei an den Resten einer alten **Basilika (2)** aus dem 6./7. Jh. und einer Glaserei aus dem 12.–14. Jh. (links hinter dem zweiten Tor) steigt man zum zentralen **Palastkomplex (3)** empor, der eine Fläche von 6000 m² bedeckte, von dem aber nur noch

Fundamentreste erhalten geblieben sind. Der gesamte Komplex umfaßte unter anderem die Zarenresidenz mit einem Thronsaal, einen Wirtschaftshof und südlich davon, auf dem höchsten Punkt des Hügels, Palast und Kirche des Patriarchen, früher ebenfalls von befestigten Wällen und Türmen geschützt. Die dreischiffige, den Zarevez dominierende **Patriarchenkirche (4)** (›Himmelfahrtskirche‹) ist vor kurzem in modern-nüchternem Stil wiederaufgebaut worden und im Inneren mit Szenen aus der bulgarischen Geschichte ausgemalt worden.

An der Südspitze des Zarevez-Hügels liegt der **Balduinturm (5)**: Vermutlich wurde er zum Schutz einer an seinem Fuße entspringenden Wasserquelle errichtet. Der Überlieferung nach soll hier der 1205 in der Schlacht von Adrianopel gefangengenommene Balduin I. von Flandern eingekerkert und schließlich auch getötet worden sein. Vom 12.–14. Jh. grenzte an den Turm ein Klosterkomplex, von dem heute nur noch spärliche Reste erhalten sind. Die **Richtstätte (6)** im Nordteil der Anlage besteht eigentlich nur aus einem Felsen, von dem ›Verräter‹ in die Tiefe gestürzt wurden. Dies widerfuhr z. B. Patriarch Joachim III., der Ende des 13. Jh. mit den Tataren paktiert haben soll.

Unterhalb des Hügels, in der unbefestigten Außenstadt auf beiden Seiten der Jantra, lebten im Mittelalter Handwerker, Händler und der niedere Klerus. Nach der osmani-

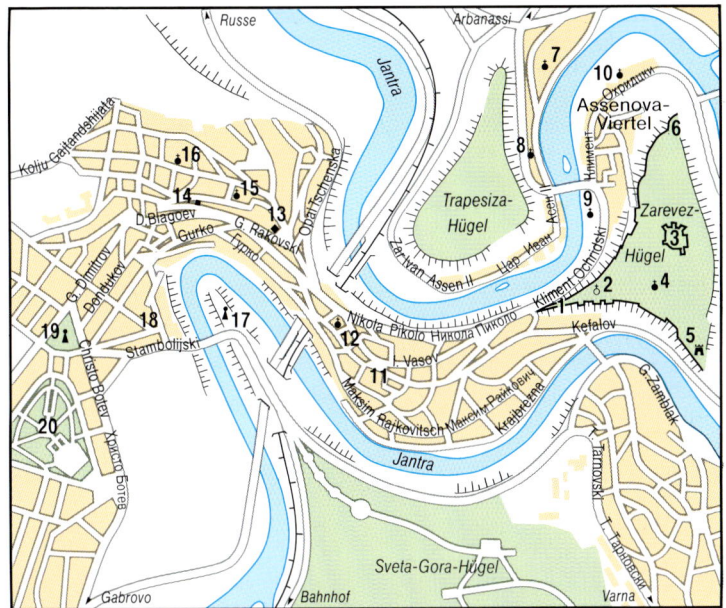

Veliko Tarnovo: **1** Tor zum Zarevez **2** Basilikareste **3** Palastkomplex **4** Patriarchenkirche **5** Balduinturm **6** Richtstätte **7** Demetrios-Kirche **8** Georgskirche **9** Kloster 40 Märtyrer **10** St. Peter und Paul **11** Konak **12** St. Konstantin
und Helena **13** Hadshi-Nikoli-Haus **14** Haus mit dem Affen **15** St. Nikolaus **16** St.
Kyrill und Method **17** Assen-Denkmal **18** Interhotel **19** Bulgarien-Denkmal
20 Marino-Pole-Park

schen Zerstörung 1393 und einem
schweren Erdbeben 1913 sind nur
wenige Bauten erhalten geblieben.
Das älteste Gebäude ist die **Kirche
des hl. Demetrios aus Thessaloniki
(7)** im nördlichen Teil des **Asseno-
va-Viertels** *(Assenova machala)*. In
der 1185 errichteten Kirche wurde
im selben Jahr von den Brüdern Assen und Peter der Aufstand gegen
Byzanz ausgerufen. Die 1913

durch ein Erdbeben fast gänzlich
zerstörte Kirche wurde Anfang der
80er Jahre umfassend rekonstruiert.
Ihre Fassade wird durch Blendbögen gegliedert und ist mit Keramik-
elementen verziert. Die kleine,
1616 errichtete, einschiffige **Georgskirche (8)** wurde auf den Fun-
damenten einer mittelalterlichen
Kirche erbaut und litt ebenfalls
schwer unter dem großen Erdbe-

ben von 1913. Teile der Fresken blieben jedoch erhalten.

Der **Klosterkomplex der hll. 40 Märtyrer (9)** auf der anderen Seite der Jantra wird gegenwärtig noch ausgegraben. Zar Ivan Assen II. ließ die dreischiffige Säulenbasilika mit drei Apsiden und großem Narthex 1230 anläßlich seines Sieges über den Despoten von Epirus, Theodoros Komnenos, errichten. Nur geringe Reste von Fresken aus der Malschule von Tarnovo blieben erhalten. Von besonderem Wert sind drei hier gefundene Säulen, mit deren Inschriften wichtige schriftliche Überlieferungen des bulgarischen Mittelalters vorliegen (heute im Nationalmuseum für Geschichte in Sofia, s. S. 67). Die altbulgarische Inschrift der Assen-Säule steht im Zusammenhang mit dem Sieg von Klokotniza 1230. Die beiden anderen Säulen stammen aus den früheren Hauptstädten Pliska und Preslav. Die Säule von Omurtag preist in griechischer Schrift den Ruhm des Khan Omurtag (814–831). Die dritte trägt die griechische Inschrift »Festung Rodosta« und berichtet über Khan Krum (802–814). Der Komplex wurde unter osmanischer Herrschaft in eine Moschee mit Derwisch-Kloster umgewandelt.

Den wohl stärksten Eindruck hinterläßt heute die **Petrus-und-Paulus-Kirche (10)** aus dem 13. Jh. Auch sie wurde 1913 durch das Erdbeben schwer zerstört, 1981 jedoch in gelungener Weise restauriert. Vor allem die behutsame Wiederherstellung der Freskenfragmente beeindruckt. Sie stammen aus verschiedenen Jahrhunderten (14., 16., 17. Jh.). Beachtenswert sind die Darstellung des Siebten Konzils sowie von Teilen eines *Menologions,* eines liturgischen Monatsbuches der orthodoxen Kirche, das die Geschichte der Heiligen eines jeden Monats beinhaltet. Unter den Heiligenbildnissen befindet sich ein frühes Portrait Ivan Rilskis.

Altstadt

Südlich und westlich des Trapesiza-Hügels erstreckt sich die malerische Altstadt mit zahlreichen Gebäuden aus der ›Wiedergeburtszeit‹. In den kleinen Straßen wie Maksim Rajkovitsch, Krajbrezna, Nikola Pikolo und Gurko trifft man auf typische Architekturbeispiele dieser Epoche.

In Veliko Tarnovo hat sich der vielseitigste bulgarische Architekt dieser Zeit, Nikola Fitschev, mit zahlreichen Gebäuden ein Denkmal gesetzt. Der alte türkische **Konak (11)** wurde von Fitschev 1872 errichtet, konnte aber nur noch bis 1877 als Amtsgebäude der osmanischen Behörden dienen. Als Sitz der 1. Nationalversammlung nach der Befreiung wurde an diesem historischen Ort die erste bulgarische Verfassung ausgearbeitet. Fitschev paßte den Bau sehr gelungen an das steile Terrain an: Der viergeschossige Bau liegt an zwei parallelen Straßen, die Achse an

Namen aus dem Schulbuch

Den Herren Chilendarski, Rakovski, Levski und Botev begegnet man in Bulgarien auf Schritt und Tritt: Ihnen sind Denkmäler gesetzt worden, und öffentliche Gebäude, Straßen und Plätze wurden nach ihnen benannt. Wer waren diese Männer?

Paissij Chilendarski wurde 1722 in Bansko als Sohn einer reichen Kaufmannsfamilie geboren. Durch die weitreichenden Handelsbeziehungen der hier ansässigen Kaufleute kam er früh mit westeuropäischem Gedankengut in Berührung. Als Mönch auf dem Berg Athos und Führer von Pilgergruppen war er nicht nur sehr belesen, sondern auch mit den Zuständen in seinem Lande vertraut. Eine Reise nach Österreich nutzte er, um vielfältiges Material über die Vergangenheit des bulgarischen Volkes zu sammeln. 1762 konnte er sein berühmtes Werk ›Die Slawisch-Bulgarische Geschichte‹ vollenden. Chilendarskis Absicht war es, über die Darstellung der bulgarischen Geschichte die Identität des bulgarischen Volkes als Nation wiederzubeleben. Dabei stand für ihn nicht so sehr der Kampf gegen die türkische Vorherrschaft im Vordergrund, seine Zielsetzung lag vielmehr darin, das Recht der Bulgaren auf die eigene Sprache, eine eigene Kirche und Geistlichkeit sowie eigene Schulen und Lehrer zu betonen. Seine Version der bulgarischen Geschichte stellt die großen kulturellen Leistungen in den Mittelpunkt, um sich kultureller Identität als Voraussetzung für nationale Unabhängigkeit zu vergewissern. Die ›Slawisch-Bulgarische Geschichte‹ fand in Hunderten von Abschriften Verbreitung und prägte nachhaltig die Gedankenwelt der bulgarischen Intelligenz im 19. Jh.

Georgi Rakovski (1821–1867) war es, der sowohl auf ideologischem wie auch organisatorischem Gebiet neue Prinzipien zur Erringung nationaler Unabhängigkeit entwickelte. Er erarbeitete ein Programm für die nationale Revolution, verbreitete seine Ideen in Poemen und Artikeln und rief in seinen Exilzeitungen von Serbien und Rumänien aus die Bulgaren zum Befreiungskampf auf. Er setzte auf das Konzept einer Volksbewegung, die durch Hilfe von außen in Gang gesetzt und unterstützt werden sollte. Zu diesem Zwecke gründete er 1861 in Belgrad eine »Bulgarische Legion«, in der junge Bulgaren für den Befreiungskampf militärisch ausgebildet wurden. Daß sein Konzept letztlich scheiterte, lag nicht nur an der abnehmenden Unterstützung Serbiens, sondern auch an der fehlenden inneren Organisation der Aufstandsbewegung.

Daraus zog der 1837 in Karlovo geborene **Vassil Levski** seine Lehre. Ursprünglich war er Mönch geworden, legte jedoch bald die Kutte ab und trat der »Ersten«, später auch der »Zweiten Bulgarischen Legion« bei. Rasch erkannte er die Begrenztheit der Freischärlertaktik und wurde selbst Zeuge ihrer blutigen Mißerfolge. So reiste er ab 1868 mehrmals durch Bulgarien, da seiner Meinung nach die Stärkung der inländischen Freiheitsbewegung eine notwendige Voraussetzung für die Befreiung von der Fremdherrschaft darstellte. Im Laufe weniger Jahre entstanden auf seine Initiative hin in fast allen Städten und größeren Dörfern geheime Revolutionskomitees, die den allgemeinen Aufstand vorbereiteten. Levski arbeitete dabei unter Bedingungen völliger Illegalität und war immer von Entdeckung und Festnahme durch die Türken bedroht. Bei einer Reise durch Bulgarien wird man in Dutzenden von Häusern und Klöstern unweigerlich auf Verstecke und geheime Fluchtwege von Vassil Levski treffen. Er leitete Zusammenkünfte und Versammlungen, beschaffte Geld und Waffen und erarbeitete ein Statut für die »Innere Revolutionäre Organisation«. Durch Verrat wurde Levski gefangengenommen und 1873 in Sofia gehängt.

Nach dem Tode Levskis war es **Christo Botev** (1848–1876), der die Diskussion um die Befreiung maßgeblich beeinflußte. Nicht zuletzt unter dem Einfluß der Pariser Kommune setzte er sich in unzähligen Gedichten, Artikeln und Feuilletons für eine kompromißlose Trennung Bulgariens vom Osmanischen Reich ein und sah dafür allein im bewaffneten Aufstand eine Lösung. Während des Aprilaufstandes von 1876 (s. S. 34) enterte er mit einer Freischar bulgarischer Emigranten in Rumänien den österreichischen Dampfer *Radetzki* und ging in Bulgarien bei dem Dorf Kosloduj an Land. Da der Aufstand in dieser Region noch nicht ausgebrochen war, blieb die erwartete Unterstützung aus, und die kleine Schar von 200 Kämpfern wurde rasch aufgerieben. Am 20. Mai 1876 wurde Botev in der Nähe von Vraza erschossen.

der oberen Straße weist jedoch nur zwei Geschosse auf. In dem Gebäude ist heute die Ausstellung ›Nationale Wiedergeburt und Gründungsversammlung‹ untergebracht. Im unteren Teil des Gebäudekomplexes lag ehemals ein türkisches Gefängnis.

Die **Kirche St. Konstantin und Helena (12)** zählt zu den Höhepunkten von Fitschevs kirchenbaulichem Schaffen (1873): Trotz vielfältiger Bögen und Gewölbe, die dem Bau eine lebendige Ausstrahlung verleihen, wirkt diese Kirche aus dem Jahre 1873 schlicht und harmonisch.

Das **Gasthaus von Hadshi Nikoli (13)** in der Rakovski-Str. 17 wurde von Fitschev 1858 erbaut. Es ist im Stil der *Hans* (Herbergen) von Konstantinopel errichtet und verweist auf den Handelsaufschwung, der Mitte des 19. Jh. Tarnovo noch einmal aufblühen ließ. Das im unteren Teil dreigeschossige Gebäude besteht aus zwei parallelen Bauten an zwei Straßen, an der oberen Straße weist es nur ein Geschoß auf. Der *Han* liegt in einer alten Handwerker- und Händlerstraße (*Samovodene,* ›Ladenstraße‹), wo auch heute noch altes Handwerk

Über der Jantra: Häuser in Hanglage

gepflegt wird. Im Erdgeschoß der renovierten Häuser kann man Handwerkern bei der Arbeit zusehen, oder man bummelt an kleinen Läden vorbei, die volkstümliche Artikel anbieten. Keinesfalls versäumen sollte man die Leckereien der nahen Konditorei.

Das durch seine geschwungenen Formen auffallende **Haus mit dem Affen (14)** in der Vastanitscheska-Str. 14 erhielt seinen Namen von dem kleinen Äffchen, das unterhalb des Erkers angebracht ist. Fitschev baute dieses kleine Bürgerhaus 1849.

Mit der **St. Nikolaus-Kirche (15)** in der Nikolaj-Zlatarski-Str. vollendete Fitschev 1836 ein Werk seines Lehrers Ivan Davdata. Die Skulptur am Bischofsthron versinnbildlicht den Kampf gegen die Vorherrschaft der osmanischen Besatzer und

der griechischen Kirchenhierarchie. Ebenfalls von Nikola Fitschev stammt die nicht weit entfernte **Kirche St. Kyrillos und St. Methodios (16)** von 1861. In Teilen wurde sie von seinen Schülern fertiggestellt.

In einer Schleife der Jantra erhebt sich unübersehbar das 1985 errichtete **Assen-Denkmal (17).** Es wurde anläßlich der 800-Jahresfeier der Gründung des Zweiten Bulgarischen Reiches eingeweiht. Sein 33 m hohes Bronzeschwert soll die Macht dieses Staatsgebildes symbolisieren und stellt wie so viele Denkmäler in Bulgarien eine nationalistische Überhöhung der Vergangenheit dar.

 Flughafen: Für Inlandsflüge besteht ein kleiner Flughafen in der 7 km entfernten Stadt Gorna Orjachoviza.

  Zug- und Busverbindungen: Zugverbindungen bestehen mit allen größeren Städten. Der Busbahnhof liegt in der Christo-Botev-Str. 80.

 Unterkunft: ****Hotel *Veliko Tarnovo*, Emil-Popov-Str. 2, ✆ 0 62/3 05 71. ***Hotel *Jantra*, am Veltschova-Savera-Platz 1, ✆ 0 62/2 03 91: mit schönem Ausblick. **Hotel *Etar*, Ivailostr. 1, ✆ 0 62/2 18 90; Hotel *Trapesiza*, Uliza Stefan Stambolov 79, ✆ 0 62/2 20 61: einfaches Privathotel im Stadtzentrum.

Mehrere Privathotels sind in Entstehung begriffen.

 Essen und Trinken: Zahlreiche Restaurants an der Hauptstraße, zum Teil mit Sitzmöglichkeiten auf einer Terrasse oberhalb der Jantra mit schönem Blick über die Stadt.

Bank/Post: Die Bulgarische Nationalbank liegt in der Vassil-Levski-Str. 11. Das Postamt befindet sich in der Christo-Botev-Str. 1.

Einkaufen: Kunstgewerbliche Artikel können in der Rakovski-Str. erstanden werden.

Tagesausflüge in die Umgebung Veliko Tarnovos

Wie ein Ring schlossen sich um die einstige Hauptstadt zahlreiche Klöster. Als Bildungs- und Kunstzentren waren sie die eigentlichen Träger der kulturellen Blüte des Zweiten Bulgarischen Reiches. Von insgesamt 14 erhalten gebliebenen Klöstern werden hier die sehenswertesten vorgestellt. Abstecher nach Arbanassi und Elena runden die Tagesausflüge ab.

Klöster um Arbanassi

Folgt man von Tarnovo aus zunächst der Straße nach Arbanassi, so weist bald ein kleines Schild nach links zum **Kloster Sveta Troiza** (›Kloster der Hl. Dreifaltigkeit‹). Auf holpriger Strecke erreicht man die direkt unterhalb einer bedrohlich wirkenden Felswand über dem rechten Ufer der Jantra gelegene Anlage. Wahrscheinlich existierte das heute etwas verfallene Kloster, in dem noch einige Nonnen wohnen, bereits im 11. Jh. Die Reste des alten Klosters liegen 1 km entfernt in nördlicher Richtung. Im 14. Jh. zählte es zu den wichtigsten Bildungszentren des Landes. Der später zum Patriarchen gewählte Mönch Evtimij versammelte hier zahlreiche Schüler aus verschiedenen Ländern, die sich vornehmlich Übersetzungsarbeiten widmeten. Dieses Zentrum ging als ›Schule

von Tarnovo‹ in die Geschichte ein. Die von Nikola Fitschev erbaute Kirche stammt aus dem Jahre 1847, Ikonen und Wandmalereien sind von Sachari Sograf. 1913 zerstörte ein Erdbeben große Teile des Klosters. Seit mehreren Jahren finden Rekonstruktionsarbeiten statt.

Auf der anderen Seite der Jantra, dem Nonnenkloster direkt gegenüber, klebt das **Preobrashenski-Kloster** am Hang. 7 km von Tarnovo entfernt, ist es über die Hauptstraße nach Russe gut zu erreichen. Es war einst das größte Kloster der Region und stammt vermutlich aus dem 14. Jh. Nach seiner Zerstörung Anfang des 19. Jh. wurde es 1825 wiederaufgebaut. Doch auch in den letzten Jahren ist es nicht von Zerstörungen verschont geblieben. Mehrere Erdrutsche lösten tonnenschwere Steinblöcke aus der darüberliegenden Felswand und zerstörten zwei der Klo-

sterkirchen. Lediglich die Hauptkirche und der Glockenturm von
Fitschev blieben verschont. Aufmerksamkeit verdienen ein ›Rad
des Lebens‹ an der Südwand der
Kirche sowie die Fresken von
Sachari Sograf, der von 1849 bis
1851 hier arbeitete. Im westlichen,
den Frauen vorbehaltenen Teil der
Kirche hinterließ Sograf sein Selbstbildnis. Die fein geschnitzte Ikonostase stammt von einem Meister
aus Trjavna, die Ikonen von Sograf
und Dospevski. In der Felswand
über dem Kloster liegen Höhlen,
die früher bei Gefahr als Zufluchtsort dienten.

Arbanassi liegt 4 km nördlich
von Tarnovo. Über seine Gründung und Erbauer kursieren zahlreiche Spekulationen, da in ganz
Bulgarien keine vergleichbare Architektur anzutreffen ist. Einige
Vermutungen gehen davon aus,
daß hier nach der osmanischen Eroberung bulgarische Bojaren Zu-
flucht fanden, andere sehen hingegen reiche albanische Siedler als
Gründer. Das älteste schriftliche
Dokument stammt aus der Mitte
des 16. Jh. und erwähnt das Dorf
als Geschenk an einen Schwieger-
sohn des Sultans. Vom 16.–18. Jh.
erlebte Arbanassi seine Blütezeit:
Die Dorfbewohner partizipierten
erheblich am wirtschaftlichen und
kulturellen Aufschwung des Reiches und gaben ihrem Wohlstand
an den Häusern Ausdruck. Die
Mehrzahl der Bewohner handelte
mit Vieh und weiterverarbeiteten
Tierprodukten. Bis nach Italien und

Ungarn, Polen und Rußland zogen
Karawanen von Händlern aus Arbanassi. Außer Handel war hier
Handwerk und Seidenraupenzucht
heimisch, zudem besaß fast jede
Familie Weinstöcke und stellte
eigenen Wein her. Nach mehrfachen, von umherziehenden Räu-
berbanden verursachten Zerstörungen des Dorfes gegen Ende des
18. Jh. konnte sich Arbanassi wirtschaftlich nicht mehr erholen. Von
ehemals über 1000 Gebäuden waren die meisten entweder zerstört
oder verfielen. Heute sind noch ca.
100 Architekturdenkmäler vorhanden, darunter befinden sich auch
fünf Kirchen und zwei Klöster. Am
Kiosk des zentralen Dorfplatzes
kauft man die Eintrittskarte für alle
der Öffentlichkeit zugänglichen
Sehenswürdigkeiten.

Wer über wenig Zeit verfügt,
sollte zumindest zwei der Kirchenbauten einen Besuch abstatten. In
einem parkartigen Gelände liegt
die **Erzengelkirche**, ein langer
Flachbau mit kleinen Fenstern, der
– lange Zeit typisch für die osmanische Zeit – von außen kaum als religiöses Gebäude auffällt. Sie ist die
größte Kirche Arbanassis, wurde
1600 erbaut und 1761 von den
Ikonenmalern Michail aus Saloniki
und Georgi aus Bukarest ausgemalt. Zahllose Szenen bedecken
die Wände. In der Ausführung
der Heiligenportraits deuten sich
schon erste naturalistische Tendenzen an. Sehenswert sind auch die
geschnitzte Ikonostase und ein
Bischofsthron, beides Werke aus

der Trjavna-Schule von 1813 (s. S. 138).

Die **Christi-Geburt-Kirche**, deren Ursprünge auf das Ende des 16. Jh. zurückgehen, ist die älteste des Dorfes. Ein phantastisches, farbenprächtiges Bildprogramm, vornehmlich aus dem 17. Jh., bedeckt mit ca. 3500 Figuren und Szenen Decken und Wände, einschließlich Kapelle und Umgangsgalerie. Des weiteren können die Kirchen St. Athanasius, die St. Georgskirche und die Kirche des hl. Dimiter besichtigt werden sowie einige sehr sehenswerte denkmalgeschützte Häuser.

Das **Petropavlovski-Kloster** (›St. Peter und Paul‹) liegt 6 km nordöstlich der Stadt auf einer Felsterrasse, von der man einen herrlichen Blick über Berge und Ebene genießen kann. Über seine frühe Geschichte ist wenig bekannt, während der osmanischen Zeit wurde es mehrmals zerstört. In dem mit Bäumen, Gras und Blumen lebendig gestalteten Innenhof erhebt sich ein 31 m hoher Glockenturm; einige Nonnen leben noch hier.

Klöster um Elena

Auf dem Weg nach Elena kommt man kurz hinter dem Dorf Merdanja an dem ebenfalls von Nonnen bewohnten **Kloster der 40 Märtyrer** vorbei. Die jetzige Anlage wurde 1856 gestiftet, Gründungslegenden verweisen auf das 12. Jh.

Der kleine Ort **Elena** (8000 Einw.), 42 km südöstlich von Tarnovo, war während der ›Wiedergeburtszeit‹ ein reiches Zentrum für Seidenproduktion und Weinhandel. Bekannt geworden ist er vor allem für seine Teppichkunst. Das Fehlen von Industriebauten und Hochhäusern verleiht diesem Höhenkurort im Balkan eine beschauliche Atmosphäre.

Zahlreiche, zum größten Teil nicht restaurierte Bauten aus dem 18./19. Jh. sind hier erhalten geblieben. Sehenswert sind darüber hinaus der **Uhrturm** von 1812, die **Sveti-Nikolai-Kirche** (1804) sowie die **Kirche Mariae Himmelfahrt** (1837) mit schönen Holzschnitzereien.

Auf dem Rückweg über **Debelez** nach Veliko Tarnovo stoßen wir 3 km östlich des kleinen Dorfes Plakovo auf zwei landschaftlich besonders reizvoll gelegene Klöster. Das eher unscheinbare **Kloster von Plakovo** (›Kloster des hl. Elias‹) wurde während des Zweiten Bulgarischen Reiches gegründet und in seiner Geschichte insgesamt zwölfmal niedergebrannt. Nahezu alle Gebäude sind deshalb jüngeren Datums. Hier begegnen wir wiederum einem Bau von Fitschev. Den 28 m hohen Glockenturm integrierte er so geschickt in das Gesamtensemble, daß seine tatsächliche Größe kaum ins Auge fällt. In der Kirche, über deren Portal eine Szene aus dem Leben des hl. Elias dargestellt ist, werden einige alte Ikonen aufbewahrt.

Nur 2 km entfernt erhebt sich das **Kloster von Kapinovo** (Sveti-Nikola-Kloster). Nach außen vermittelt die Anlage den Eindruck einer abweisenden, mittelalterlichen Festung, und sobald man den Innenhof betritt, ist die Überraschung groß: Ein vom Grün der Bäume und des Weins geprägter Platz mit schattigen Fleckchen unter hölzernen Laufgängen und *Tschardaks* lädt zum Verweilen ein. Beachtenswert ist die Kyrill und Method darstellende Wandmalerei über dem Eingangstor sowie das ›Jüngste Gericht‹ an der Außenwand der Kirche.

Das **Kloster bei Kilifarevo** (*Kilifarevski manastir*) liegt 17 km südlich von Veliko Tarnovo, kurz hinter der Stadt **Kilifarevo**. Gegründet wurde es im 14. Jh., seinen Ruhm verdankt es vor allem dem hl. Theodosios von Tarnovo, der hier eine theologische Schule und ein Skriptorium, in dem christliche Texte übersetzt und abgeschrieben wurden, einrichtete. Nach mehrfachen Zerstörungen wurde es 1836 an seinem heutigen Platz direkt am Fluß Beliza neu erbaut. Die Ruinen des alten Klosters findet man zusammen mit denen einer frühen Festungsanlage nicht weit entfernt auf einem Hügel. Dieses für die bulgarische Schriftkultur bedeutsame Bildungszentrum wird heute nur noch von wenigen Nonnen bewohnt. Man betritt das Kloster über eine kleine Brücke über die Beliza, von außen erinnert es dabei fast an eine Wasserburg. Das Katholikon, 1842 von Nikola Fitschev als dreischiffige Kuppelbasilika neu errichtet, bildet die Hauptsehenswürdigkeit. Ikonostase und Ikonen sind Meisterwerke der Trjavna-Schule (s. S. 190).

Verkehrsverbindungen: Die hier vorgestellten Klöster und Ortschaften steuert man am besten mit dem eigenen Pkw oder einem Mietwagen an. Zuweilen bieten örtliche Reiseveranstalter oder Hotels Ausflüge zu einigen der hier genannten Reiseziele an. Elena und Arbanassi sind von Veliko Tarnovo aus auch mit dem Bus zu erreichen. Elena verfügt über eine Eisenbahnverbindung mit Gorna Orjachoviza.

Unterkunft in Arbanassi: *****Arbanassi Palace, ☎ 0 62/3 01 76, Fax 3 98 59: Luxusunterkunft in einer ehemaligen Residenz Todor Shivkovs am Rande des Dorfes. *Arbanashki Khan Hotel:* kleines, traditionell eingerichtetes Haus mit Restaurant; *Krta*, ☎ 0 62/3 42 57: traditionelles Haus mit nur wenigen Zimmern. **...in Elena:** Hotel *Elena*, ☎ 0 61 51/37 32

Essen und Trinken: Das Hotel *Elena* verfügt über ein Restaurant. In Arbanassi: Restaurant *Payaka*, bei schönem Wetter kann man hier auf der Terrasse essen.

Über Kasanlak ans Schwarze Meer

Diese Route entlang der Südhänge des Balkangebirges gibt Gelegenheit, dieses Gebirge näher kennenzulernen. Beschauliche Orte wie Klissura und Karlovo im Rosental oder Kalofer direkt an den Ausläufern des Balkan sind hervorragende Ausgangspunkte für Wanderungen in die Berge. Mit dem Grabmal von Kasanlak kann man die beeindruckendste Malerei der thrakischen Epoche bewundern.

Über Koprivschtiza bis Kasanlak

Wer es von Sofia aus auf dem Weg zum Meer nicht so eilig hat, dem kann abseits der Hauptverbindungsstrecke (E 773) nach Kasanlak eine zwar etwas beschwerlichere, aber landschaftlich um so reizvollere Strecke durch das Sredna-Goragebirge empfohlen werden. Zunächst auf der A 1 Richtung Plovdiv geht es bei Vakarel über Beliza in das allen Bulgaren aus dem Geschichtsunterricht bekannte kleine Städtchen **Panagjurischte**.

In der 10 km entfernten Gegend um **Oborischte** wurde am 14. April 1876 der Aufstand gegen die Türken ausgerufen (s. S. 34). Nur zehn Tage lang währte die wiedergewonnene Freiheit, dann wurde der Aufstand blutig niedergeschlagen. Als sogenannter ›Aprilaufstand‹ war er jedoch ein Fanal für den bulgarischen Befreiungskampf. Aus der ›Wiedergeburtszeit‹ sind in Panagjurischte einige sehenswerte Häuser erhalten geblieben. Mit dem **Haus der Raina Knjaginja** (Oborischte-Str. 5) kann das Gebäude einer der prominentesten Teilnehmerinnen des Aufstandes besichtigt werden. Einen Besuch wert ist auch die reichhaltig und farbenprächtig ausgemalte **Kirche Sveta Bogorodiza** mit Ikonen und Fresken von Ivan Sografski (im Zentrum). Über allem aber thront die monumentale Gedenkstätte für den Aprilaufstand mit ihren überlebensgroßen Figuren – wie so viele Denkmäler Bulgariens voller Pathos und Heroisierung.

Auch als Tagesausflug von Sofia aus zu erreichen ist der kleine Ort **Koprivschtiza**, 110 km östlich von Sofia in 1000 m Höhe gelegen. Unter osmanischer Herrschaft zählte er zu den *Vojnik*-Dörfern. Diese

Oslekov-Haus in Koprivschtiza

Dörfer besaßen Privilegien, wurden aber auch – vor allem in Kriegszeiten – zu besonderen Aufgaben herangezogen. Sie erlangten durch Handwerk und Handel einen gewissen Wohlstand. Die Weltoffenheit und gute Bildung ihrer Bürger führte dazu, daß sie zu den ersten und entschlossensten Kämpfern für ein eigenständiges Bulgarien wurden. So war es vielleicht kein Zufall, daß der erste Schuß des Aprilaufstandes 1876 in Koprivschtiza fiel. Ein Denkmal und die ›Brücke des ersten Schusses‹ erinnern daran.

Heute steht der Ort unter Denkmalschutz, denn er stellt ein riesiges Freilichtmuseum für die Volksarchitektur des 18. und 19. Jh. dar. Die Fülle sehenswerter Gebäude läßt einen Bummel durch die verwinkelten Gassen zu einem romantischen Ausflug in Bulgariens Vergangenheit werden.

Drei Häuser sollten auf keinen Fall versäumt werden: Das 1856 erbaute **Oslekov-Haus** wurde zu einem ethnographischen Museum umgestaltet. Es verdeutlicht in Architektur und Ausstattung den Wohlstand seines Erbauers. Das

Ljutov-Haus (1854) schafft eine Begegnung mit typischen ornamentalen Wandmalereien, darunter viele Medaillons und buntbemalte Friese, die den Geist dieser Zeit wiedergeben und in ihrer Themenwahl die ausländischen Handelsbeziehungen widerspiegeln. Das **Kableschkov-Haus** von 1845 zählt zu den typischen, symmetrisch angelegten Häusern Koprivschtizas mit Portikus, Außentreppe und einem vorspringenden Obergeschoß. Das vornehme Haus wird durch eine hohe Steinmauer mit wuchtigem Holztor gesichert.

Koprivschtiza eignet sich sehr gut als Ausgangspunkt für Wanderungen zum höchsten Gipfel des Sredna-Goragebirges, dem **Bogdan** (1604 m).

Bei dem kleinen Ort **Klissura** beginnt das **Rosental**, das sich in Wirklichkeit aus mehreren Tälern zusammensetzt und bei Maglisch, kurz hinter Kasanlak, endet. Auch wer sich ausschließlich auf der Hauptstrecke Richtung Meer bewegt, wird zu beiden Seiten der Straße immer wieder große Rosenfelder entdecken können (s. Thema *Das Geheimnis des Rosenöls*, S. 156). Der 2000 Einwohner zählende Ort ist beliebter Ausgangspunkt für Bergtouren auf den Veshen (2198 m) und den Bogdan (1604 m) im südlich gelegenen Sredna-Goragebirge.

Auch der nächste Ort **Sopot** eignet sich vorzüglich als Standort für Wanderungen in das Balkangebirge (Lift in der Nähe). In Sopot wurde einer der bekanntesten bulgarischen Dichter, Ivan Vasov (1850–1921), geboren. Im kleinen **Nonnenkloster Vavedenie Bogoroditschno** (›Einführung Marias in den Tempel‹) mit seinem ruhigen, malerischen Innenhof fand der Freiheitskämpfer Vassil Levski Unterschlupf (s. S. 146). Ein schattenspendender Weinstock im Hof soll noch aus der Gründungszeit des Klosters (17. Jh.) stammen. Ein weiteres Frauenkloster, in dem heute nur noch drei Nonnen wohnen, liegt nicht weit entfernt in westlicher Richtung direkt an den Bergen. Das **Sveti-Spas-Kloster** wurde ursprünglich im 14. Jh. gegründet, der jetzige Bau stammt aus dem 19. Jh. (Übernachtungsmöglichkeit).

Wanderer sind auch in **Karlovo** gut aufgehoben: Die bewaldeten Hänge des Balkan erheben sich direkt hinter der Stadt, mehrere Hütten sind von hier aus erreichbar. Das wiedererrichtete **Geburtshaus von Vassil Levski** (1837–1873) liegt in der Nähe des Zentrums und kann besichtigt werden. Karlovo erlebte im 19. Jh. einen wirtschaftlichen Aufschwung, war ein Zentrum von Handwerk und Rosenölproduktion sowie ein wichtiger Lieferant von Textilien für die türkische Armee. Neben einigen reichen Bürgerhäusern aus dem 19. Jh. sind die **Nikolaos-Kirche** (1847) und die **Kurschum-Moschee** (1485) sehenswert.

Von Karlovo ist ein Abstecher in das 25 km entfernte **Chisarja** mög-

Das Geheimnis des Rosenöls

Wer zur Zeit der Rosenblüte von Mitte Mai bis Ende Juni durch das Rosental fährt, mag enttäuscht sein, erwartet er die Pracht einheimischer Vorgärten. Denn eine Zierpflanze wird hier nicht angebaut, auf Ästhetik kommt es bei diesen Rosenfeldern nicht an. Es geht um die Produktion von Rosenöl, zu dem hier seit 300 Jahren Rosenblätter weiterverarbeitet werden. Als Grundlage der Rosenölproduktion dient eine unscheinbare Heckenrosenart, die von der ›Rose von Damaskus‹ abstammt und – wie der Name schon sagt – während der osmanischen Herrschaft nach Bulgarien gekommen war.

Geerntet wird am frühen Morgen, vor Sonnenaufgang, wenn der Tau noch auf den Blättern liegt. Nur dann bleibe das Aroma der Rose voll erhalten, so erzählt man. In speziellen Destillationsapparaten kondensiert zunächst Rosenwasser, das als Zusatzstoff für Marmeladen oder als Duftstoff Verwendung findet. Das eigentliche Endprodukt aber ist das Rosenöl, das sich als dünne Ölschicht auf dem Rosenwasser absetzt und vorsichtig ›abgeschöpft‹ wird. Wie wertvoll und mühsam erarbeitet diese Essenz ist, wird aus den notwendigen Mengen ersichtlich: Um 1 kg Rosenöl zu erzeugen, sind ca. 3 t Blüten erforderlich, eine kaum vorstellbare Menge, bedenkt man das geringe Gewicht von Rosenblättern. Volkswirtschaftlich gesehen spielt die Rosenölproduktion heute keine besondere Rolle mehr. Als hochwertiger

lich, im Sommer einer der heißesten Flecken Bulgariens. Grabstätten aus der Bronzezeit belegen eine frühe Besiedlung. Bestimmend für das Geschehen in Chisarja waren und blieben bis heute die zahlreichen hier entspringenden **Mineralquellen**. Vermutlich wußten schon die Thraker sie zu nutzen, doch erst unter den Römern erlebte die Badekultur einen Höhepunkt (s. Thema *Römische Badekultur*, S. 170). Das kleine Museum im Stadtzentrum gewährt einen Überblick über archäologische Funde der Region (8–12, 14–17 Uhr, Mo geschl.). Die alten Bäume eines Parks innerhalb der römischen Festungsmauern spenden angenehmen Schatten vor sommerlicher Hitze. Neben weiteren steinernen Zeugnissen der römischen Kulturepoche stößt man hier auch auf mehrere Mineralquellen.

Auf beiden Seiten der Tundsha liegt das Örtchen **Kalofer** (5000 Einw.). Gut erhaltene Häuser künden vom Wohlstand des 18./19. Jh. Kaufleute aus Kalofer trieben Handel bis nach Wien, Odessa und

Musik und Folklore auf den Feldern beim Fest der Rosenernte

Grundstoff für Parfums ist das Rosenöl entweder durch Surrogate oder andere Duftstoffe verdrängt worden.

Wer genaueres über Geschichte und Technik der Rosenölproduktion erfahren möchte, dem sei ein Besuch im ›Museum der Rose‹ in Kasanlak empfohlen (rechts am Ortsausgang, Richtung Schipka).

Istanbul. Über 1000 wassergetriebene Handwerksstätten hat es hier einmal gegeben. Darüber hinaus ist Kalofer der Geburtsort von Christo Botev (1848–1876), dem Dichter und Freiheitskämpfer (s. Thema *Namen aus dem Schulbuch*, S. 145). Ihm zu Ehren wurde neben einem Museum oberhalb des Zentrums ein Denkmalkomplex errichtet, in den auch eine alte Schule einbezogen wurde: ein sehenswerter Bau aus dem 19. Jh., der an ein Wohnhaus in den Rhodopen erinnert. Auch Kalofer lädt als Standquartier für Wanderungen in das Umland ein: z. B. zum **Botev** (2376 m), dem höchsten Berg der *Stara Planina*. Wer den **Kalofersko Praskalo**, den mit 120 m höchsten Wasserfall Bulgariens erreichen will, muß eine mehrstündige Wanderung bis zur Hütte *Rai* in Kauf nehmen.

In **Kasanlak**, das als Nachfolgerin der thrakischen Siedlung *Seuthopolis* (4./3. Jh. v. Chr.) betrachtet werden kann, leben heute mehr als 60 000 Einwohner. Die Reste der thrakischen Siedlung liegen heute allerdings auf dem Grund des na-

hegelegenen Stausees. In Zentrums-
nähe, in der Slavejkov 8, können in
einem Ausstellungskomplex, der
Gemäldegalerie und Historisches
Museum vereint, Fundstücke und
Rekonstruktionen aus der versun-
kenen Stadt besichtigt werden.

Im ältesten Stadtviertel Kasan-
laks, *Kulata*, wurden mehrere Häuser unter historisch-ethnographi-
schem Blickwinkel renoviert und
eingerichtet, um die Lebensverhältnisse des 19. Jh. anschaulich und
umfassend zu vermitteln. Alte In-
strumente zur Rosenöldestillation
blieben erhalten, in restaurierten
Werkstätten wird frühe Handwerkskunst demonstriert (General-
Mirski-Str.; tägl. 8–12, 13–17 Uhr).
Unweit dieses historisch-eth-
nographischen Häuserensembles
laden die Geburtshäuser von Nenko
Balkanski und Detschko Usonov
zu einer Begegnung mit bulgarischer Malerei des 20. Jh. ein. Beide
Ausstellungen sind täglich von
9–17 Uhr geöffnet.

Die kulturgeschichtliche Haupt-
sehenswürdigkeit stellt aber das
Grabmal von Kasanlak auf dem
Tjulbeto-Hügel dar. Das parkartige
Gelände im nordöstlichen Teil der
Stadt beginnt nur wenige Schritte
von dem historisch-ethnographi-
schen Häuserensemble entfernt.
Als eines der herausragendsten
Kulturdenkmäler der thrakischen
Epoche wurde es unter den Schutz
der UNESCO gestellt. Wegen des
Besucherandrangs kann das eigent-
liche Grab nicht mehr besichtigt
werden. Doch nur wenige Meter

entfernt steht eine originalgetreue
Nachbildung täglich 9–12 und
13–18 Uhr Besuchern offen. Das
Grab stammt aus dem 3. Jh. v. Chr.,
ist verhältnismäßig klein und setzt
sich aus drei Teilen zusammen:
Über einen Vorhof aus Bruchstei-
nen gelangt man in einen aus
Backsteinen gefertigten Gang *(dromos)*, der knapp 2 m lang und 1,20
m breit ist. Daran schließt sich die
eigentliche Totenkammer an. Diese
mit einer bienenkorbförmigen Kuppel versehene, vollkommen runde
Kammer bietet mit einer maxima-
len Höhe von 3,25 m und einem
Durchmesser von 2,65 m nur wenigen Besuchern gleichzeitig Platz.

Den faszinierenden Höhepunkt
des Grabmals bilden seine Wandmalereien. Im Gang werden zwei
in ihrem Aussehen deutlich unter-
scheidbare Armeen dargestellt, die
allerdings nicht miteinander kämpfen. Im Zentrum der Totenkammer
sind eine weibliche und eine
männliche Gestalt abgebildet, die
einander fast behutsam und zärt-
lich die Hände reichen. Ähnliche
Motive auf griechischen Grabstei-
nen dieser Zeit lassen vermuten,
daß es sich um Darstellung des To-
des eines thrakischen Herrschers
handelt, die als Abschiedsszene
aus dem Reich der Lebenden gestaltet ist. Beide Personen werden
von Dienerinnen und Dienern flankiert, die Grabbeigaben tragen: Eine Frau bringt Obst, eine andere eine Truhe und ein Schmuckkästchen. Zwei Trompetenbläserinnen
gehören dem Zug an, ferner Pferde-

Wer waren die Thraker?

Um es vorweg zu sagen, eindeutig läßt sich diese Frage bis heute nicht beantworten. Wie bei so vielen alten Völkern, deren Ursprung weit in die Frühgeschichte zurückreicht, sind die Zeugnisse spärlich und können darüber hinaus auch unterschiedlich bewertet und interpretiert werden. Eine schriftlose Gesellschaft wie die der Thraker macht ihre Erforschung nicht gerade einfach.

Die frühesten Berichte über thrakische Stämme findet man in griechischen Schriften. So berichten Homer im 8. Jh. und Xenophon im 5. Jh. v. Chr. über Leben und Bräuche der Thraker. Herodot beschreibt sie als das nach den Indern zahlenmäßig größte Volk. Über ihre frühere Geschichte geben allein Grabungsfunde Auskunft. Vermutlich sind sie indogermanischer Abstammung und kristallierten sich aus einem Gemisch unterschiedlicher Völkergruppen, die in der Kupfer- und Bronzezeit den Balkanraum bewohnten bzw. durchzogen, heraus. Im 12. und 11. Jh. v. Chr. ließen sie sich auf ägäischen Inseln wie Thassos, Naxos, Lemnos, Kos oder Lesbos nieder und zogen bis nach Kleinasien. Homer erzählt vom Thrakerkönig Rhesos, der sich am Trojanischen Krieg beteiligte. Im Altertum nannte man das Ägäische Meer lange Zeit *Mare Thracium*. Erst im Laufe der Jahrhunderte entwickelten sich aus den Gruppen und Sippen Stammesverbände, wie z. B. die Odrysen, Bessen, Geten, Serden und Triballer. An deren Spitze stand jeweils ein Fürst oder König, an seiner Seite die Stammesaristokratie. Die Thraker betrieben Ackerbau, Vieh- und Pferdezucht: Thrakische Pferde waren bei den Griechen berühmt und begehrt. Häufig kam es zu kriegerischen Auseinandersetzungen der thrakischen Stämme untereinander. Ihre Siedlungsform war noch nicht städtisch, vielmehr lebten sie in befestigten Wehrsiedlungen.

Befruchtet durch den kulturellen Austausch mit Makedonien, der hellenistischen Welt sowie durch den Kontakt mit keltischen Stämmen, stand die thrakische Kultur zwischen dem 6. und 3. Jh. v. Chr. in ihrem Zenit. Erstmals schlossen sich die Thraker zu größeren Stammesverbänden zusammen, von denen das Odrysenreich in Südostthrakien den mächtigsten und größten territorialen Zusammenschluß darstellte. Doch über die Jahrhunderte hinweg wurde der griechische und makedonische, ab dem 1. Jh. v. Chr. dann der römische Einfluß beherrschend. Dennoch läßt sich noch in byzantinischer Zeit die Existenz einer relativ eigenständigen thrakischen Identität feststellen.

Grabmal von Kasanlak: Humane Todesdarstellung

Mehrere thrakische Aufstandsversuche gegen die römische Herrschaft sowie die historische Erinnerung an berühmte Thraker wie Spartakus, der den Sklavenaufstand (74 v. Chr.) im Römischen Reich anführte, oder Maximinus Thrax, der sogar römischer Kaiser wurde (235–238), belegen dies.

Die zahlreichen Zeugnisse thrakischer Kultur, von denen die Grabmäler bei Kasanlak (s. S. 158) und Sveschtari (s. S. 191) nur die prominentesten Beispiele sind, verdeutlichen den hohen Entwicklungsstand dieser Stammesverbände und lassen es verstehen, warum Elemente dieser Kultur in die griechische Welt Eingang fanden. Vor allem in der Mythologie überrascht der hohe Grad an Übereinstimmung: Der Mythos vom thrakischen Sänger Orpheus ist ein Beispiel dafür. Auch der Kult um Dionysos, den Gott des Weines, der Fruchtbarkeit und der orgiastischen Ekstase, verweist auf thrakische Vorbilder oder doch zumindest auf Gemeinsamkeiten in der Vorstellung von Leben und Tod.

Der hohe Grad an handwerklichen Fertigkeiten wird anhand zahlreicher Keramikfunde und Alltagsgegenstände deutlich, die man in fast allen größeren Museen des Landes betrachten kann. Vor allem aber die berühmten Gold- und Silberschätze, wie der von Rogoshen, belegen eindrucksvoll die hohe Kulturstufe der Thraker und erlauben Rückschlüsse auf ihr Leben und ihre Gedankenwelt, auch wenn vieles noch einer endgültigen Entschlüsselung bedarf und umstritten bleibt.

knechte, die mehrere Pferde führen. Die von einer harmonischen Farbkomposition getragene Malerei verläuft durch die gesamte Kuppel. Dies verstärkt den Effekt einer abgeschlossenen, in sich ruhenden Darstellung. Die Gestalten sind fein gezeichnet, und die Abschiedsszene strahlt noch heute Besinnlichkeit und Würde aus. In einem äußeren Fries umgeben stilisierte Tierschädel und vielblättrige Rosetten die Szene, der obere Fries zeigt drei Pferdegespanne in vollem Lauf, ein lebhafter Kontrast zu der ruhigen, eher statischen Abschiedsszene.

12 km beträgt die Entfernung bis zu dem kleinen Örtchen **Schipka** an den Ausläufern des Balkangebirges, wo schon von weitem die in der Sonne glänzenden Kuppeln einer russischen Kirche ins Auge fallen. Sie ist farbenprächtig geschmückt, Reliefs und reiche Keramikarbeiten ergänzen ihren Formenreichtum, vergoldete Kuppeln und Kreuze strahlen in dieser Gegend eine exotische Wirkung aus. Zwischen 1885 und 1902 erbaut, entspricht ihre Architektur nicht zufällig russischen Kirchen des 17. Jh.: Sie ist den für die Befreiung Bulgariens gefallenen russischen Soldaten am Schipka-Paß gewidmet.

Der Paßstraße weiter folgend gelangen wir in den **Nationalpark Schipka**, eine entscheidende Kampfzone im russisch-türkischen Befreiungskrieg 1877/78. Hier gelang es dem russischen General Stoletov mit einer nur 5500 Mann zählenden Einheit das Vordringen einer osmanischen Truppe weit größeren Umfangs zu verhindern (21. bis 23. August 1877). Das monumentale, pyramidenförmige Denkmal auf dem Gipfel, im Stil einer mittelalterlichen bulgarischen Festung errichtet, soll an die gefallenen russischen Soldaten und bulgarischen Freiwilligen erinnern. Bis kurz unterhalb des Denkmals führt eine Straße, man kann aber auch die 894 Stufen bis zum Monument erklimmen, ein phantastischer Ausblick über den Balkan belohnt die Anstrengung. In der gesamten Region stößt man auf zahlreiche Gedenktafeln und Gräber, die an bestimmte Etappen der blutigen Kämpfe erinnern.

Von Kasanlak bis Burgas

Stara Sagora zählt zu den größten Industriestädten des Landes, verfügt aber auch über zahlreiche kulturelle Einrichtungen. Schon vor 7000 Jahren war diese Region besiedelt. Die Thraker erbauten hier eine Stadt namens *Beroe*, die Römer nannten sie *Augusta Trajana*. 1878 wurde Stara Sagora fast vollständig niedergebrannt und neu errichtet. Historische Bauten sind deswegen kaum zu finden. Eine Ausnahme bilden einige Ausgrabungen aus der römischen Zeit im Zentrum, wozu ein 9 m × 10 m großes Fußbodenmosaik einer **römischen Villa** des 4. Jh. gehört, auf

Russische Kirche am Schipka-Paß

dem Ornamente, Pflanzen und Tiere dargestellt sind. Auch die **Eski-Moschee** aus dem 15. Jh. blieb erhalten. Das **Historische Museum** birgt reichhaltige Funde aus frühgeschichtlicher und thrakischer Zeit, darunter ein eindrucksvoll restaurierter Kampfwagen (9–12, 14–18 Uhr, Mo geschl.). Bei den 14 km außerhalb der Stadt gelegenen Mineralbädern wurde ein **römisches Bad** aus dem 2. Jh. von beeindruckender Größe (2500 m²) entdeckt.

Das 100 000 Einwohner zählende **Sliven** ist eine Industriestadt, in der 1834 die erste Textilfabrik

Bulgariens die Produktion aufnahm. Weitere Industrieansiedlungen folgten. Die Stadt selbst bietet wenig, doch lassen sich von hier aus viele Ausflüge und Wanderungen ins Gebirge unternehmen. Die reizvolle Lage der Stadt wird von den ›Blauen Felsen‹ im **Nationalpark Sinite Kamani** geprägt. Ihren Namen beziehen sie von dem bläulichen Schimmer, der ihnen von weitem anhaftet. Sie sind von Sliven aus mit einer Schwebebahn erreichbar. Mitten im Nationalpark befindet sich der Kurortkomplex *Karandila* mit Erholungsheimen und Hotels.

Auf landschaftlich reizvoller Strecke durch das Gebirge erreicht man von Sliven aus die nur 14 km auseinanderliegenden Orte **Kotel** und **Sheravna**. Zu Recht wurden in beiden Orten viele Häuser unter Denkmalschutz gestellt, handelt es sich doch um außergewöhnlich gut erhaltene Beispiele der Architektur der ›Wiedergeburtszeit‹. Die Geschichte von *Kotel* – was soviel wie ›Kessel‹ bedeutet und die Lage der Stadt zwischen Bergen gut wiedergibt – beginnt im 16. Jh. Schon bald zählte es zu den privilegierten *Vojnik*-Dörfern (s. S. 33). Durch Schafzucht – zeitweise besaßen die Koteler 450 000 Schafe – und die Belieferung der türkischen Armee mit Wollstoffen konnten sich die Einwohner vor türkischen Repressionen schützen und großen Reichtum anhäufen, den sie in den Bau von ansehnlichen Häusern und in die Gründung öffentlicher Schulen fließen ließen. Bereits 1844 wurde hier die erste Mädchenschule Bulgariens eröffnet. Ein Brand vernichtete 1894 fast die ganze Stadt, so daß Reste der reichen Architektur nur noch im Stadtviertel *Galata* erhalten blieben. Hier liegt auch das kleine ethnographische Museum der Stadt.

200 typische Holzhäuser der ›Wiedergeburtszeit‹ sind dagegen in **Sheravna** zu finden, deren Architektur früher als Vorbild und Maßstab für die Häuser Kotels und anderer umliegender Orte galt. Hier sind sogar einige Holzhäuser aus dem 17. Jh., also der Zeit *vor* der ›Nationalen Wiedergeburt‹, erhalten geblieben: Sie weisen nur zwei Räume auf; ein Zimmer und

ein Vestibül mit einer Feuerstelle. Aus dem 18. Jh., der Frühzeit der ›Nationalen Wiedergeburt‹, stammen zweistöckige Häuser mit offenem *Tschardak* (Veranda), tief heruntergezogenem Dach und grob bearbeiteten Holzsäulen. Wachsender Wohlstand führte später dazu, das Erdgeschoß aus Stein zu errichten und reichhaltige Schnitzarbeiten an Fassade und Innenräumen in Auftrag zu geben. Bei einem Spaziergang durch die engen, gepflasterten Gassen entdeckt man so manches Detail, leicht fühlt man sich in eine andere Zeit zurückversetzt.

Sheravnas kleine Kirche verfügt über eine sehenswerte Ausstellung alter Ikonen sowie alter Grabsteine; in der nahegelegenen Schule finden wechselnde Kunstausstellungen statt.

Ein seltenes Beispiel eines erhalten gebliebenen *Bedestens*, eines überdachten Basars aus dem 16. Jh., finden wir im Zentrum **Jambols**. Der massive überkuppelte Steinbau stand einst am Kreuzungspunkt zweier Handelsstraßen und diente dem Schutz und der Aufbewahrung von Handelswaren. Heute beherbergt der Basar Läden und Cafés. Gleich daneben verdient die **Eski-Moschee** aus dem 15. Jh. mit ihrem viereckigen Minarett Beachtung.

14 km südöstlich von Jambol liegt die aus der flachen Ebene herausragende Erhebung **Bakadshizite**. Hier wurden auf mehreren Hügeln Überreste thrakischer, rö-

mischer und byzantinischer Festungen entdeckt. Die erzhaltigen Felsen in dieser Region waren bereits den Römern bekannt. Auf den Hügeln liegen mehrere Hotels und Erholungsheime.

Auf der Strecke von Jambol nach Sliven treffen wir kurz hinter der Stadtgrenze nach dem kleinen Ort **Kabile** auf eine gleichnamige Ausgrabungsstätte, die die lange Geschichte menschlicher Besiedlung in dieser Region sehr gut vergegenwärtigt. Reste einer thrakischen Siedlung stammen aus dem 3. Jh. v. Chr. Philipp II. von Makedonien baute den Ort mit Befestigungsanlagen aus, und auch Rom und Byzanz hinterließen hier ihre Spuren. Das angegliederte Museum zeigt Funde aus dieser Region.

Zurück auf der E 773 ist nach ca. 90 km **Burgas** (s. S. 200) am Schwarzen Meer erreicht.

Zug- und Busverbindungen: Panagjurischte liegt an der Eisenbahnlinie Sofia-Plovdiv und verfügt über Busverbindungen u. a. nach Pasardshik, Plovdiv und Sofia. Koprivschtiza ist durch Busse mit Srednogorie und Panagjurischte verbunden. Kasanlak liegt an der häufig befahrenen Eisenbahnstrecke Sofia–Burgas und ist außerdem durch Busse mit Kalofer, Karlovo, Sopot und Stara Sagora verbunden. Stara Sagora ist ein zentraler Eisenbahnknotenpunkt mit Verbindungen in alle Landesteile sowie zahlreichen Busanschlüssen in die umliegenden Städte. Auch Sliven liegt an der Eisenbahnlinie Sofia–Burgas. Von Jambol aus verkehren Züge nach Plovdiv und Burgas.

 Unterkunft in Panagjurischte: **Hotel *Kamengrad,* ✆ 03 57/28 77

...in Koprivschtiza: *Hotel *Koprivschtiza,* ✆ 99 71 84/21 82; außerdem werden einfache Zimmer in einigen restaurierten Häusern aus der ›Wiedergeburtszeit‹ vermietet

... in Sopot: **Hotel *Stara Planina;* ✆ 0 31 34/21 23

...in Karlovo: **Hotel *Rosova Dolina;* ✆ 03 35/33 80

...in Kalofer: **Hotel *Rosa;* ✆ 03 35/2 34

...in Kasanlak: ***Hotel *Kasanlak,* im Zentrum, ✆ 04 31/2 72 02. **Hotel *Sorniza,* im Tjelbeto-Park, ✆ 04 31/2 83 84

...in Stara Sagora: ***Hotel *Vereja,* im Zentrum, ✆ 0 42/2 67 28. **Hotel *Shelesnik,* ✆ 0 42/2 90 05

...in Sliven: ****Chateau *Alpia,* ✆ 0 44/7 30 16. **Hotel *Sliven,* (✆ 0 44/2 70 65

...in Kotel: **Hotel *Kotel,* ✆ 04 53/28 65

... in Sheravna: Im Komplex *Zlatna Oresha* können Sie in original restaurierten Häusern aus der ›Wiedergeburtszeit‹ einfach, aber eben stilvoll übernachten

...in Jambol: **Hotel *Tundsha,* im Stadtzentrum, ✆ 0 46/3 11 02

Essen und Trinken: Wie überall in Bulgarien finden Sie in allen Hotels ein Restaurant. In Koprivschtiza: *Djado Liben* (✆ 99 71 84/21 09). In stilvoller Atmosphäre läßt es sich im Komplex *Zlatna Oresha* in Sheravna speisen.

Im Rosental begleiten Folkloredarbietungen mit prächtigen Kostümen das farben- und sinnenfrohe Rosenfest ▷

Urlaub am Schwarzen Meer

Varna, Albena, Goldstrand

Ausflüge in das Hinterland von Varna

Sonnenstrand, Nessebar, Sosopol

Am kleinen Hafen von Nessebar

Varna, Albena, Goldstrand

Die Schwarzmeerküste ist vielfältiger als ihr Ruf: Ferienzentren wie Albena oder Goldstrand bieten ein reichhaltiges Freizeitangebot. Abseits der Hotelstrände lassen sich entlegene Badebuchten entdecken. Varna und sein Hinterland laden zu kulturgeschichtlichen Ausflügen ein.

Varna

Geschichte

Steinzeitfunde weisen auf die frühzeitige Besiedlung dieser Region hin. Im 12. Jh. v. Chr. bauten die Kobrisen, ein zu den Thrakern zählender Stamm, Pfahlbauten in die Seen von Varna. Die eigentliche Stadtgründung datiert aber auf das Jahr 570 v. Chr., als kleinasiatische Griechen aus Milet die Stadt *Odessos* gründeten. Unter Römern und Byzantinern wuchs *Odessos'* Bedeutung als Handelsstadt. Slawische Siedler verliehen ihr schließlich den heutigen Namen Varna. Im Zweiten Bulgarischen Reich erlebte die Stadt einen Höhepunkt ihrer wirtschaftlichen Macht, bis nach Venedig und Genua reichten ihre Handelsbeziehungen. Starke Befestigungsanlagen machten die Stadt während der osmanischen Herrschaft fast uneinnehmbar; ein 1444 vom polnischen König Wladyslaw III. organisierter Kriegszug scheiterte kurz vor Varna. Aber auch handelspolitisch blieb die Stadt in osmanischer Zeit von großer Bedeutung. Aus dem Jahr 1665 wird berichtet, daß jährlich 1500 Schiffe mit Vieh im Hafen ein- und ausliefen. Über die Jahrhunderte hinweg blieb der Hafen wirtschaftlicher Dreh- und Angelpunkt der Stadt. Um dem modernen Schwarzmeerhandel Rechnung zu tragen, wurde 1906 der neue Hafen eingeweiht. Gerade wegen ihres Hafens gehört die mehr als 300 000 Einwohner zählende Stadt zu den wirtschaftlichen und kulturellen Zentren des Landes.

Stadtbesichtigung

Zwar ist Varna seit Jahrzehnten auch ein Seebad, doch in dieser Funktion ist es heute eher von lokaler Bedeutung. Inmitten des geschäftigen Stadtlebens stellt allein der 80 ha große **Meerespark** mit seinem langen Badestrand eine

Oase der Ruhe und Erholung dar. Im dortigen **Delphinarium (1)** finden täglich (Mo geschl.) mehrere Vorstellungen mit dressierten Delphinen statt. Des weiteren laden ein **Aquarium (2)** (tägl. 8–20 Uhr) und ein **Naturkundemuseum (3)** (Di–So, 10–17 Uhr) zum Besuch ein.

In der Nähe der Schwimmbäder stoßen wir auf die Reste eines kleinen **römischen Bades (4)** aus dem 4. Jh., das bereits im 6. Jh. zerstört wurde. Einige Schritte weiter wird in dem bescheidenen **Museum der Stadt Varna (5)** die Entwicklung von Handel, Handwerk und Stadtkultur dargestellt (Di–So, 10 bis 17 Uhr). Die beeindruckendste Sehenswürdigkeit der Stadt sind ohne Zweifel die eine Fläche von 7000 m^2 einnehmenden **Thermen (6)**, öffentliche Bäder aus römischer Zeit, die vom 2. bis zum 4. Jh. genutzt wurden (s. Thema *Römische Badekultur*, S. 170).

Varna: **1** Delphinarium **2** Aquarium **3** Naturkundemuseum **4** Römerbad **5** Stadtmuseum **6** Römische Thermen **7** Volkstheater **8** Uhrturm **9** Kathedrale **10** Archäologisches Museum **11** Volkskundemuseum **12** Hauptpost **13** Bahnhof **14** Hafenamt **15** Sport- und Kulturpalast

Römische Badekultur

– Von Klaus Kramer –

Die römischen Thermen der Kaiserzeit waren Orte der Geselligkeit und des Müßiggangs. Die Reinigung des Körpers spielte dabei nur eine Nebenrolle. Als Orte für Gedankenaustausch oder für Sport und Spiel erfüllten die Bäder wichtige soziale Funktionen. Die Thermen stellten die Nachrichtenbörsen und Kommunikationszentren der Städte dar. Wohlhabende Bürger verbrachten hier einen großen Teil ihrer Zeit. Ihre soziale Schlüsselfunktion machte die Thermen auch zu einem geeigneten Instrument, die Massen zu beeinflussen. Privat finanzierte Bäder oder freier Eintritt, von Gönnern für bestimmte Personengruppen gestiftet, verschafften dem Spender politische Freunde und große Achtung beim Volk.

Besonders in den großen Thermen wurde dem Gast eine intensive Körper- und Schönheitspflege zuteil. Eigene oder gemietete Sklaven sorgten für das Wohlergehen der Badenden. Man ließ sich massieren, epilieren und frisieren. Wohlriechende Salben und Öle wurden zum Kauf angeboten. Man konnte in den Bädern Essen und Getränke zu sich nehmen. Der römische Schriftsteller Plinius sah sich in seiner Naturkunde veranlaßt, die übermäßige Schlemmerei in den Thermen zu kritisieren. Männer und Frauen badeten in den öffentlichen Bädern in der Regel streng getrennt. Eine Ausnahme waren lediglich die berüchtigten *mixta balnea* – die ›gemischten Bäder‹ – unter Kaiser Heliogabal (218–222 n. Chr.).

Die Thermen des römischen Stadtgebietes von Varna entstanden vermutlich zu Anfang des 2. Jh. n. Chr. unter Kaiser Hadrian (117–138 n. Chr.). Dies war die Zeit der größten Ausdehnung des Imperium Romanum, also eine relativ sichere und friedliche Zeit. Hadrians Hauptanliegen war der Zusammenhalt und das weitere Zusammenwachsen des gewaltigen Reiches. Öffentliche und gemeinnützige Bauten genossen daher besondere Förderung.

Varnas Thermen vereinten, vermutlich um ein getrenntes Baden von Männern und Frauen zu ermöglichen, zwei Badeabteilungen unter einem Dach. Durch zwei monumental gestaltete Eingänge an der Nordseite betrat der Besucher einen kleinen Vorraum, in dem vielleicht einmal die Eintrittskasse untergebracht war. Über vier Stufen gelangte

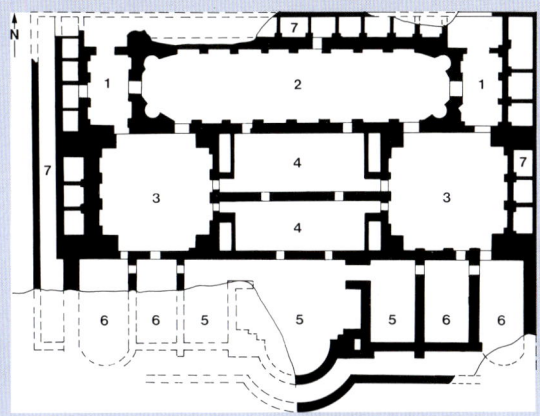

Grundriß der römischen Thermen in Varna

man dann in das *vestibulum* **(1)** – die eigentliche Eingangshalle. Von hier aus konnte der Gast sich entweder in die *palästra* oder in das *apodyterium* begeben.

Der große Saalbau der *palästra* **(2)** diente sportlichen Spielen und gymnastischen Übungen, wie sie ein Relief im Archäologischen Museum Varnas zeigt. Hier konnte man sich auch verabreden, um die weiteren Räume des Bades gemeinsam zu durchwandeln. Das *apodyterium* **(3)** war der Umkleide- und auch Ruheraum des Bades. Wandnischen bzw. Regale dienten als Ablage für die Straßenkleidung. Schmuck und andere Wertsachen nahmen die *capsarii* (Garderobiers) zur sicheren Aufbewahrung entgegen, denn Kleiderdiebe waren in den Thermen gefürchtet, und ihr Unwesen ist in vielen zeitgenössischen Berichten überliefert. Im *apodyterium* waren kunstvoll gestaltete Liegen aus Bronze oder anderen Materialien aufgestellt. Hier konnte man sich vor oder nach dem Bad ausruhen und entspannen. In der kalten Jahreszeit strahlten große Holzkohlebecken eine wohltuende Wärme ab. Angenehm erwärmt begann der Gast dann seinen Rundgang durch das Bad.

Zwischen den beiden Umkleideräumen – durch kleinere Türöffnungen von beiden Seiten her zugänglich – lagen zwei, durch eine Mauer getrennte Kaltbadesäle **(4)**. Die *frigidarien* stellten mit einer Länge von ca. 30 m und einer Breite von 10 m die zentralen Säle der Therme dar. Farbiger Marmor zierte Wände und Fußböden. An den beiden Schmalseiten der Kaltbaderäume befanden sich jeweils 70 cm tiefe, rechteckige Wasserbecken, in die man über zwei Stufen bequem einsteigen konnte. Anschließend ging der Besucher in die Warmbaderäume.

Das *caldarium* (5), das eigentliche heiße Bad, war von allen Seiten her zugänglich. Seine Vorräume, die vier *tepidarien* (6) mit jeweils einem Badebecken, schlossen sich rechts und links an. Um die Sonnenwärme optimal auszunutzen, wurden die Warmbaderäume möglichst an der Südseite der Thermen angelegt. Sie wurden durch eine Hypokausten- oder Fußbodenheizanlage beheizt. Die sieben Warmräume waren durch monumental gestaltete Tore miteinander verbunden. An den Durchgangspfosten kann man noch heute die Vertiefungen der Türangeln erkennen.

Außerhalb des eigentlichen Bades verlief um das Gebäude eine überwölbte Galerie (7). Man vermutet, daß sich hier auf die Straße gerichtete Kaufläden von Händlern befanden.

Aus einem uns heute unbekannten Grund wurde die römische Therme in Varna um 400 n. Chr. stillgelegt. Die Gebäudekuppeln und das Deckengewölbe wurden im 5. Jh. durch ein großes Erdbeben zerstört. Lange Zeit vergessen, wurde das technische und soziale Niveau römischer Badekultur erst in der zweiten Hälfte dieses Jahrhunderts wieder erreicht.

Wenige Meter entfernt beginnt mit der Preslav die Fußgängerzone mit ihren Geschäften, Cafés und Restaurants. Einige schöne Gebäude aus dem 19./20. Jh. sind hier erhalten geblieben, z. T. sogar mit Jugendstilelementen. Vorbei an dem **Volkstheater (7)** in barockem Stil und einem alten **Uhrturm (8)** von 1880 erreicht man die von 1880 bis 1886 errichtete **Kathedrale (9)** der Stadt, eine dreischiffige Kuppelkirche in neobyzantinisch-neoromanischem Stil.

Folgt man der großen Straße in östlicher Richtung (früher Dimitar Blagoev-Str., jetzt Maria Louisa Blvd.), so erreicht man nach wenigen hundert Metern das sehr sehenswerte **Archäologische Museum (10)** (Di–So 10–18 Uhr). Im ersten Stock links sind beachtenswerte Funde aus der Vor- und Frühgeschichte ausgestellt. Interessant sind vor allem grob bearbeitete Steinfiguren aus thrakischer Zeit (3000–700 v. Chr.). In den anschließenden Sälen werden Goldfunde aus verschiedenen Gräbern gezeigt. Saal 8 und 9 beherbergen Funde aus der griechischen Epoche, in den Sälen 10 bis 12 sind antike Skulpturen zu finden, darunter Statuen des Herakles und der Nike aus den römischen Thermen, ferner Grenz- und Grabsteine sowie mehrere thrakische Reiter. In Saal 13 ist antiker, fein gearbeiteter Goldschmuck aus dem 4. Jh. zu sehen, darunter ein meisterhaft ausgearbeitetes Paar Ohrgehänge, die Siegesgöttin Nike in lebendiger Pose darstellend. Der zweite Stock beherbergt eine Ikonenausstellung.

Das **Volkskundemuseum (11)** in der Panajurischte-Str. 22 ist in einem gut erhaltenen Haus aus dem 19. Jh. untergebracht. Es führt in die regionale Kultur und Lebensweise des 19. und 20. Jh. ein und verfügt nicht nur über zahlreiche Exponate von Volkstrachten und Arbeitsinstrumenten, sondern reicht bis zur szenischen Rekonstruktion von Handwerk und Wohnsituation (Di–So, 10–17 Uhr).

Flugverbindungen: Varna verfügt über internationale Charterflugverbindungen; Inlandsflüge nach Sofia, ✆ 0 52/65 04 52.

Schiffsverbindungen: Von Varna aus wird bisweilen Baltschik angelaufen. Informationen über Abfahrtszeiten und Preise erhält man am Hafen oder in einem der Hotels.

Zug- und Busverbindungen: Bahnhof, Boulevard Primorski, Information: ✆ 0 52/22 25 51; Züge nach Sofia, Plovdiv, Stara Sagora und Russe. Busterminal für öffentliche Busse, Vladislav Varnenchik Blvd. 160, ✆ 0 52/44 83 49. Gegenüber der Kathedrale befinden sich Haltestellen für Busse zu den Seebädern.

Unterkunft: ***Hotel *Tscherno More,* im Stadtzentrum, ✆ 0 52/ 23 21 10. **Hotel *Odessa,* beim Eingang zum Meerespark, ✆ 0 52/ 22 53 12

Essen und Trinken: Zahlreiche Restaurants in der Innenstadt

Bank/Post: Geldtausch ist an jeder Hotelrezeption möglich. Das Postamt liegt hinter der Kathedrale in der Saborni Straße.

Steinerner Wald und Sveti Konstantin

Die Gegend *Pobitite Kamani*, bekannt unter dem Namen **Steinerner Wald**, liegt westlich von Varna an der Bundesstraße 2. Es handelt sich um ein sehenswertes geologisches Naturphänomen, das aus bis zu 5 m hohen und 3 m dicken, verwitterten Steinsäulen besteht. Noch im letzten Jahrhundert hielten einige Forscher diese Säulen für Überreste griechischer Tempel.

Das älteste internationale Seebad am Schwarzen Meer, *Drushba,* wurde vor kurzem zurückbenannt in **Sveti Konstantin.** Dieser Name rührt von einem alten Kloster her, von dem aber nur noch Reste existieren. Der örtliche Strand weist mehrere kleine, von Felsen durch-

Naturrätsel: Steinerner Wald bei Varna

zogene Sandbuchten auf. Hotels, z. T. mit balneologischen Anlagen, und Restaurants liegen in einem Park verstreut, der gesamte Ort ist etwas intimer und ruhiger als die benachbarten größeren Seebäder. Auf Freizeitangebote wie Tennis und Minigolf, Bowling und Volleyball, Surfen und Wasserski muß man dennoch nicht verzichten.

Verkehrsverbindungen: Busverbindung mit Varna. Fahrräder- und Mietwagenverleih am *Grand Hotel Varna,* hier stehen auch Taxen.

Unterkunft: **** *Grand Hotel Varna,* ✆ 0 52/36 14 91, Fax 36 19 20: eine schon etwas in die Jahre gekommene Luxusherberge mit großer balneologischer Abteilung, die jedoch relativ preisgünstig auch bei deutschen Reiseveranstaltern gebucht werden kann. Zum selben Komplex gehören die preiswerteren Hotels *Lebed* und *Prostor.*

Im Nordteil von Sveti Konstantin liegt der Touristenkomplex *Sunny Day* mit mehreren Hotels der oberen Preisklasse, ✆ 0 52/36 19 71, Fax 36 13 15

Essen und Trinken: Neben den Hotelrestaurants gibt es in den folgenden Restaurants bulgarische Küche: *Balgarska Svatba, Manastirska Izba* (schöne Terrasse), *Sedemte Odai* und das in einem Boot untergebrachte Fischrestaurant *Sirius.* Alle befinden sich in Strandnähe.

Bank/Post: Geldwechsel an den Hotelrezeptionen, die Post befindet sich im Zentrum in der Nähe des Hotels *Odesos.*

Goldstrand

Der berühmte **Goldstrand** *(Slatni Pjassazi)* erstreckt sich nur wenige Kilometer südlich von Albena. Varna mit seinem internationalen Flughafen ist 17 km entfernt. Ein 4 km langer, bis zu 100 m breiter Sandstrand lockt jährlich Zehntausende von Touristen in dieses zweitgrößte bulgarische Seebad. Über 70 Hotels und Dutzende von Restaurants, Cafés und Bars warten auf Gäste. Direkt hinter dem Strand schließt sich ein großes Waldgebiet an, hier kann man der Mittagshitze entfliehen und im Schatten Spaziergänge machen. Die Lufttemperatur liegt im Juli und August bei durchschnittlich 27 °Celsius, die Wassertemperatur bei 24 °Celsius. Am Strand entspringen zwei Mineralquellen mit einer Temperatur von 24 °Celsius. Der Meeresboden fällt flach ab, das Baden ist also auch für Kinder gut möglich. Wie in allen anderen großen Seebädern existiert hier ein breites Angebot an Freizeitaktivitäten, so z. B. alle Arten von Wassersport (Surfen, Tauchen, Fallschirmsegeln), für die auch Kurse angeboten werden. Ansonsten kann man Folkloreveranstaltungen besuchen, an organisierten Ausflügen teilnehmen oder sich in einer Disko austoben. Für die Kleinen bestehen Betreuungsmöglichkeiten. Für Kinder sind vor allem eine große Wasserrutschbahn, Spielplätze und Autoscooter von Interesse.

Verkehrsverbindungen: Busse verkehren regelmäßig mit den umliegenden Städten und Badeorten. Die Bushaltestelle liegt mitten im Zentrum am Strand. Dort findet man auch Taxen. Mehrere Fahrradverleihstellen im Ort.

Unterkunft: In den letzten Jahren wurden einige Hotels modernisiert und umgebaut, die damit westlichem Standard entsprechen (weitere sollen folgen); von diesen ***-Häusern sind zu empfehlen: Hotel *Metropol*, ✆ 0 52/85 52 36: freundliche, helle Einrichtung; Hotel *Morsko Oko*, ✆ 0 52/85 55 01: mit Klimaanlage und schönem Blick; Hotel *Slatna Kotva*, ✆ 0 52/85 54 01: vor allem beliebt bei Familien mit Kindern (Kinderclub)

Weitere Informationen zu Unterkünften erhält man unter ✆ 0 52/35 53 91, Fax 35 55 87.

Camping: Der Campingplatz *Panorama* liegt 2 km vom Zentrum entfernt, geöffnet 1.5.–30.9.

Essen und Trinken: Fast alle Hotels verfügen über eigene Restaurants. Zu den bekanntesten Folkloregaststätten, die abends ein Musik- und Kulturprogramm anbieten, gehören: *Metscha Poljana, Koscharata, Vodenizata, Slatna Ribka, Ziganski Tabor* und *Karakatschanski Stan.*

Bank/Post: Geldwechsel an den Hotelrezeptionen; die Post liegt direkt im Zentrum am Strand.

Freizeit: Viele der größeren Hotels bieten ein- und mehrtägige Ausflüge zu verschiedenen Reisezielen innerhalb Bulgariens an. Die Hotels *Gdansk, Schipka, Pliska* und *Veliko Tarnovo* verfügen über Diskotheken.

Albena und Aladsha-Kloster

Von Goldstrand aus mit dem Bus oder in einer ca. einstündigen Wanderung gut zu erreichen ist das 4 km entfernte **Aladsha-Kloster** (Di–So, 10–17 Uhr). Dieses in die Kalksteinwand gehauene Höhlenkloster erstreckt sich über zwei Stockwerke. Wann das Kloster erbaut wurde, ist noch ungeklärt; die Höhlen wurden vermutlich schon seit Jahrtausenden als Behausungen genutzt. Von den Klosteranlagen wurde bisher nur ein Teil freigelegt und für Touristen zugänglich gemacht. Im unteren Stockwerk befand sich neben einigen anderen Räumen die 11 m lange, 7 m breite und 2 m hohe Kirche, darüber lagen eine kleine Kapelle und einige Zellen. Die stark zerstörten Wandmalereien stammen aus dem 14. Jh. Vermutlich wurde das Kloster von Mönchen bewohnt, die der Lehre des Hesychasmus folgten, derzufolge die Stille und Unbewegtheit des Körpers das beste Mittel seien, die Vereinigung mit Gott zu erlangen. Nicht weit vom Aladsha-Kloster befinden sich, auf einem Pfad zu Fuß zu erreichen, Reste eines ähnlichen Klosters. Eine Reihe von katakombenartigen Räumen, z. T. nur über Leitern zu erklimmen, sind auf mehreren Stockwerken übereinandergeschachtelt.

Ende der 60er Jahre gegründet, zählt **Albena** zu den jüngsten internationalen Badeorten an der Schwarzmeerküste. 40 Hotels mit weit über 10 000 Betten, mehr als 30 Restaurants sowie Campingmöglichkeiten garantieren eine sehr gute touristische Infrastruktur. Ein 7 km langer, bis zu 150 m breiter Sandstrand ist selbst in der Hauptsaison nie bis zum letzten Flecken besetzt. Der Meeresgrund fällt so sanft ab, daß man auch weit draußen noch bequem stehen kann – ein idealer Badestrand für Kinder. Das Wasser ist klar und im sandigen Meeresboden sind kaum Steine und Algen zu finden. Da die Bucht von Albena innerhalb einer waldreichen Gegend liegt, überschreitet die Temperatur selbst an äußerst heißen Tagen selten 30 °Celsius.

Daß ein so großer Ferienort über alle Freizeitangebote verfügt, die Badeurlauber erwarten können, ist selbstverständlich. Die Palette reicht von den verschiedensten Wassersportarten (Segeln, Surfen, Tauchen, Wasserski) bis zu Reiten, Tennis, Minigolf, Volleyball und v. a. m. Für Kinder existieren spezielle Angebote, vom Kindergarten über Plantschbecken bis hin zu besonderen Kinderveranstaltungen. In Albena werden auch Kuraufenthalte mit zahlreichen Behandlungsmöglichkeiten angeboten. Einige der Hotels sind mit ihren Kuranlagen ganzjährig geöffnet.

Verkehrsverbindungen: Der Autobusbahnhof liegt am Ortsanfang, rechts der Hauptstraße: Busse nach Varna, Goldstrand, Baltschik, Kranevo, Dobritsch. Mietwagen kann man

an jeder Hotelrezeption erfragen. Fahrradverleih an mehreren Stellen im Ort.

Unterkunft: ****Iberotel Gerga-
na Beach, ☎ 05 72 26/29 10, Fax
25 75: eines der empfehlenswertesten
Hotels an der bulgarischen Schwarzmeerküste mit gutem Restaurant; von
ähnlicher Qualität ist das das zum gleichen Komplex gehörige und benachbarte Iberotel Slavuna Beach, ☎
05 72 26/28 04, Fax 21 53. Eine gute
***Qualität kann man in den Hotels
Borjana, ☎ 05 72 26/28 39, und Nona,
☎ 05 72 26/29 30, erwarten.
    Der Campingplatz Albena ist vom
1.6–15.9. geöffnet.

Essen und Trinken: Wie überall
in Bulgarien verfügen die meisten Hotels über eigene Restaurants. In
Albena kommen Dutzende von Restaurants, Cafés, Weinstuben (mechana)
und Bars hinzu. Zu den bekanntesten
Spezialitätenrestaurants zählen: Staro-
bulgarski Stan, ☎ 05 72 26/29 96, im
Naturschutzgebiet Baltata mit Wild-
bretspezialitäten; Slavjanski Kat, im
Wald gelegen, ☎ 05 72 26/22 73; das
Stariat Dab am Strand ist auf Fischgerichte spezialisiert, ☎ 05 72 26/21 08;
das Arabelle ist stilvoll in einem alten
Schiff direkt am Strand untergebracht.
Tagsüber kann man sich auch an zahllosen Strandcafés und Buden mit Erfrischungen und kleinen Snacks versorgen.

Bank/Post: Geldumtausch ist an
den Hotelrezeptionen möglich;
die Post liegt bei der Bushaltestelle am
Ortsausgang.

Apotheke: Neben dem Hotel
Dobrudsha befindet sich eine
Apotheke.

Baltschik, Kap Kaliakra und Schabla

Der kleine Ort **Oboschischte** ist
wegen seines **Derwisch-Klosters
Arat teke** bekannt, das 1652 erstmals erwähnt wurde. Felix Kanitz,
ein ungarischer Schriftsteller,
schrieb 1872: »Beim Dorf Teke
stieß ich auf ein Derwisch-Kloster
von so großen Ausmaßen, daß
zweifellos kein größeres in den europäischen Landesgebieten außerhalb von Konstantinopel zu finden
ist.« Die im Kloster noch erhaltene
Grabanlage (tjurbe) des Heiligen
Ak-Azala-baba ist ein siebeneki-
ger Bau, 11 m im Durchmesser und
12 m hoch, aus rechteckigen Steinblöcken errichtet, deren Fugen mit
Blei vergossen waren, was außen
an einigen Stellen noch sichtbar
blieb. Man betritt das Grab durch
einen quadratischen Vorbau, innen
ist der sonst kahle Raum ornamental verziert. Zu dem großen Grab in
der Mitte pilgern auch heute noch
manchmal Gläubige, die hier Heilung suchen: Taschentücher und
Socken zurückzulassen ist Bestandteil des religiösen Ritus. Der
hier von Orthodoxen wie von Mus-
limen verehrte Heilige war früher
für das Auffinden verlorener Tiere
›zuständig‹. Wenige Schritte entfernt sind Reste einer großen Küche
(magerniza) erhalten geblieben.
Auch sie war siebeneckig und maß
23 m im Durchmesser. Eine große
offene Feuerstelle im nördlichen
Teil verweist darauf, wieviele Men-

Das Schloß von Baltschik

schen hier einst zu bewirten waren. Bis zu 100 Derwische lebten in osmanischer Zeit in diesem Kloster, das über beträchtliche Ländereien in der Region verfügte. Täglich wurden bis zu 200 Gäste unentgeltlich verpflegt, die sich bis zu drei Tagen hier aufhalten durften. Ein in der Nähe lebender, freundlicher Gagause verwaltet den Schlüssel, feste Öffnungszeiten gibt es also nicht.

In der Region um **Baltschik** lebten bereits thrakische Stämme, als im 5. Jh. v. Chr. Griechen aus Milet hier eine Kolonie gründeten, die sie *Krunon* nannten: ›Stadt der Quellen‹. Der Name wurde später zu Ehren des Weingottes Dionysos in *Dionysopolis* geändert. Der heu-

tige Name der Stadt geht auf einen regionalen Feudalherren (Balik) aus dem 14. Jh. zurück.

Vor dem Hintergrund bis zu 70 m hoher weißer Felsen erstreckt sich am Hang dieses traditionelle Seebad mit seiner ansehnlichen Architektur aus dem 19. Jh. Im westlichen Teil der Stadt, direkt oberhalb des Strandes, liegt die Hauptattraktion Baltschiks: das Schloß der ehemaligen rumänischen Königin Maria. 1913, nach dem Vertrag von Bukarest, war Baltschik Rumänien zugesprochen worden und fiel erst 1940 wieder an Bulgarien.

Das von einem Minarett überragte **Schloß** stellt samt seiner Parkanlage eine bunte Mischung europäischer und orientalischer Stilelemente dar. Wie bei Königinnen gemeinhin üblich, ranken sich auch um Maria von Rumänien viele Legenden. So soll sie in einen muslimischen Mann der Region verliebt gewesen sein, dem zuliebe sie das Minarett errichten ließ. Der **Park** ist als botanischer Garten angelegt und stellt eine wahre Oase jenseits des quirligen Strandlebens dar.

5 km östlich von Baltschik schließt sich das Heilschlammbad **Tuslata** an, von Baltschik aus mit dem Bus zu erreichen; mehrere Campingplätze liegen in unmittelbarer Nähe. Nach 17 km ist **Kavarna** erreicht, eine alte thrakische Siedlung, die sich unter Griechen und Römern zu einer Hafen- und Handelsstadt entwickelte. Noch im 13. und 14. Jh. zählte sie zu den bedeutendsten Schwarzmeerhäfen. Heute dominiert hier die Landwirtschaft, und der Tourismus nimmt stetig an Bedeutung zu. In der Bucht *Morska Svesda* (›Seestern‹), 2,5 km vom Stadtzentrum entfernt, legen immer noch kleine Fischerboote an. Ein angrenzender kleiner Strand mit Cafés und Restaurants ist nur von lokaler Bedeutung.

Die bis zu 70 m aus dem Wasser herausragenden Felsen des **Kap Kaliakra** (›Schönes Kap‹), 12 km östlich von Kavarna, sind hingegen ein beliebtes Ausflugsziel für Touristen. Eine lange Geschichte und viele Legenden ranken sich um diesen Ort. Eine riesige Skulptur erinnert hier z. B. an 40 Jungfrauen, die sich angeblich vom Kap ins Meer stürzten, um den osmanischen Eroberern nicht in die Hände zu fallen. Mehr als 300 Jahre später

erkämpfte hier 1791 der russische General Uschakov in einer Seeschlacht einen Sieg über die osmanische Flotte.

Schabla ist der letzte größere Ort vor der Grenze zu Rumänien und ein Zentrum des intensiv landwirtschaftlich genutzten Hinterlandes, der *Dobrudsha*. So weit das Auge reicht, wird diese flache Gegend von Getreide-, Mais- und Sonnenblumenfeldern bedeckt. Nur ab und zu unterbrechen lange Baumreihen diese unendliche Fläche. In den 50er Jahren wurden sie als Windfänger gepflanzt. Einst existierte hier eine thrakische Siedlung (6.–5. Jh. v. Chr.), unter Römern und Byzantinern galt der Ort als ein wichtiger Hafenplatz. Im Zentrum von Schabla geht es links ab zum Campingplatz *Dobrudsha*, wo an einem langen Sandstrand gute Bademöglichkeiten bestehen. Nicht weit ist es von hier zur Felsküste des **Kap Schabla**, dem östlichsten Punkt Bulgariens.

Biegt man im Dorf **Tjulenovo** links ab, erreicht man eine für die Schwarzmeerküste untypisch zerklüftete Steilküste, in der auch ehemals bewohnte Höhlen gefunden wurden. 13 km weiter südlich in **Russalka** befindet sich eine große Ferienanlage des Club *Med*.

10 km nördlich von Schabla auf dem Weg zur rumänischen Grenze führt eine Abzweigung nach **Krapez** (6 km): Hier findet man einen sich weit nach Norden dehnenden Sandstrand sowie einen Campingplatz mit der üblichen Ausstattung

vor. Zwischen Bundesstraße und Meer liegen in diesem nordöstlichsten Teil Bulgariens mehrere Seen, von denen der **Schabla-See** durch seinen radioaktiven Schlamm für Heilanwendungen bekannt ist.

Ca. 5 km vor der Grenze geht es rechts zum Campingplatz *Kosmos* ab, an dem sich ein langer, flach ins Wasser abfallender Sandstrand nach Süden hinzieht. Duschen, ein Restaurant und ein Laden sind vorhanden. Wer etwas weiter zu Fuß geht, hat einen riesigen Strand ganz für sich allein.

Schiffsverbindungen: Als drittgrößter Schwarzmeerhafen bestehen von Baltschik aus Verbindungen zu mehreren bulgarischen Schwarzmeerhäfen. Informationen zu Abfahrtszeiten sind am Hafen erhältlich.

Auto und Bus: Der nördliche Teil der Schwarzmeerküste kann nur mit dem eigenen Pkw oder einem Mietwagen besucht werden. Baltschik ist durch Busse mit Varna und den dazwischen liegenden Seebädern verbunden. Tuslata ist von Baltschik aus mit dem Bus zu erreichen.

Unterkunft: ***Hotel *Elit,* 2 km westl. der Innenstadt nahe dem Schloß, ☎ 05 79/50 06: einst eine Residenz der Regierung, jetzt ein privates Hotel mit gutem Restaurant; Hotel *Upiter,* Timok Str. 1, ☎ 05 79/23 54: im Zentrum von Baltschik, nur 50 m vom Strand entfernt, Balkone mit Meeresblick. **Hotel *Baltschik,* Nezavisimost-Platz, ☎ 05 79/28 09: traditionelles Hotel im Zentrum oberhalb der Küste gelegen; Hotel *Dionysopolis,* Primorska Str., ☎ 05 79/21 75: in der Nähe des Hafens, wurde kürzlich renoviert

Essen und Trinken: Zwischen Hafen und Schloß liegen direkt am Wasser rund 2 Dutzend Restaurants unterschiedlichster Kategorien. Direkt am Hafen gibt es im *Vechernaya Odessa* russische Küche. Kaum zu verfehlen ist das *Koraba* im oberen Stadtteil, das in Form eines Schiffes errichtet wurde und einen weiten Blick über die Stadt bietet.

Nordküste am Kap Schabla

Ausflüge von Varna ins Hinterland

Eine Reise von Varna Richtung Veliko Tarnovo ist ein Ausflug in das bulgarische Mittelalter. Hier lagen die Zentren des Ersten und Zweiten Bulgarischen Reiches, deren Spuren einen Eindruck von ihrer einstigen Größe und Bedeutung vermitteln.

Pliska und Reiter von Madara

Hinter **Novi Pasar**, 2 km außerhalb des gleichnamigen Dorfes, stoßen wir mitten in der Ebene auf die Ruinen der ersten Hauptstadt Bulgariens, **Pliska**. 681 wurde es an der Stelle einer slawischen Siedlung als befestigtes Lager gegründet und entwickelte sich in der Folgezeit zum wirtschaftlichen, kulturellen und politischen Zentrum des Reiches. Bis zu seiner Zerstörung durch die Byzantiner 811 war Pliska die Hauptstadt des Ersten Bulgarischen Reiches: Nominell gab es diesen Titel sogar erst 893 an Preslav ab. Monumentale Bauten der einstigen Hauptstadt darf der Besucher nicht erwarten. Doch erlauben die Fundamentreste und der z. T. rekonstruierte zentrale Schutzwall eine Vorstellung von der ursprünglichen Größe der Stadt.

Pliskas drei Verteidigungsringe waren konzentrisch angelegt und umgaben eine Fläche von 23 km². Den ersten Schutzring bildete ein Graben mit Erdwall, dahinter lag die Außenstadt, in der das einfache Volk lebte und Handwerker ihre Werkstätten hatten. Als zweiter und zentraler Schutzwall diente eine 2,60 m dicke und 10–12 m hohe Mauer aus Steinquadern mit Bruchstein-Mörtel-Füllung. 14 m hohe Rundtürme an den Ecken sowie weitere Türme in der Mauer schützten die trapezförmige Anlage (740 x 788 x 612 m). Hier lag die eigentliche Innenstadt, in der Paläste und heidnische Tempel (später Kirchen) errichtet wurden und wo ausschließlich vornehme Leute wohnten. Das äußerste Refugium in Zeiten der Gefahr stellte die Zitadelle im Zentrum dar.

Heute betritt man die Innenstadt durch das rekonstruierte **Osttor**, das die Mächtigkeit der gesamten Anlage sehr gut demonstriert. Nach rechts gelangt man zunächst zu einem kleinen Museum, in dem aber nur spärliche Funde und Pläne ausgestellt sind. Die Hauptsehenswürdigkeiten sind in die großen Museen des Landes geschafft worden. Eindrucksvoll ist das Modell der

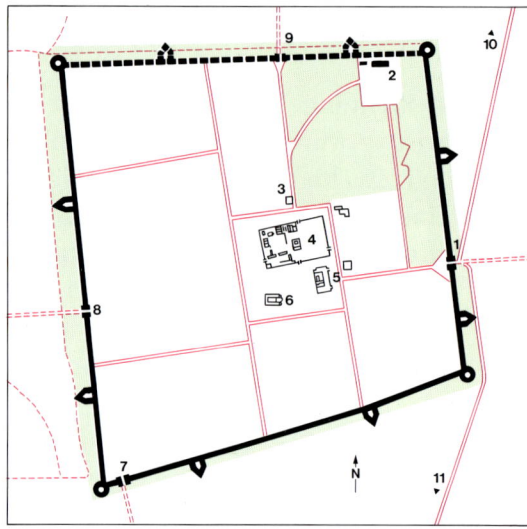

Pliska

1 Osttor/Park-
platz
2 Museum
3 Adelshäuser
4 Kirche
5 Großer
Palast
6 Hofkirche
7 Südtor
8 Westtor
9 Nordtor
10 Königsbasi-
lika
11 Ortschaft
Pliska

Großen Basilika, die außerhalb der Innenstadt lag. 300 m weiter erreichen wir das **Nordtor der Zitadelle**, an den roten Backsteinmauern leicht erkennbar. Neben Resten von Bädern und Heizungsanlagen umschließt sie auch den sogenannten **Kleinen Palast**. Nur wenige Schritte entfernt, außerhalb der Zitadelle, schließt sich der **Große Palast** mit seinen 56 Räumen an, auf dessen zerstörten Resten später der Thronsaal auf einer Fläche von 52 x 26,50 m errichtet wurde. Westlich davon die 865 an der Stelle eines heidnischen Tempels errichtete **Hofkirche**. Einen Besuch wert ist auch die nur wenige hundert Meter nordöstlich der Innenstadt liegende **Königsbasilika**. Diese monumentale, dreischiffige Basilika aus der zweiten Hälfte des 9. Jh. war 99 m lang und 29,5 m breit und somit damals eine der größten Kirchen des christlichen Europas. In unmittelbarer Nähe befand sich eine Klosteranlage. Die begonnenen Rekonstruktionsarbeiten werden noch längere Zeit in Anspruch nehmen.

Nur 20 km entfernt, Richtung Schumen, liegt der archäologische Komplex von **Madara**, eine der interessantesten Ausgrabungsstätten Bulgariens. Kultur- und Siedlungsspuren mehrerer Jahrtausende konnten hier freigelegt werden, die ältesten reichen bis in das 3. Jt. v. Chr. zurück.

Hält man sich oberhalb des Parkplatzes auf den Steintreppen nach rechts, so erreicht man ein

Der Reiter von Madara

Das riesige Felsrelief, in 23 m Höhe in den Stein gemeißelt, gilt als das einzige frühmittelalterliche Monumentalrelief Europas. Obwohl von Wind und Wetter schon stark angegriffen, sind noch deutlich ein Reiter und sein Pferd zu erkennen. Flankiert werden sie von einem vom Speer durchbohrten Löwen und einem laufenden Hund. In der Rechten hält der Reiter die Zügel, in der Linken vermutlich ein Trinkgefäß (Becher oder Horn). Der Bildhauer nutzte für sein Werk eine natürliche Ausbuchtung des Felsens aus und glättete – was ungewöhnlich ist – die Flächen neben den Figuren nicht. Offenbar sollte die Plastik ge-

rade auf weite Entfernung wirken und so den Eindruck von Monumentalität vermitteln. Der Reiter besitzt mit 2,85 m fast natürliche Größe, die Länge des Pferdes beträgt 2,72 m, die des Löwen 1,30 m, die des Hundes 1,34 m. Früher waren Figuren und Inschriften mit Putz überzogen, Reste davon ließen sich am Pferd feststellen.

Lange Zeit hielten die Forscher das Relief für die Ehrung eines thrakischen Gottes. Doch dem widerspricht allein schon die Darstellung eines getöteten Löwen, der bei allen anderen thrakischen Abbildungen immer als Helfer des Jägers auftaucht, nie als sein Opfer. Auch wenn Wissenschaftler immer noch unterschiedliche Deutungen präsentieren, heute wird doch allgemein davon ausgegangen, daß es sich bei dem Relief um eine Ehrung des Khans Tervel handelt, der Anfang des 8. Jh. erfolgreich für die Festigung und Ausweitung des Ersten Bulgarischen Reiches kämpfte.

Drei Inschriften sind in griechischer Sprache in den Fels gehauen. Die oberste und älteste stammt aus der Zeit des Khans Tervel (701–718), die linke untere aus der Mitte des 8. Jh., die rechte untere aus der Zeit Khan Omurtags (814–831). Die Inschriften zählen zu den frühesten schriftlichen Dokumenten des Ersten Bulgarischen Reiches. Sie geben nicht nur Auskunft über die Beziehungen zu Byzanz, sondern eröffnen auch Einblicke in das Verhältnis zwischen slawischen und protobulgarischen Stämmen. Wer das Relief aus nächster Nähe betrachten möchte, findet im Archäologischen Museum von Sofia eine sehr gute Kopie.

Gelände, das schon frühzeitig besiedelt war. In der **Kleinen Höhle (1)** *(Malkata peschtera)* wurden Waffen und Werkzeuge aus Stein und Knochen gefunden, Überreste der ersten Bewohner Madaras im Neolithikum. Auch in der **Großen Höhle (2)** *(Goljamata peschtera)*, die eine Höhe von 80 m erreicht, wurden Lebensspuren zahlreicher Epochen entdeckt: von Votivtafeln aus der thrakischen Epoche bis zu türkischen Tonpfeifen. An der nahgelegenen **Quelle (3)** befand sich einst ein thrakisches Nymphen-Heiligtum. Nach wenigen Schritten stößt man neben einer großen Höhle auf eine kleine in den Felsen gehauene **Kapelle (4).** Weiter oben in der Felswand, von hier aus nicht sichtbar, befinden sich mehr als 150 Öffnungen im Fels: Wohnungen und Begräbnisstätten eines **Felsenklosters (5)** aus dem 14. Jh. Nur über Holzstangen konnten die Mönche ihre Behausungen erreichen.

Vorbei am **Reiter von Madara (6)** (s. Thema *Der Reiter von Madara*, S. 183) führt ein nunmehr holpriger Weg unterhalb der Felswand zu einem alten Felsengrab und Resten einer Kirche, die wahrscheinlich aus dem 14. Jh. stammen. Nach wenigen Schritten geht es rechter Hand zur alten **Festung von Madara (7)** hoch. Der Weg ist sehr steil und schweißtreibend und nur für schwindelfreie Menschen geeignet, da wiederholt Halt bietende Geländer fehlen. Freilich wird die Anstrengung mit einem grandiosen Ausblick belohnt. In der Ferne kann man die Überreste einer alten römischen Villa aus dem 2. Jh. erkennen. Die Festungsanlage selbst, von der noch Reste erhalten blieben, stammt aus dem 5. Jh., 1388 wurde sie von osmanischen Truppen erobert. In ihrer Nähe wurden thrakische Grabanlagen aus dem 5. Jh. v. Chr. entdeckt, des weiteren Überreste eines alten Dorfes. Auf unserem Rückweg kommen wir an öffentlichen **Kultstätten (8)** der heidnischen, vorbulgarischen Bevölkerung vorbei und erreichen **Fundamentreste** eines Architekturkomplexes mit Spuren verschiedenster Jahrhunderte **(9)**: Über einer heidnischen Kult-

stätte war eine dreischiffige Basilika errichtet worden. In direkter Nähe sind Überreste einer alten Klosteranlage erkennbar. Vorbei an einem **Wasserreservoir (10)** aus dem 8. Jh. kommt man zum Parkplatz zurück. Hier liegt ein kleines **Museum (11)**, das örtliche Funde ausstellt.

Schumen, Preslav und Russe

Das Gebiet um die Stadt **Schumen** ist eine seit mehr als 3000 Jahren besiedelte Region. In der 3 km westlich der modernen Stadt lie-

Madara: **1** Kleine Höhle **2** Große Höhle **3** Quelle **4** Felsenkirche **5** Mönchszellen im Felsen **6** Reiter von Madara **7** Festung **8** Heidnische Kultstätten **9** Kirchenfundamente **10** Wasserreservoir **11** Museum **12** Kirche **13** Hotel/Restaurant **14** Parkplatz **15** Römische Villa/Ortschaft **16** Thrakischer Grabhügel

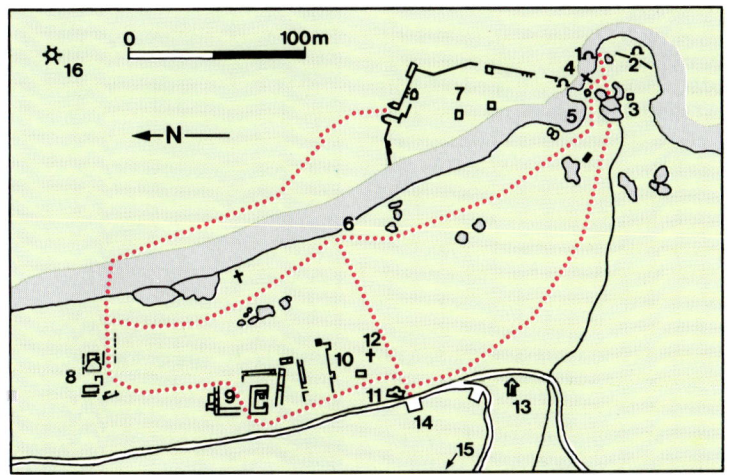

genden Festung wurden Spuren aus der frühen Eisenzeit entdeckt (13.–12. Jh. v. Chr.). Die mächtige Festungsanlage oberhalb der Stadt wurde vermutlich im 4. Jh. v. Chr. vom thrakischen Stamm der Krobizi mit Festungswällen umgeben; römische, byzantinische und bulgarische Herrscher bauten die Bastion weiter aus, die zu einer der mächtigsten und größten Verteidigungsanlagen des nordöstlichen Bulgariens wurde. Erst nach ihrer Zerstörung durch den polnisch-ungarischen König Wladislaw III. Mitte des 15. Jh. verlor sie ihre militärische Schlüsselrolle. Fundamente von weit über 100 Häusern und Kirchen (darunter mehrere dreischiffige Basiliken) sowie die z. T. restaurierten Verteidigungsanlagen lassen die einstige Bedeutung dieser Festung augenscheinlich werden.

Ein weiteres Monument, allerdings neueren Datums, erhebt sich wenige Kilometer entfernt hoch über Schumen: die **Gedenkstätte ›1300 Jahre Bulgarien‹**. Man sollte ihren Besuch nicht versäumen, nicht nur wegen des weiten Blickes über die Stadt. Riesige Steinquader umhüllen die figürlich und in Form von Mosaiken dargestellte Geschichte des Landes. Staatsgründer und zentrale Persönlichkeiten der Landesgeschichte wurden überlebensgroß in Stein gemeißelt. Man befindet sich hier in einer monströsen ›Kathedrale der Moderne‹, die den einzelnen Besucher bewußt als winziges Staubkörnchen inner-

Schumens Tombul-Moschee von außen und innen

halb der großen Geschichte des Landes erscheinen läßt. Ein Denkmal, das die Überhöhung des Nationalismus gegenüber dem einzelnen innerhalb der kommunistischen Staatsideologie sinnbildlich und erschreckend zugleich zum Ausdruck bringt.

In Schumens Altstadt gehört die **Tombul-Moschee** zu den schönsten, in Bulgarien erhalten gebliebenen Monumenten osmanischer Zeit. Ihr Bau wurde 1744 von Scherif Halil Pascha veranlaßt. Um das 40 m hohe Minarett und den 20 m hohen Kuppelbau der innen mit reichen ornamentalen Malereien verzierten Bethalle gruppieren sich vier Höfe, von denen nur zwei für Besucher zugänglich sind. Von einem kleineren Vorhof gelangt man in den Innenhof der an drei Seiten von Arkadengalerien begrenzten *Medrese*. In seiner Mitte erhebt sich das kunstvolle Brunnenhaus für die rituellen Waschungen. In den letzten Jahren hat das religiöse Leben in der Moschee wieder zugenommen. Nicht weit von der Moschee entfernt steht ein alter **Uhrturm** von 1740, der einen guten Überblick über den Moscheekomplex gewährt. Das Historische Museum von Schumen im Stadtzentrum beherbergt eindrucksvolle Funde aus dem nahen Preslav, die die hohe Kulturstufe dieses Zeitabschnitts veranschaulichen.

10 Jahre nach der Zerstörung Pliskas wurde **Preslav** im Jahr 821 ca. 3 km südlich der heutigen Stadt

von Khan Omurtag gegründet und 893 dann von Zar Simeon zur neuen Hauptstadt des Ersten Bulgarischen Reiches erklärt. Obwohl bereits 972 von byzantinischen Truppen zerstört, hatte sich die Stadt in dieser kurzen Zeitspanne zu einer der bedeutendsten Hauptstädte Europas und zu einem wichtigen Kultur- und Bildungszentrum entwickeln können. Schüler von Kyrill und Method wirkten hier, so daß man von diesem Zeitabschnitt als einem »Goldenen Zeitalter« bulgarischer Literatur und Kultur spricht. Hier sind bedeutende Frühwerke der Literatur entstanden, so z. B. das *Hexameron* von Joan Exarch und die berühmte Vorrede zum Evangelium von Konstantin Preslavski. Pracht und Monumentalität der in kurzer Zeit errichteten Bauten müssen ungeheuerlich gewesen sein.

Mit seinen 3,5 km² ist das Ausgrabungsfeld von Preslav weitaus kleiner als das von Pliska. Zwei konzentrische Mauern schützten die Stadt, wobei die Außenstadt offensichtlich nicht sehr dicht besiedelt war. Reste zahlreicher Kirchen und Profanbauten wurden hier gefunden. Die innere Stadt war von einer dicken Befestigungsmauer, in die mehrere Türme eingelassen waren, umgeben. Hier erhob sich der **Zarenpalast** Simeons mit dem Thronsaal; nördlich davon lag in direkter Nachbarschaft der **Kleine Palast.** Von beiden sind nur noch Fundamentreste erhalten geblieben, ebenso von den angrenzen-

den Werkstätten und öffentlichen Bauten.

Berühmtestes Bauwerk Preslavs ist ohne Zweifel die Runde bzw. **Goldene Kirche** in der Außenstadt. Obwohl auch von ihr nur Ruinen geblieben sind und die Teilrestauration nicht in allen Elementen als geglückt angesehen werden darf, besticht noch heute ihre außergewöhnliche Formgebung. Wahrscheinlich wurde sie Anfang des 10. Jh. errichtet oder umgebaut, eine genaue Datierung ist bis jetzt noch nicht möglich. Der Rundbau mit einem Durchmesser von 11 m wird durch 12 Nischen und 12 massive Pfeiler gegliedert; in einer späteren Bauphase wurden zwei – ebenfalls reichhaltig gegliederte – Vorbauten angefügt. Funde haben gezeigt, daß der Bau innen einst durch zahllose Reliefs, Mosaike und Keramikplatten – ein Wesensmerkmal der Kunst von Preslav – geschmückt war. Seinen Namen bezog der Bau von seiner außen vergoldeten Kuppel. Das nördlich der Innenstadt gelegene kleine Museum enthält einige Funde aus Preslav; weitaus mehr Zeugnisse des ›Goldenen Zeitalters‹ können im Historischen Museum von Schumen betrachtet werden.

2 km in südöstlicher Richtung liegen die Ruinen des **Klosters Patlejna**, unter Zar Boris I. (852–889) errichtet. Von hier stammt die berühmte Keramikikone des Heiligen Theodosius, von der in vielen Museen Kopien zu finden sind (s. Thema *Bulgarische Ikonen*, S. 189).

Bulgarische Ikonen

Im Verlauf der Christianisierung Bulgariens im 9. Jh. wurden zusammen mit der kirchlichen Liturgie der Orthodoxen Kirche auch deren ästhetische Vorgaben übernommen. In der orthodoxen Glaubenswelt nehmen Ikonen einen besonderen Stellenwert ein. Sie sind nicht mit religiösen Gemälden anderer Religionen vergleichbar. Die Ikone ist kein frei gestaltbarer Kunstgegenstand, sondern in ihrem Dasein manifestiert sich die göttliche Gegenwart. Deshalb sind nicht allein die dargestellten Personen und Szenerien weitgehend festgelegt, sondern auch Farben, Gesten und Haltungen haben vorgeschriebenen Mustern zu folgen. Gegenstand wie Art und Weise der Ausführung sind nach orthodoxer Auffassung von Vorbildern bestimmt, die »nicht von Menschenhand geschaffen« sind. In Malerbüchern *(Hermenien)* sind diese Vorgaben bis auf den heutigen Tag festgeschrieben. So muß die Herstellung einer Ikone eher als kultische Handlung gesehen werden, in der sich der Ikonenmaler als gehorsamer Mittler transzendenter Mächte begreift, denn als individueller und kreativer Akt eines Künstlers. Es ist kein Zufall, daß diese Kunst früher ausschließlich Mönchen oblag.

Wie in anderen Ländern orthodoxer Religion bildeten sich auch in Bulgarien regionale Besonderheiten der Ikonenmalerei aus. Bereits die älteste erhaltene bulgarische Ikone – die berühmte Keramikikone des Theodor Strateles (Ende des 9. Jh./Anfang des 10. Jh.) aus dem Kloster Patlejna bei Preslav – hebt sich vom traditionellen Kanon ab: Die Herstellung von Keramikikonen ist aus Byzanz nicht bekannt, die Keramikmalerei scheint ein ›Import‹ der Protobulgaren aus ihren östlichen Herkunftsgebieten zu sein.

Ein eigenständiges Profil bulgarischer Ikonenmalerei wird auch in der Auswahl der dargestellten Personen deutlich. Selbstverständlich grenzte die mittelalterliche Ikonographie noch in den ersten Jahrhunderten das Darstellbare und Erlaubte eng ein. Dies belegen die zahlreichen Muttergottes-Ikonen. Doch die häufige Abbildung bulgarischer Heiliger wie des hl. Ivan Rilski und der hll. Kyrill und Method bezeugen bereits eine nationale Eigentümlichkeit. Vor dem Hintergrund zunehmenden Wohlstands bei Teilen der bulgarischen Bevölkerung sowie eines wachsenden Nationalbewußtseins zeichnete sich vor allem seit dem 17. Jh. eine Befreiung von traditionellen Formen der Ikonenmalerei ab. Bei den Sujets läßt sich eine Abkehr vom eher in sich gekehrten, vergeistigten Einsiedlertypus hin zur aktiven, kämpfenden Persönlichkeit beobachten. In wohl kaum einem anderen Land begegnet man so häufig den ›Kriegerheiligen‹: ›Der hl. Georg tötet den Drachen‹, ›Der hl. Demetrius tötet den Antichrist‹ und Darstellungen des hl. Menas sind Bestandteil fast aller klösterlichen Ikonensammlungen. Die Hervorhebung gerade dieser Heiligen und die Betonung ihrer kämpferischen Pose bringt sehr gut den Widerstandswillen der anbrechenden ›Wiedergeburtszeit‹ zum Ausdruck.

Mit Beginn des 18. Jh. entwickelten sich außerhalb der Klöster regionale ›Schulen‹ der Ikonenmalerei mit besonderen stilistischen Eigenarten. Das waren freilich keine Schulen in unserem Sinne, sondern Wissen und Können wurde innerhalb einzelner Handwerkerfamilien weitergegeben. Zentren dieser Schulen waren u. a. Trjavna, Samokov, Raslog, Bansko und Debar. Die Ikonenmaler von Trjavna waren bereits früh bekannt für ihre genaue Kenntnis der orthodoxen Ikonenmalerei. Ihre Muttergottes-Darstellungen halten sich strikt an die traditionelle Typologie der Malbücher. Doch auch die Familien von Trjavna lösten sich vom mittelalterlichen Kanon, indem sie ihre Ikonen unterzeichneten und datierten. Auf diese Weise vollzogen die Ikonenmaler einen Schritt vom reinen Handwerker, der sich allein als Medium begreifen durfte, zum selbstbewußten Künstler, der sich als solcher in seinem Kunstwerk verewigt wissen wollte.

Die Malschule von Samokov gehörte wie die von Trjavna zu den herausragenden Malzentren des Landes, beide erlebten ihre Blütezeit in der ersten Hälfte des 19. Jh. Berühmte Ikonenmaler wie Dimitar Sograf, Sachari Sograf, Stanislav Dospevski oder Christo Iliev stammten aus Samokov. Im Rila-, Preobrashenski- und Trojan-Kloster sowie in fast allen Teilen des Landes waren Künstler aus Samokov tätig. Enge Beziehungen und eine gegenseitige Befruchtung mit den Künstlerwerkstätten des Berges Athos sind nachweisbar. Bei den Künstlern aus Samokov schlugen sich auch mitteleuropäische Einflüsse des Barock, Rokoko und Empire nieder. Darüber hinaus bezogen sie zunehmend

50 km nordwestlich von Schumen entfernt liegt **Rasgrad** (54 000 Einw.), in dessen Nähe die Überreste der alten römischen Stadt *Abritus* ausgegraben wurden. Starke Befestigungsanlagen und einige große Bauten zeugen von der früheren Bedeutung dieser Stadt. Bei Abritus wurde 251 Kaiser Decius in einer Schlacht mit den Goten getötet. Einen Besuch wert ist auch die **Ibrahim-Pascha-Moschee** mit

Sachari Sografs Selbstporträt (links) im Batschkowo-Kloster

die zeitgenössische Realität bulgarischen Lebens in die Bildkomposition mit ein. So wurde der raumlose Goldhintergrund, der einen irrealen Raum verkörpert, häufig durch eine flächige Landschaft ersetzt, die religiösen Geschichten wurden in der bulgarischen Landschaft lokalisiert. Die dargestellten Personen tragen nicht selten bulgarische Kleidung und Insignien: Eine Mariendarstellung in bulgarischer Tracht bedeutete z. B. einen deutlichen Affront gegenüber der griechischen Kirchenhierarchie.

ihrer reichen Innenausstattung. Sie stammt aus dem Jahre 1614 und besticht durch ihre wohlproportionierte Architektur.

Erst 1982 entdeckte man 40 km nördlich von Rasgrad ein einzigar-tiges Dokument thrakisch-hellenistischer Kultur, das **Thrakische Grabmal von Sveschtari** (2,5 km südwestlich des gleichnamigen Dorfes, 5 km von Isperich entfernt). Aufgrund seiner Bedeutung wurde es in die UNESCO-Liste des Weltkulturerbes aufgenommen. In der ersten Hälfte des 3. Jh. v. Chr. wurde es für einen thrakischen Herrscher und seine Frau errichtet. Drei Räume mit fast quadratischem Grundriß sowie ein Vorraum sind aus weißen Kalksteinblöcken zusammengefügt und oben halbzylindrisch geschlossen. Die Grabkammer selbst ist 4,55 m hoch; griechische Säulen verweisen deutlich auf hellenistische Einflüsse. Die eigentliche Besonderheit des Grabes stellt ein Fries von 10 Frauenfiguren dar, jede von ihnen 1,20 m groß. Der Fries ist symmetrisch angelegt, je drei Figuren befinden sich auf der westlichen und östlichen Seite, vier auf der nördlichen. Die Frauen sind in feierlicher Haltung frontal dargestellt, mit ihren nach oben gehobenen Händen scheinen sie das Gewölbe zu tragen. Malereien in der nördlichen Lünette stellen den toten Herrscher in heroisierender Weise dar (bislang für Touristen nicht zugänglich).

Etwas abseits der Touristenrouten liegt die moderne Stadt **Russe** (190 000 Einw.) im östlichen Teil der Donauebene. Als größter Binnenhafen Bulgariens an der Donau und Grenzstadt zu Rumänien spielte es immer eine handelspolitische Rolle. Schon die Römer schätzten die strategische Lage und errichteten hier im 2. Jh. die Festung *Sextanta Prista* (›sechzig Schiffe‹). Historische Bauten sind nur wenige zu finden. Einen Besuch wert ist jedoch die 1764 erbaute Kirche Sveta Troiza mit ihren sehenswerten Schnitzarbeiten.

Leider für Touristen bisher nicht zugänglich sind die 23 km von Russe entfernten (Richtung Tscherven) **Felsenklöster von Ivanovo** aus dem 12.–15. Jh. Wegen ihrer einmaligen Wandmalereien aus der Tarnovo-Schule, die sich durch ihre realistischen Darstellungen auszeichnen, wurden sie in die UNESCO-Liste des Weltkulturerbes aufgenommen. Vor allem die Darstellung nackter menschlicher Körper war für jene Zeit ein gewagtes Unterfangen und erinnert an Werke der Frührenaissance.

Zug- und Busverbindungen: Schumen verfügt über Zugverbindungen mit Varna, Sofia und Veliko Tarnovo; Rasgrad mit Russe und Varna. Als Verkehrsknotenpunkt mit Binnenhafen, zwei Busbahnhöfen und zwei Bahnhöfen ist Russe mit allen Teilen des Landes verbunden.

Unterkunft in Preslav: **Hotel *Preslav*, im Stadtzentrum, ✆ 05 38/25 08. **…in Schumen:** ****Hotel *Schumen*, ✆ 0 54/5 91 41. ***Hotel *Madara*, ✆ 0 54/5 75 95. **…in Rasgrad:** ***Hotel *Rasgrad*, im Stadtzentrum, ✆ 0 84/2 07 51. **…in Russe:** ***Hotel *Riga*, ✆ 0 82/2 21 81

Essen und Trinken: Sämtliche Hotels verfügen über ,Restaurants und Bars.

Sonnenstrand, Nessebar, Sosopol

In den kleinen Küstenstädten südlich von Varna ist das Strandleben weitaus beschaulicher als im Norden. Ausnahme: Das quirlige Badevergnügen am Sonnenstrand. Mit seinen architektonischen Schätzen aus drei Jahrtausenden darf Nessebar als ›Perle‹ der Schwarzmeerküste gelten.

Von Varna an den Sonnenstrand

Man verläßt Varna in südlicher Richtung über die größte Brücke des Landes. Einige Kilometer hinter dem Dörfchen **Priselzi** geht es links ab in das Mündungsgebiet des Flusses **Kamtschija**. Von diesem großen Flußdelta stehen 524 ha unter Naturschutz. Das Meer schafft im Mündungsgebiet immer neue Sandbänke, so daß sich das Flußwasser staut und weite Waldgebiete überflutet. Auf diese Weise ist das Gebiet *Longosa* entstanden, eine urwüchsige Sumpf- und Waldlandschaft. Teile dieser Region sind heute touristisch erschlossen: ein waldreiches Gebiet mit drei Campingplätzen, einem Hotel sowie mehreren Hütten und Restaurants. Mit Booten können kurze Ausflüge auf dem Fluß unternommen werden. An kilometerlangen Sandstränden, die sich nach Süden endlos fortzusetzen scheinen, findet man problemlos ein ruhiges Plätzchen. Riesige Hotelkomplexe wird man hier vergeblich suchen, Campinganhänger beherrschen das Bild.

In **Staro Orjachovo** geht es links ab nach **Schkorpilovzi**, wo ein 5 km langer Sandstrand auf Badegäste wartet. Mehrere Campingplätze liegen außerhalb des Ortes direkt am Wasser. Hinter dem Weinbauzentrum **Bjala** sieht man von der Straße aus schon von weitem einen weißen Sandstreifen, an dem mehrere Campingplätze liegen. **Obsor** wurde von den Griechen *Heliopolis* genannt, ›Sonnenstadt‹. Die Römer bauten ihrem Gott Jupiter hier einen Tempel, von dem in der Stadtmitte noch spärliche Überreste zeugen. Auch Obsor mit seinem kleinen Hafen verfügt über einen kilometerlangen Sandstrand. Östlich von **Vlas** wurde die moderne Feriensiedlung *Elenite* errichtet, die aus über 200 am Hang liegenden Villen besteht und weit mehr Geruhsamkeit verspricht als der 8 km entfernte Sonnenstrand.

Vinizia

Varna

Sveti Konstantin

Goldstrand/Baltschik

A 2

*Schumen/
Pobitite Kamani*

E 70

See von
Varna

Galata

Asparuchovo

Odessos

S c h w a r z e s

Konstantinovo

M o m i n o -   P l a t e a u

Priselzi

M e e r

Blinazi

Raj

Ravna Gora

Longosa

Sadovo

Novo
Orjachovo

Isgrev

Kamtschija

Schkorpilovzi

Staro
Orjachovo

Grosdjovo

Georgi
Trajkov

Rudnik

Goriza

Bjala

Luna

Prostor

K a m t s c h i j a - P l a t e a u

Obsor

Solnik

Dvojniza

Djulino

Popoviz

Goliza

Panizovo

Rakovskovo

Banja

*Emona
386 m*

Kap Emine

Gjostepe
520 m

E 87

E m i n s k a - P l a t e a u

Goriza

Orisare

Elenite

Vlas

Chadtschijska Reka

Tankovo

Emona

Sonnenstrand

Ajtos

Slantschev Brjag

Nessebar

Medovo

Acheloj

N

Kableschkovo

0   10 km

Pomorie/Burgas

Burgas

Der **Sonnenstrand** *(Slantschev Brjag)* zählt zu den Seebädern der Superlative. Über 100 Hotels mit mehr als 25 000 Betten und weit über 100 Restaurants und Cafés warten in der Hochsaison auf Gäste. Der Strand ist 9 km lang und bis zu 150 m breit. Bei angenehmer Wassertemperatur von 23° bis 28° Celsius im Sommer kann man bis zu 100 m weit ins Meer laufen. Der Strand ist besonders kinderfreundlich. Von Mai bis Oktober schwanken die Lufttemperaturen zwischen 22° und 30° Celsius, man ist also nicht unbedingt auf die beiden Hauptmonate Juli und August angewiesen. Die Freizeitangebote entsprechen denen in Albena und Goldstrand und umfassen alle Arten von Wassersport bis hin zu Tennis, Reiten und Minigolf. Für die Betreuung der Kleinen stehen Kindergärten zur Verfügung.

Busverbindungen: Von Sonnenstrand aus existieren regelmäßige Busverbindungen mit zahlreichen Schwarzmeerorten und mit Nessebar. An mehreren Stellen im Ort gibt es einen Fahrradverleih.

Unterkunft: ***Hotel *Albatros,* ✆ 05 54/27 93: wer eine kleinere Anlage in der zweiten Reihe liebt, der fühlt sich in diesem Haus mit 33 netten Zimmern vermutlich wohl; Hotel *Europa,* ✆ 05 54/27 93: nur wenige Schritte

Von Varna nach Nessebar

vom Sandstrand entfernt, komplett renoviert und vor allem für Familien mit Kindern empfehlenswert (Kinderclub); Hotel *Globus,* ✆ 05 54/22 45, liegt unmittelbar am Strand, hier wartet ein kleines Hallenschwimmbad mit Sauna und ein Kurzentrum auf die Gäste. ** Hotel *Orel,* ✆ 05 54/29 24: in Strandnähe, einfach ausgestattet, jedoch mit modernisierten Bädern
Camping: Bei allen Campingplätzen an der Küste muß man mit einfachen Ausstattungen rechnen, die Öffnungskernzeiten sind einschließlich Juni–Sept.

Essen und Trinken: Fast alle Hotels verfügen über eigene Restaurants. Dazu kommen noch einige Spezialitätenrestaurants wie die Restaurants *Batschvata, Hanska Schatra, Jushni Noschti, Picknick, Strandshanski Kolibi, Vjatarna Melniza* u. v. a. m. Tagsüber kann man sich am Strand in zahlreichen Cafés und Buden mit Erfrischungen und Snacks versorgen.

Bank/Post: Geldwechsel ist an allen Hotelrezeptionen möglich. Die Post liegt in der Stadtmitte, nicht weit vom Hotel *Kuban.*

Achtung: Es ist geplant, die Telefonnummern am Sonnenstrand umzustellen, der Zeitpunkt ist leider ungewiß. Nach der Umstellung ist vor der jetzigen Rufnummer eine 2 zu wählen.

Nessebar

Nicht umsonst steht die Altstadt von **Nessebar** auf der UNESCO-Liste des Weltkulturerbes. Auf einer 850 m breiten und fast 300 m langen Halbinsel, nur durch einen schmalen Damm mit dem Festland

Blick über Nessebars Fischerhütten zum Sonnenstrand

verbunden, konzentrieren sich kulturelle Zeugnisse mehrerer Jahrtausende. Da Touristen ihre Fahrzeuge auf einem Parkplatz außerhalb der Stadt abstellen müssen, kann die Altstadt frei von Verkehrslärm besichtigt werden.

Geschichte

Thrakische Siedlungsspuren stammen bereits aus dem 2. Jt. v. Chr. Griechische Siedler gründeten an dieser Stelle 510 v. Chr. eine Kolonie mit dem Namen *Messambria*, deren handelspolitische Bedeutung dank ihrer Mittlerfunktion zwischen den thrakischen Stämmen und der hellenistischen Welt rasch wuchs. Reste einer griechischen Festungsmauer zum Schutz der Siedlung sind bis heute erhalten geblieben. Die Römer übernahmen die Stadt, ohne daß es zu größeren Zerstörungen kam. Vom 4. bis zum 7. Jh. erlebte die Stadt eine neue Blüte, die Verteidigungsanlagen wurden verstärkt und öffentliche Bauten errichtet. Aus jener Zeit wurden allein vier monumentale Basiliken entdeckt, darunter die Alte Metropolitenkirche, eine dreischiffige Basilika von 19 m Länge und 13 m Breite. Im 7. Jh. gehörte *Messambria* bereits zu den wichtigsten Zentren des Balkan- und

Schwarzmeerhandels. Vom 10. bis 13. Jh. und zu Anfang des 14. Jh. blühte die Stadt erneut auf, wenngleich ihre Zugehörigkeit zu Byzanz und Bulgarien mehrmals wechselte. Zahlreiche der heute noch erhaltenen Kirchen stammen aus diesem Zeitraum. Ihren heutigen Namen erhielt die Stadt im 12./13. Jh.

Die ältesten der noch erhaltenen Häuser stammen aus der zweiten Hälfte des 18. Jh., die Mehrzahl vom Anfang und aus der Mitte des 19. Jh. Charakteristisch für diese Bauten ist ein Untergeschoß aus Stein, das hölzerne Obergeschoß ragt in der Regel darüber hinaus. Auffallend sind die Holzkonsolen unter den Erkern, z. T. kunstvoll ornamental verziert, sowie die Eckpfeiler und Simse. Das untere Geschoß diente meist als Keller, Lagerraum und Unterkunft des Dienstpersonals; in den oberen Stockwerken lagen die Wohnräume. Bei einem Bummel durch die Gassen der Stadt stößt man immer wieder auf interessante Bauensembles von diesem Typus des ›Schwarzmeerhauses‹.

Stadtbesichtigung

In keinem anderen Ort Bulgariens sind so viele mittelalterliche Kirchen verschiedenster Jahrhunderte erhalten geblieben. Die **Pantokratorkirche** (13.–14. Jh.) zählt dabei ohne Zweifel zu den Höhepunkten mittelalterlicher bulgarischer Architektur. Sie ist 16 m lang, 6,70 m breit, über dem Narthex erhebt

sich ein rechteckiger Turmaufbau. Sie gehört zum Typus der Kreuzkuppelkirchen und weist drei halbrunde Apsiden auf. Ihre imposante Wirkung wird von der mit glasierter Keramik und Blindnischen reich gegliederten Außenfassade verstärkt. Die **Kirche Johannes des Täufers** stammt vermutlich aus der 2. Hälfte des 9. Jh. und zählt zu den besterhaltenen Kreuzkuppelkirchen jener Zeit. In ihr ist heute ein kleines, sehenswertes archäologisches Museum untergebracht (tägl. 9–12, 14–17 Uhr).

Vorbei an der **Kirche des hl. Spas** aus dem 17. Jh. erreicht man die **Erzengelkirche Michael und Gabriel** aus dem 13. Jh. Diese einschiffige Kirche besticht vor allem durch ihre gut erhaltenen Keramikarbeiten an der durch Blendnischen und graphische Muster gegliederten Außenfassade. Sehenswerter Keramikschmuck zeichnet auch die angrenzende **Kirche der hl. Paraskeva** (13. Jh.) aus: eine einschiffige Basilika, deren Dachkonstruktion nicht mehr erhalten ist. Vermutlich befand sich oberhalb des Narthex ein Glockenturm.

Die **Alte Metropolitenkirche** (4./5. Jh.) war lange Zeit Hauptkirche von Nessebar. Obwohl nur noch Ruinen vorhanden sind, wirkt sie mit ihren zwei Arkaden-Stockwerken noch immer imponierend. Die **Kirche der hl. Jungfrau**, auch »Basilika am Meerufer« genannt, war das Katholikon eines Klosters und stammt aus derselben Zeit wie die Metropolitenkirche. Die Fundamentreste zeigen, daß sie einst größer als die Metropolitenkirche war. Westlich davon steht die Ruine einer Windmühle aus dem 19. Jh.

Die **Johannes-Aliturgetos-Kirche** bezaubert vor allem durch ihre harmonische und reichhaltige Fassadengestaltung. Dieser Kreuzkuppelbau aus der Mitte des 14. Jh. ist ohne Zweifel zu den herausragenden Werken mittelalterlicher Sakralkunst in Bulgarien zu rechnen. Weiße Kalksteinblöcke kontrastieren mit roten Backsteinen und ergeben ein vielschichtiges graphisches Muster. Verschiedene Symbole wie Kreuz, Sonne oder Muscheln dienen als Zierwerk. Darüber hinaus sind Verzierungen in das Mauerwerk eingelassen.

Die nur wenige Schritte entfernte **Stephanos-Kirche** (Neue Metropolitenkirche) stammt in ihren ältesten Teilen aus dem 10. Jh., sie wurde in den folgenden Jahrhunderten mehrmals erweitert und umgebaut. In ihr finden wir die besterhaltenen Wandmalereien der Stadt, die meisten von ihnen aus dem 16. Jh. Sie entstammen einer Malerwerkstatt, die offensichtlich enge Beziehungen zu den Klöstern des Berges Athos in Griechenland unterhielt. Die Ikonostase entstand im 16. Jh., die Ikonen wurden zwischen dem 16. und 18. Jh. gemalt. Marmorsäulen erheben sich auf umgestürzten heidnischen Kapitellen, ein Triumph des Siegers. Die Außenwand ist reich mit keramischen und plastischen Verzierungen bedeckt.

Kunstvolle Fassaden: Aliturgetos-Kirche und ...

Schiffsverbindungen: Regelmäßig mit mehreren bulgarischen Schwarzmeerhäfen; Infos am Hafen.

Busverbindungen: Regelmäßig zum Sonnenstrand (10 Min.); dieser ist auch bequem mit dem Fahrrad zu erreichen.

Unterkunft: Hotel *Messambria*, ✆ 05 54/32 55; Privatzimmervermittlung am Hafen, ✆ 05 54/28 55

Essen und Trinken: Restaurant *Kapitan Nema* in der Altstadt, ✆ 05 54/59 56; Restaurant *Kapitanska Sreschta* am Hafen, ✆ 05 54/34 29

res großen Hafens bekannt. 1906 vernichtete ein großer Brand fast die gesamte Stadt, so daß heute nur noch im östlichen Teil einige alte Häuser erhalten geblieben sind. Schon früher war die Stadt für ihren Wein und ihren jodhaltigen Heilschlamm berühmt, der u. a. bei Rheumaleiden empfohlen wird.

500 m hinter Pomorie, Richtung Burgas, liegt rechts der Straße auf dem Gelände eines landwirtschaftlichen Versuchsgutes ein **thrakisches Kuppelgrab** aus römischer Zeit, das in seiner Gestaltung einmalig ist. Ein 22 m langer Gang führt in einen runden Raum mit Kuppel, die von einer mächtigen Säule getragen wird.

… Pantokratorkirche in Nessebar

 Post: Eine Post befindet sich im Zentrum der Altstadt.

 Museum: Die Exponate des 1994 eröffneten *Archäologischen Museums* reichen bis in die thrakische Zeit zurück; Uliza Messembria 30, Mo–Fr 9–19 Uhr.

Pomorie, Burgas, Sosopol

Die kleine Hafenstadt **Pomorie** (14 000 Einw.) liegt auf einer Felsenhalbinsel, der im Norden eine Lagune vorgelagert ist. Bereits im 4. Jh. wurde die Stadt als Kolonie von *Apollonia* (Sosopol) gegründet. Im 13./14. Jh. war sie aufgrund ih-

An Sehenswürdigkeiten hat **Burgas**, die zweitgrößte Stadt am Schwarzen Meer, sicherlich wenig zu bieten. Historische Bauten und Ruinen sind kaum vorhanden, auch wenn sich die Besiedlung der Region bis in thrakische Zeit zurückverfolgen läßt. Die heute 200 000 Einwohner zählende Hafenstadt ist das Wirtschafts- und Kulturzentrum des gesamten Hinterlandes.

Erwähnenswert sind die **Kyrill- und Method-Kirche**, um 1894 von Ricardo Toscani erbaut, die kleine **armenische Kirche** hinter dem Hotel *Bulgaria* sowie die **Kirche der hl. Jungfrau**. Ebenfalls einen Besuch wert ist das **Historische Museum** mit archäologischen Funden aus der Schwarzmeerregion (Di–So, 8–12, 13.30–18 Uhr). Alle diese Sehenswürdigkeiten sind leicht in der übersichtlichen Innenstadt zu finden. Erholsam ist der große **Meerespark**, der direkt an die Innenstadt grenzt und sich in nördlicher Richtung über mehrere Kilometer am Meer entlangzieht.

34 km südöstlich von Burgas liegt auf einer Halbinsel das Hafenstädtchen **Sosopol** (4000 Einw.), eine der ältesten Siedlungen der bulgarischen Schwarzmeerküste. 610 v. Chr. gründeten kleinasiatische Griechen hier eine Kolonie unter dem Namen *Apollonia*. Sie gelangte rasch zu wirtschaftlicher Blüte, deren Höhepunkt sich vom 5. bis zum 3. Jh. v. Chr. erstreckte. Aus dieser Zeit stammt eine 13 m hohe, bronzene Apollo-Statue, die

der griechische Bildhauer Kalamis im 5. Jh. vor dem Tempel des Gottes errichtete. Sie wurde später nach Rom verfrachtet und ging dort verloren. Nie wieder in ihrer Geschichte konnte die Stadt eine derartige Bedeutung erlangen. Im Jahr 431 taucht zum ersten Mal der Name *Sosopol* auf, ›Stadt des Heils‹, möglicherweise ein Hinweis auf den Beginn der Christianisierung in dieser Region. Das Archäologische Museum bietet einen Überblick über Geschichte und Funde der Stadt. Hier ist auch eine Kopie des berühmten Grabsteins des Anaxanders zu sehen (Di–So 8–18 Uhr). Sosopols Häuser aus der ›Wiedergeburtszeit‹, von denen allein 80 als Kulturdenkmäler gelten, weisen stilistische Gemeinsamkeiten mit denen von Nessebar auf. Die **Kirche Sveta Bogorodiza** aus dem 18. Jh. birgt einige wertvolle Ikonen sowie eine geschnitzte Ikonostase.

Auf dem weiteren Weg nach Süden kommt man am modernen Feriendorf *Düni* vorbei, an das sich ein kilometerlanger Strand entlang der Straße anschließt. Von hier ist es bis zum 400 ha großen **Naturschutzgebiet Alepu**, das vom Fluß Ropotamo durchflossen wird, nicht mehr weit. Der Ropotamo kann ein kleines Stück landeinwärts mit Booten bis zur Mündung befahren werden, mit etwas Glück lassen sich Reiher, Schildkröten oder

Von Nessebar nach Achtopol

Sliven/Kasanlak

Acheloi

Nessebar

Obsor

Ravda

Thrakisches
Grabmal

E 772

Sarafovo

Evropa

Pomorie

See von
Burgas

Burgas

Bucht von Burgas

Meden
Rudnik

Krajmorie

Jasovir Mandra

Tschernomorez

Istanbul

Marinka

Gradina

Sosopol

Schwarzes

Rosen

Meer

Ravna Gora

Smokinite

Veselie

Düni

Kruschevez

Ropotamo

Alepu

Jasna Poljana

Djavolska Reka

Primorsko

Kiten

Grudovo

Fasanovo

Losenez

Oasis

Kitenska Reka

Velika

E 87

Tsarevo

Visiza

Isgrev

Kondolovo

Balgari

Varvara

Gramatikovo

Brodilovo

Achtopol

S t r a n d s h a

Veleka

Kosti

N

Malko Tarnovo

0   10 km

Sperrgebiet

Türkei

Türkei

Nestinarstvo –
Tanz auf dem Feuer
– Von Elka Tschernokosheva –

Im Südosten Bulgariens, in einigen Dörfern des Strandshagebirges, vermochte ein eigenartiger Volksbrauch, *Nestinarstvo* oder › Tanz auf dem Feuer‹ genannt, bis auf den heutigen Tag zu überleben. Sowohl Frauen *(nestinarka)* als auch Männer *(nestinar)* können diesen Brauch ausüben, bei dem mit nackten Füßen auf der heißen Glut getanzt wird. *Nestinarstvo* vereinigt in sich christliche und heidnische Elemente und knüpft an eine jahrtausendealte Tradition der Feuerkulte an.

Am 21. und 22. Mai jeden Jahres, den Tagen der hll. Konstantin und Helena, ist es soweit. Schutzherr dieses Kultes ist der römische Kaiser Konstantin, der die Verfolgung der Christen unterbunden und die neue Religion zur Staatsreligion erklärt hatte. Er verlegte im Jahr 330 seine Residenz vom Tiber an den Bosporus und weihte die neue Hauptstadt Konstantinopel ein, die zum glanzvollen Mittelpunkt des Byzantinischen Reiches avancierte. Seither nimmt Kaiser Konstantin zusammen mit seiner Mutter Helena einen wichtigen Platz in der volkstümlichen Mythologie des Balkanraums ein.

Auf dem Hauptplatz des Dorfes wird ein großes Feuer angezündet. Nach der Heiligen Messe in der Kirche gehen alle Dorfbewohner zusammen mit dem Priester zum Haus des *nestinar* bzw. der *nestinarka*. Eine Ikone mit dem hl. Konstantin wird immer mitgeführt. Mit *gaida* und *tapan*, einer heiligen Trommel, werden nur für diesen Tag bestimmte Melodien gespielt. In einer feierlichen Prozession ziehen an-

Schlangen im schilfreichen Ufer entdecken.

Weiter südlich folgen mehrere kleine Städtchen, wie z. B. **Primorsko, Kiten, Tsarsevo und Achtopol**, die erst allmählich vom internationalen Tourismus erfaßt werden. Gegenwärtig werden zahlreiche betriebliche Erholungsheime in Hotels umgewandelt, der Standard der Campingplätze verändert sich ebenfalls. Kulturgeschichtlich bedeutende Sehenswürdigkeiten sind auf der Reise in den Süden nicht mehr zu erwarten. Dafür reihen sich zahllose kleinere und größere Buchten aneinander. Die Atmosphäre ist hier viel ruhiger und beschließend alle zu einem heiligen Brunnen. Hier wird gemeinsam gegessen, bis es dunkel wird. Unter Musikbegleitung geht es dann zurück zum Dorfplatz, wo das Feuer inzwischen zu einer Glut niedergebrannt ist. Die *nestinari* sind inzwischen in Trance verfallen, die Anwesenden tanzen um die Glut. Langsam steigert sich die Stimmung, bis schließlich ein oder mehrere *nestinari* barfuß, die Ikone mit beiden Händen fest umschließend, die heiße Glut betreten. Mit kleinen Schritten bewegen sie sich auf dem feurigen Untergrund, stoßen Schreie und manchmal auch Prophezeiungen aus.

Oft ist der Feuertanz mit Wahrsagungen und Ratschlägen für Heilungen verbunden. Denn die *nestinari* gelten als Auserwählte, die der hl. Konstantin beim Feuertanz beschützt: Mit dem Tanz sollen von ihm Gesundheit und Fruchtbarkeit für die gesamte Gemeinschaft erbeten werden.

Immer wieder hat es Versuche gegeben, das Geheimnis des Feuertanzes zu erklären, bei dem sich die Beteiligten auf der bis zu 800° Celsius heißen Glut nicht verletzten. Eine äußerliche Vorbereitung, das Präparieren der Füße etwa, ist nie beobachtet worden. Die Unempfindlichkeit für Schmerz ist wohl auch eher auf spezielle Mechanismen der Psyche bzw. auf Begleiterscheinungen der ekstatischen Versenkung zurückzuführen. Dieses ›Heraustreten‹ aus dem normalen Bewußtseinszustand ist ja auch bei vielen asiatischen Völkern bekannt und verbreitet.

Sowohl der christlichen Kirche als auch der Kommunistischen Partei war Nestinarstvo ein Dorn im Auge. Der Kult konnte deshalb nur heimlich und in abgelegenen Bergdörfern überleben.

Heute stellt *Nestinarstvo* eine touristische Attraktion dar, ›Feuertänzer‹ präsentieren ihr Können in Folkloregaststätten. In den Dörfern wird dieser Kult nicht mehr praktiziert. Oder vielleicht doch?

schaulicher als im mittleren und nördlichen Teil der Schwarzmeerküste. Die vielen Campingplätze, die an diesem Küstenabschnitt zu finden sind, sind für Camper, die Plätze jenseits touristischer Betriebsamkeit lieben und mäßigen Standard in Kauf nehmen, gut geeignet.

Eine Besonderheit ›folkloristischer‹ Art ist im Hinterland dieses Küstenabschnittes zu finden. Nicht weit von dem reizvollen Flüßchen Veleka entfernt liegen die Dörfer **Brodilovo, Kosti** und **Balgari**. Am Feiertag der hll. Konstantin und Helena im Mai wurden hier einst die Nestinarka-Tänze aufgeführt.

Flughafen: Der Flughafen von Burgas liegt außerhalb der Stadt Richtung Pomorie. Er ist Zielflughafen zahlreicher Charterverbindungen mit dem westeuropäischen Ausland und durch Inlandsflüge mit Sofia verbunden. Charterreisende können einen Bustransfer in ihre Ferienorte in Anspruch nehmen.

Schiffsverbindungen: Der Hafen von Burgas ist ein internationaler Passagier- und Frachthafen.

Zug- und Busverbindungen: Pomorie ist mit Bus und Bahn von Burgas her erreichbar; Burgas verfügt über einen Bahnanschluß nach Sofia und Plovdiv.

Unterkunft in Pomorie: *** Hotel *Pomorie,* Yavorov Str. 3, ☎ 05 96/24 40: mit Swimmingpool, Sauna und balneologischer Abteilung. Gleich außerhalb des Hotels werden Privatunterkünfte vermittelt, ☎ 05 96/22 07.

...in Burgas: **Hotel *Primorets,* Knjaz Battenberg 2, ☎ 05 96/4 53 60: einfaches Haus in der Nähe des Meeres. Privatzimmer vermitteln u. a. *Balkanov,* Bogoridi 14, ☎ 05 96/4 71 42, und *Primorets Travel,* Garov ploshtad, ☎ 05 96/4 27 27.

...in Sosopol: Außer kleineren Hotel wie der *Villa List* und dem Hotel *Radik* werden vor allem Privatzimmer und Appartements angeboten; Zimmernachweis: *Reisebüro Lotos,* Uliza Mussala 7, ☎ 0 55 14/4 29 und 2 82

Camping: *Camping Evropa,* 2 km westlich von Pomorie (geöffnet 1.6.–30.9.); *Camping Gradina,* 8 km westlich von Sosopol am Strand (geöffnet 1.6.–30.9.); *Camping Smokinite,* 4 km südlich von Sosopol (geöffnet 1.5.–30.10.); *Camping Düni,* in der Nähe des Feriendorfes Düni 200 m vom Strand entfernt (geöffnet 1.5.–30.10.); *Camping Oasis,* 1 km südlich von Losenez (geöffnet 10.5.–30.9.)

Essen und Trinken: In Sosopol bietet die *Vjatarna melnitsa,* die Windmühle in der Morski Skali, ein nettes Ambiente mit abendlicher Musikunterhaltung; im *Neptun* in derselben Straße hat man sich auf Fischgerichte spezialisiert, hier sitzt man stilvoll oberhalb des Meeres. Ansonsten finden Sie Restaurants in allen Hotels sowie in den Zentren von Pomorie, Burgas und Sosopol.

Bank: Geldwechsel ist in allen Hotels und auf den Campingplätzen möglich.

Festival: Jedes Jahr wird in Sosopol im September das *Apollonia-Festival* gefeiert, bei dem Künstler aus ganz Bulgarien auftreten.

TIPS & ADRESSEN

Alle wichtigen
Informationen rund
ums Reisen – von
Auskünften bis Zoll.

Ein Sprachführer
hält die wichtigsten
Redewendungen
bereit, ein Glossar
die gebräuchlichsten
landesspezifischen
Fachbegriffe.

Reise-Highlights und
Sehenswürdigkeiten
auf einen Blick.

INHALT

REISEVORBEREITUNG

Informationsstellen

Informationsmaterial über Urlaub in Bulgarien sowie über die neuesten Bestimmungen im Reiseverkehr erhalten Sie bei den bulgarischen Fremdenverkehrsämtern:

... in Deutschland
Eckenheimer Landstr. 101
60318 Frankfurt am Main
☏ 0 69/29 52 84
Fax 29 52 86
Kochstr. 74, 10969 Berlin
☏ 0 30/2 51 16 47
Fax 2 51 25 79

... in Österreich
Rechte Wienzeile 13, 1040 Wien
☏ 02 22/5 87 77 62

... in der Schweiz
Schaffhauserstr. 5, 8006 Zürich
☏ 01/3 62 87 87

Diplomatische Vertretungen

... in Deutschland
Botschaft der Republik Bulgarien
Auf der Hostert 6, 53173 Bonn
☏ 02 28/35 10 71
Fax 36 16 97

... in Österreich
Botschaft der Republik Bulgarien
Schwindgasse 8, 1040 Wien
☏ 01/5 05 64 44

... in der Schweiz
Botschaft der Republik Bulgarien

Bernstr. 4, 3005 Bern
☏ 0 31/43 14 55

Einreise-, Devisen und Zollbestimmungen

Für die Einreise nach Bulgarien ist ein gültiger Reisepaß notwendig, Personalausweise reichen nicht aus! Die Einreise für Besucher aus Deutschland, Österreich und der Schweiz ist visafrei, soweit sie nicht länger als 4 Wochen im Land verweilen.

Devisen dürfen in unbeschränkter Höhe ein- und ausgeführt werden. **Bulgarische Währung** darf weder ein- noch ausgeführt werden.

Gegenstände des persönlichen Bedarfs können zollfrei eingeführt werden. Kaufen sie wertvollere und größere Gegenstände im Land, so ist eine Ausfuhrgenehmigung erforderlich und eventuell Zoll zu entrichten. Zu beachten sind natürlich die Einfuhrbestimmungen des Heimatlandes.

Antiquitäten dürfen in der Regel nicht ausgeführt werden. Zuwiderhandlungen werden streng bestraft.

Über die aktuellen Zollbestimmungen, die im Augenblick einem raschen Wandel unterliegen, informiert Ihr Reiseveranstalter oder das Bulgarische Fremdenverkehrsamt.

Gesundheitsvorsorge

Eine spezielle Gesundheitsvorsorge ist nicht erforderlich. Persönliche

Medikamente sollten aber mitgenommen werden.

Der Abschluß einer **Auslandskranken- und Unfallversicherung** ist zu empfehlen, da mit Bulgarien kein Sozialversicherungsabkommen besteht und die Kosten für Behandlungen vor Ort erst einmal privat zu bezahlen sind.

Reisegepäck

Für einen Badeurlaub am Schwarzen Meer empfiehlt sich das übliche Reisegepäck: Sonnenschutzmittel, Badesachen, leichte Kleidung etc. Viele westliche Produkte können auch vor Ort erstanden werden. Das kann nicht ohne weiteres auf das Landesinnere übertragen werden, vor allem kleinere Orte sind in der Regel auf Touristen nicht eingestellt und bieten nur ein bescheidenes Angebot für Einheimische.

Auch im Sommer können die Abende manchmal frisch werden, einen warmen Pullover sollte man also dabeihaben. Dasselbe gilt für Regenbekleidung.

Wanderer sollten neben entsprechendem Schuhwerk auch warme Kleidungsstücke und Regenschutz im Gepäck haben, vor allem wenn sie sich in die höheren Regionen der Gebirge wagen.

Reisezeit

Bulgarien eignet sich als ganzjähriges Reiseziel. Natürlich stehen die heißen Sommermonate Juli und August im Zentrum des Urlauberstroms. Von Mai bis in den Oktober hinein kann im Schwarzen Meer gebadet werden, in der Vor- und Nachsaison sind einige Regentage einzukalkulieren. Je nach Höhenlage bieten die Skigebiete des Landes bis zu 6 Monate im Jahr Schneefreuden. Viele der großen Kur- und Heilanlagen sind das ganze Jahr über in Betrieb.

Klimatabelle

In Varna gemessene Werte	Luft max.	min.	Wasser
April	15 °C	10 °C	10 °C
Mai	21 °C	12 °C	15 °C
Juni	26 °C	16 °C	19 °C
Juli	29 °C	18 °C	22 °C
August	29 °C	17 °C	23 °C
September	24 °C	14 °C	21 °C

ANREISE

... mit dem Flugzeug

Der internationale Flughafen von Sofia wird von zahlreichen europäischen Städten aus angeflogen. Direktflüge gibt es u. a. von Berlin, Leipzig, München und Frankfurt. Der normale Flugpreis von Frankfurt nach Sofia z. B. beträgt ca. 1000 DM (hin und zurück). Durch unterschiedliche Spartickets kann jedoch ein wesentlich günstigerer Preis erzielt werden. Erkundigen Sie sich über das aktuell günstigste Angebot in einem Reisebüro.

Charterflüge sind die preisgünstigste Möglichkeit, an die Schwarzmeerküste zu gelangen. Fast alle größeren deutschen Flughäfen kommen als Abflughäfen in Betracht. Die Preise beginnen bei ca. 400 bis 500 DM (hin und zurück) incl. einer Woche Aufenthalt mit einfacher Unterkunft. Teilweise werden Kinderermäßigungen von 50 %–100 % angeboten.

Schwarzmeerurlauber landen in Varna oder Burgas, der weitere Transfer zu den Ferienzentren erfolgt bei Charterflügen mit Bussen.

... mit der Bahn

Eine Anreise mit der Bahn ist durch die Krisensituation im ehemaligen Jugoslawien gegenwärtig ständigen Veränderungen unterworfen. Die reguläre Verbindung führt von München über Wien, Budapest, Belgrad, Bukarest nach Sofia. Diese Fahrt dauert ca. 26 Std. (Normaltarif: 410 DM hin und zurück; Schlafwagen 70 DM Aufschlag).

Über die augenblickliche Anreiseroute informiert die Deutsche Bahn AG.

... mit dem Bus

Einige größere Städte unterhalten Busverbindungen mit Sofia: z. B. Berlin, Düsseldorf, Frankfurt, Köln, München, Nürnberg. Die Fahrzeit beträgt ohne Unterbrechung 32 Std., die Kosten belaufen sich für die einfache Strecke auf 140–200 DM. Auch diese Verbindungen sind durch den Krieg im ehemaligen Jugoslawien ständigen Veränderungen unterworfen.

Aktuelle **Auskünfte und Fahrpläne erhalten** Sie bei
Balkan-Holidays
Stephanstr. 3, 60313 Frankfurt/M.
☎ 0 69/29 07 55.

... mit dem Auto

Ob die kürzeste Anreisemöglichkeit über Österreich und die Nachfolgerepubliken des ehemaligen Jugoslawien derzeit zu empfehlen ist, erfahren Sie am besten bei einem der Autoclubs.

Eine etwas längere Strecke führt über Ungarn und Rumänien nach Vidin im Nordwesten Bulgariens. Informationen über Transitbestimmungen der Durchreiseländer sowie Hilfestellungen bei der Routenplanung erhalten Sie ebenfalls bei den Automobilclubs.

Für die Einreise nach Bulgarien sind ein Führerschein, Kfz-Papiere sowie die grüne Versicherungskarte erforderlich.

Bei der Einreise mit dem PKW sind an der Grenze Straßenbenutzungsgebühren zu entrichten.

UNTERWEGS IN BULGARIEN

... mit dem Flugzeug

Von Sofia aus existieren Inlandsverbindungen mit Varna und Burgas. Für einen einfachen Flug von Sofia nach Varna sind ca. 100 DM zu veranschlagen. **Informationen und Buchung** sind bei den regionalen Büros der Fluggesellschaft *Balkan* möglich sowie in deren deutschen Büros in Berlin (✆ 0 30/2 51 44 05), Frankfurt (✆ 0 69/29 51 67) und München (✆ 0 89/22 28 91).

... mit der Bahn

Das Eisenbahnnetz ist gut ausgebaut, wenngleich die Züge nicht sehr schnell fahren und aufgrund des Alters und des Zustands der Schienennetzes längere Reisestrecken nicht gerade bequem zurückzulegen sind. Häufigere Verbindungen mit Fernzügen gibt es von Sofia aus nach Burgas und Varna am Schwarzen Meer, über Kulata nach Griechenland sowie in Richtung Bukarest. Die Fernzüge führen tagsüber Speisewagen und nachts preiswerte Schlafwagen, z. T. auch Liegewagen mit sich. Die Preise für innerbulgarische Strecken sind verhältnismäßig niedrig. Wer per Bahn in abgelegenere Regionen fahren will, sollte viel Zeit mitbringen. *Inter-Rail*-Karten sind in Bulgarien gültig.

... mit dem Bus

Fast alle Dörfer und Städte verfügen über einen Busanschluß, der auf den Regionalverkehr zugeschnitten ist. Informationen darüber sind nur direkt vor Ort erhältlich. Bei der Benutzung dieser Busse sind viel Zeit und Nachfragen erforderlich und bulgarische Sprachkenntnisse hilfreich.

Auf touristische Bedürfnisse zugeschnitten ist lediglich der Buspendelverkehr zwischen den Ferienorten am Schwarzen Meer. In der Hauptferienzeit verkehren hier stündlich Busse.

... mit dem Schiff

Zwischen einigen Schwarzmeerhäfen verkehren während der Hauptsaison Ausflugsboote, es gibt jedoch keinen festen und verläßlichen Fahrplan. Informationen über Abfahrtszeiten erhalten Sie in jedem Hafen. Die Preise sind relativ iedrig.

Über **Schiffsreisen nach Istanbul** (2–3 Tage ca. 350 DM) informieren Sie lokale Reiseveranstalter oder fragen Sie einfach an Ihrer Hotelrezeption nach.

Auch **auf der Donau** zwischen Russe und Vidin verkehren Boote. Auskunft: Binnenhafen Russe, ☎ 0 82/2 27 91; Binnenhafen Vidin, ☎ 0 94/2 26 05. Die Fähre zwischen Vidin und Kalafat (Rumänien) über die Donau verkehrt zwei- bis viermal täglich, bei Bedarf öfters. Für einen PKW mit 2 Personen müssen Sie mit ca. 40 DM für eine einfache Überfahrt rechnen.

... mit dem Auto

Autobahnen und Bundesstraßen, die die großen Städte miteinander verbinden, sind im allgemeinen gut ausgebaut. Auch die Hauptstrecke entlang des Schwarzen Meeres ist in gutem Zustand. Ein dichtes Straßennetz überzieht das Land, fast alle Straßen sind asphaltiert. Abseits der Hauptstraßen ist jedoch häufiger mit tiefen Schlaglöchern zu rechnen, die größere Beschädigungen hervorrufen können. Erhöhte Aufmerksamkeit ist generell geboten, weil oft Eselskarren unterwegs sind – auch auf Straßen, auf denen sie eigentlich nicht erlaubt sind.

Vor allem im Landesinneren, jenseits der Hauptverbindungsstrecken, sind die **Verkehrsschilder** in kyrillischer Schrift verfaßt, die Orientierung fällt deshalb oft nicht leicht. Eine Karte, in der die größeren Orte in kyrillischer Schrift eingetragen sind, ist hilfreich (s. S. 224).

Da bisweilen auch Verkehrsschilder gestohlen werden, um damit ein paar Pfennige zu verdienen, ist manchmal Spürsinn für die richtige Richtung zu entwickeln.

Beim Autofahren beträgt die Promillegrenze 0,5. Die erlaubte **Höchstgeschwindigkeit** beträgt in Ortschaften für Pkw 60 km/h, für Pkw mit Anhänger und Motorräder 50 km/h. Außerhalb von Ortschaften für Pkw 80 km/h (auf Autobahnen 120 km/h), für Pkw mit Anhänger und Motorräder 70 km/h (auf Autobahnen 100 km/h). Bei Unfällen muß man auf jeden Fall auf das Eintreffen der Polizei warten. Unterschreiben Sie keine Protokolle, mit denen Sie nicht einverstanden sind bzw. deren Inhalt Sie nicht zweifelsfrei kennen.

Die Autos der **bulgarischen Straßenhilfe** sind in großen Städten wie Sofia und Varna zwischen 6 und 22 Uhr, auf wichtigen Verbindungsstrecken zwischen Sofia und dem Schwarzen Meer sowie auf den Transitstrecken nach Griechenland und in die Türkei zwischen 9 und 22 Uhr unterwegs.

Benzin ist überall erhältlich, das Tankstellennetz ist allerdings in abgelegeneren Gebieten nicht so dicht. Bleifreies Benzin wird an zunehmend mehr Tankstellen angeboten. Normalbenzin mit 86 Oktan ist nicht zu empfehlen, tanken Sie besser Normalbenzin mit 93 Oktan oder Super mit 96 Oktan. Letzteres ist jedoch nicht an allen Tankstellen verfügbar. Die Benzinpreise liegen deutlich unterhalb des von zu Hause gewohnten Niveaus.

Mit dem zunehmenden Import westlicher Fahrzeugtypen steigen auch die Chancen, in den Werkstätten passende Ersatzteile zu finden. Aber auch wenn das nicht möglich sein sollte: Viele bulgarische Mechaniker – und auch Autofahrer! – sind wahre Meister der Improvisation.
Pannenhilfe ✆ 1 46 (nicht überall)
Unfallrettung ✆ 1 50
Polizeinotruf ✆ 1 46

... mit dem Leihwagen

In den größeren Touristenorten sowie an den Flughäfen stehen Leihwagen zur Verfügung. Der Abschluß einer Vollkaskoversicherung ist zu empfehlen.

Auskünfte erhält man an allen Hotelrezeptionen. Die Preise weisen westeuropäisches Niveau auf (ca. 50 DM pro Tag).

UNTERKUNFT

Hotels

Die **Schwarzmeerküste** ist selbstverständlich das Zentrum des Fremdenverkehrs. Hier finden Sie alle Hotelkategorien vor: vom 2-Sterne bis zum luxuriösen 5-Sterne-Hotel. Die Vergabe von Sternen entspricht dabei nicht den bei uns gewohnten Maßstäben, kann im Normalfall aber als Orientierung für Ausstattung und Service dienen.

Die meisten Hotels in Bulgarien verfügen über zwei oder drei Sterne und weisen – vor allem außerhalb der Badeorte – in der Regel nicht westeuropäischen Standard auf. Im **Landesinneren** wird man als Individualreisender noch mit vielen Hotels vorliebnehmen müssen, die weder von der Ausstattung noch vom Service her den durchschnittlichen Anforderungen genügen und ein schlechtes Preis-/Leistungsverhältnis aufweisen.

Der **Übernachtungspreis** pro Person in einem Zwei- bis Drei-Sterne-Hotel beträgt bei individueller Buchung zwischen 20 und 60 DM.

Die von Reiseveranstaltern vorgebuchten Hotels, sei es am Meer oder im Gebirge, weisen dagegen im Normalfall höhere Qualitätsstandards auf und sind weitaus billiger.

Probleme, ein freies Zimmer zu finden, bestehen in der Regel höchstens während der Hochsaison am Schwarzen Meer.

Appartements

Am Schwarzen Meer werden auch kleine Bungalows, Ferienhäuser und Appartements vermietet, die z. T. auch Selbstverpflegung ermöglichen. Eine **Buchung** erfolgt am besten vom heimatlichen Reisebüro aus, kann aber auch vor Ort bei einem der örtlichen Reisebüros getätigt werden. Die

Preise liegen je nach Ausstattung und Größe zwischen 20 und 100 DM pro Tag.

Privatquartiere

Nach kleinen Schildern, die auf Privatquartiere hinweisen, wird man in Bulgarien meist vergeblich suchen. Anzeichen eines Wandels gibt es seit kurzem in Sofia sowie am Schwarzen Meer (Burgas, Varna, Nessebar, Pomorie, Sosopol), aber auch bereits in Orten wie Pleven, Samokov oder Sandanski. Meist handelt es sich um äußerst schlichte Unterkünfte.

Privatquartiere können Sie bereits im Reisebüro in Deutschland buchen, die Preise pro Person im Doppelzimmer schwanken zwischen 15 und 20 DM pro Nacht. Besonders preisgünstige Privatzimmer können Sie vor Ort in verschiedenen Reisebüros buchen (s. jeweils Hinweise im Reiseteil), die Qualität der Unterkünfte schwankt jedoch erheblich.

Klöster

Manche Klöster (wie z. B. das Rila-, Batschkovo- oder das Trojan-Kloster) bieten Unterkunftsmöglichkeiten an. Für sehr wenig Geld muß man auf eine spartanische Ausstattung gefaßt sein, die aber durchaus eigenen Reiz haben kann.

Campingplätze

Das Gros der Campingplätze liegt am **Schwarzen Meer**, eine dichte Kette von Campinganlagen erstreckt sich von der rumänischen Küste bis nahe an die türkische Grenze. Meist verfügen sie über schattige Stellplätze, riesige Sandstände und sehr gute Bademöglichkeiten. Vor allem für Wohnwagen und Wohnmobile sind diese Campingplätze gut geeignet. Allerdings entspricht das Niveau der sanitären Anlagen in der Regel nicht westeuropäischen Ansprüchen. Aber auch hier sind mittlerweile Veränderungen eingetreten, vorrangig natürlich am Schwarzen Meer. Durch das Ausbleiben osteuropäischer Gäste gibt es kaum noch Platzprobleme: Außerhalb der beiden Hauptmonate Juli und August kann man auch am Schwarzen Meer idyllische und ruhige Plätze finden.

Im **Landesinneren** existiert ebenfalls ein relativ dichtes Netz von Campingplätzen, leider ist das Niveau der sanitären Anlagen teilweise unzumutbar. Doch auch hier sind Veränderungen in Gang gesetzt worden, die freilich längere Zeit in Anspruch nehmen werden als am Schwarzen Meer. **Freies Camping** ist in ganz Bulgarien verboten.

Anschlüsse für Eurostecker sind nicht in jedem Fall verfügbar, ein Zwischenstück für normale Stecker sollte mitgenommen werden.

ESSEN & TRINKEN

Restaurants

Nahezu alle Hotels verfügen über eigene Restaurants, große Hotels auch über mehrere. Diese Restaurants werden üblicherweise auch von Nichthotelgästen besucht.

Am **Schwarzen Meer** bestehen darüber hinaus viele Möglichkeiten, essen zu gehen: Vom einfachen Imbiß bis zur gehobenen Folkloregaststätte *(mechana)* ist hier alles vertreten.

Im **Landesinneren** sind Restaurants nur in den Stadtzentren zu finden. Anders als bei uns ist ihre Anzahl sehr gering. So muß man auch hier in der Regel mit Hotelrestaurants vorliebnehmen. In vielen Restaurants macht abends eine Gruppe Musik – oft mit nicht gerade geringer Lautstärke.

Für Ausländer sind Essen und Trinken in Bulgarien extrem billig: Ein Abendessen mit Getränk für 5 bis 10 DM ist durchaus keine Seltenheit. Gerade am Schwarzen Meer haben sich in den letzten Jahren Service und Qualität merklich verbessert. Von der Mehrzahl der Restaurants im Landesinneren kann dies leider noch nicht behauptet werden: Die an sich schmackhafte bulgarische Küche wird häufig immer noch etwas lieblos zubereitet.

Die bulgarische Küche

Ein bulgarisches Essen beginnt traditionsgemäß mit einem *Schopska-*Salat: einem gemischten Salat aus Tomaten, Gurken und Paprikaschoten, Zwiebeln, Gewürzen und Schafskäse. Es ist durchaus üblich, davor und dazu einen Schnaps zu trinken.

Auf jeden Fall sollten Sie einmal eine *Tarator* probieren (s. S. 99), eine kalte Suppe, die als **Vorspeise** serviert wird.

Bei den **Hauptgerichten** dominieren Fleischspeisen: Schweine-, Rind- und Hammelfleisch, aber auch Geflügel. In fast allen Restaurants werden *Kebaptscheta* (Fleischröllchen aus Hackfleisch), Fleischspieße, Schnitzel oder Koteletts serviert. Dazu wird normalerweise viel Brot gegessen, Standardbeilage sind mittlerweile Pommes frites geworden.

Am Schwarzen Meer kann man mit frischem Fangfisch rechnen, der sowohl als Vor- wie auch als Hauptspeise dienen kann.

Güvetsch ist ein typisch bulgarisches Gericht, ein mit Kartoffeln und verschiedenen Gemüsesorten im Tontopf geschmortes Fleisch. Eine *Mussaka* ist ein Auflauf aus Hackfleisch, Kartoffeln, Eiern und Auberginen. Nicht so häufig wird dagegen *Sarmi* angeboten, mit Fleisch gefüllte Rouladen aus Wein- oder Weißkohlblättern.

Kaschkaval, ein Käse aus Kuhmilch, bildet ein geeignetes **Dessert,** wenn man nicht Früchte, Eis oder Kaffee vorzieht.

Als **Imbiß** zwischendurch oder unterwegs empfehlen sich *Baniza,* Teigtaschen aus warmem Blätterteig mit Käsefüllung.

Getränke

Längst hat natürlich auch Coca-Cola seinen Siegeszug in Bulgarien angetreten, aber das Land kann durchaus eigene Getränke in guter Qualität anbieten, was schon bei Wasser und farbenfrohen Limonaden anfängt.

Fast jede Region in Bulgarien verfügt über eigene **Rot- und Weißweine.** Sie können Dutzende von schmackhaften und guten Weinen finden. In der Mehrzahl sind es trockene Weine, aber es gibt auch süße Dessert- und Schaumweine. Bevorzugen Sie einen kräftigen, schweren Rotwein, sollten Sie einmal einen einheimischen *Cabernet Sauvignon* probieren. Der *Gamsa* aus Nordbulgarien zählt hingegen zu den leichteren Rotweinen. Empfehlenswerte Weißweine sind: *Misket, Damianka, Dimiat* sowie *Chardonnay* und *Riesling.*

In Bulgarien wird auch gutes **Bier** gebraut, versuchen Sie einmal Bier aus Pleven, Schumen oder – besonders zu empfehlen – Stara Sagora. Die beliebtesten – und auch empfehlenswerten Marken –, die fast überall angeboten werden, sind *Zagorka* und *Astika.*

Bulgarische **Schnäpse** sind auch bei uns bekannt: *Slivova* (ein klarer Pflaumenschnaps), *Grosdova* (Traubenschnaps) oder *Mastika* (Anisschnaps) sowie der bulgarische Cognac.

URLAUBSAKTIVITÄTEN

Baden und Wassersport

Die bulgarische Schwarzmeerküste ist ein Eldorado für Badefreunde. Kilometerlange Sandstrände, die an vielen Orten sehr flach ins Wasser abfallen, sind im gesamten Küstenbereich zu finden. Man hat dabei die Wahl zwischen viel Trubel und Strandleben oder einsameren Buchten und Stränden abseits der großen Ferienzentren.

In den Badeorten werden viele **Wassersportaktivitäten** angeboten. Surfbretter können entliehen werden, Lehrer stehen für Kurse zur Verfügung. Auch Tauchlehrgänge können absolviert werden. Wasserskilaufen wird ebenso angeboten wie Parasailing oder Segeln. Manche Hotels verfügen darüber hinaus über eigene Swimmingpools oder Hallenbäder.

Eine Badekultur an den **Seen Bulgariens** wie wir sie bei uns kennen, wird man vergeblich suchen. Aber auch auf diesem Gebiet darf mit Veränderungen gerechnet werden.

Reiten und Wandern

Die größeren Badeorte bieten Reitmöglichkeiten an. Zum Teil werden auch Reitausflüge veranstaltet.

Reise-Highlights

Landschaften
Belogradtschik-Felsen (S. 98)
Bujanovsko-Schdrelo-Cañon
(S. 117)
Kamtschija-Mündungsgebiet
(S. 193)
Parangaliza-Naturschutzgebiet
(S. 87)
Pirin-Nationalpark (S. 92f.)

Strände
Strände bei Kosmos und Krapez
(S. 179f.)
Strände an der Mündung des
Ropotamo (S. 200)

Höhlen
Jagodinska Peschtera bei Trigrad
(S. 117)
Ledenika-Höhle bei Vraza (S. 95)
Magura-Höhle bei Rabischa (S. 98)
Saeva-Dupka-Höhle bei Brestniza
(S. 128)

Ortschaften und Stadtteile
Arbanassi (S. 150)
Bansko (S. 92)
Boshenzi (S. 137f.)
Etar (S. 137)
Koprivschtiza (S. 153ff.)
Melnik (S. 87)
Nessebar (S. 197)
Plovdiv, Altstadt (S. 106ff.)
Schiroka Laka (S. 116)
Tarnovo, Altstadt (S. 145)

Klöster
Aladsha-Kloster (S. 176)
Batschkovo-Kloster (S. 110ff.)
Preobrashenski-Kloster (S. 149)

Rila-Kloster (S. 82ff.)
Roshen-Kloster (S. 89)
Trojan-Kloster (S. 133)

Archäologische Objekte
Kasanlak, Thrak. Grabmal
(S. 158ff.)
Madara (S. 182ff.)
Pliska (S. 181f.)
Plovdiv, Röm. Theater (S. 107)
Sveschtari, Thrak. Grabmal
(S. 191)
Tarnovo, Zarevez-Hügel (S. 141)

Kirchen und Moscheen
Arbanassi, Christi-Geburt-Kirche
(S. 151)
Nessebar, Pantokrator- und
Aliturgetos-Kirche (S. 197f.)
Samokov, Bairakli-Moschee
(S. 78)
Schumen, Tombul-Moschee
(S. 187)
Sofia, Alexander-Nevski-
Kathedrale (S. 70f.)
Sofia, Sveti-Georgi-Rotunde (S. 66)
Tarnovo, Petrus-und-Paulus-Kirche
(S. 144)

Museen
Kardshali, Historisdhes Museum
(S. 120)
Pleven, Historisdhes Museum
(S. 129)
Plovdiv, Archäologisches Museum
(S. 109)
Sofia, Archäologisches National-
museum (S. 73)
Sofia, Ethnographisches. Museum
(S. 73)

Die zahlreichen Gebirge Bulgariens eröffnen Wanderfreunden die unterschiedlichsten, je nach Training und Ausdauer gestaffelte, Angebote. Die Palette reicht von einstündigen Kurzwanderungen bis zu mehrtägigen Hochgebirgstouren. Bulgarien verfügt über ein sehr gut ausgebautes **Hüttennetz,** sie sind allerdings nur zum Teil bewirtschaftet und nicht immer geöffnet.

Auskünfte werden entweder in der jeweiligen Region erteilt oder beim Zentralen Bergrettungsdienst in Sofia, der mit über 100 Hütten Funkkontakt hält (Todor-Kableschkov-Str. 52, ✆ 02/56 28 29, 56 49 47, 56 30 12). Bei einigen Reiseveranstaltern können auch **organisierte Wandertouren** gebucht werden.

Skilaufen

Viele große Reiseveranstalter haben die bulgarischen Skigebiete in ihr Programm aufgenommen. Im Mittelpunkt stehen dabei Pamporovo in den Rhodopen und Borovez im Rilagebirge. Hinzu kommt noch das Vitoschagebirge bei Sofia und die Bergwelt rund um Bansko. Zahlreiche Lifte und Pisten verschiedener Schwierigkeitsgrade stehen zur Verfügung, Langlaufloipen sind nur in geringerer Anzahl vorhanden. Eine entsprechende Infrastruktur (Skischulen, Kinderbetreuung, Skiverleih etc.) existiert. Verglichen mit westeuropäischen Skigebieten ist ein Skiurlaub in Bulgarien nicht nur äußerst preiswert, sondern auch schneesicher.

KLEINER SPRACHFÜHRER

In Bulgarien kommt man im allgemeinen auch ohne bulgarische Sprachkenntnisse ganz gut zurecht. Viele sprechen Deutsch, Englisch oder Französisch, und natürlich kann man sich mit den meisten Bulgaren auch auf Russisch verständigen. In den Touristenzentren am Schwarzen Meer, in Hotels, Restaurants und Museen wird man als deutschsprachiger Besucher in der Regel keine Schwierigkeiten haben.

Das größte Problem stellt für westliche Besucher die **kyrillische Schrift** dar (s. Thema *Slawenapostel*, S. 68). Nicht auf allen Straßenschildern und Hinweistafeln findet man neben der kyrillischen Beschriftung auch die lateinische Umschrift. Dies ist vor allem in Regionen abseits des Strandtrubels der Fall. Zur besseren Orientierung ist es dann hilfreich, wenn man die kyrillischen Buchstaben, von denen uns einige auf den ersten Blick sehr fremdartig erscheinen, entziffern kann.

Im Deutschen existieren seit den 70er Jahren unterschiedliche Richtlinien zur Transkription der bulgarischen Schrift. Diesem Reiseführer liegt bei der Wiedergabe bulgarischer Begriffe und Namen nicht der An-

Das kyrillische Alphabet

Großbuchstabe	Kleinbuchstabe	häufige Umschrift	Ausspracheregeln
А	а	a	kurzes offenes betontes a wie in Wald
Б	б	b	b
В	в	v/w	w wie in Vase
Г	г	g	g
Д	д	d	d
Е	ё	e	kurzes offenes e wie in Fett
Ж	ж	ž/sh	wie das zweite g in Garage oder wie das j in Journalist
З	з	z/s	immer stimmhaft wie in Rose
И	и	i	kurzes offenes i wie in Bild,
Й	й	j	nach a, o, u wie in Mai; sonst immer wie unser j
К	к	k	k
Л	л	l	vor e und i wie im Deutschen in Leben, Linde; weich vor ja, ju, jo; sonst hart, wie engl. l in ill
М	м	m	m
Н	н	n	n
О	о	o	kurzes offenes betontes o wie in Sommer oder unbetontes, etwas reduziertes o wie in Moral
П	п	p	p
Р	р	r	immer gerolltes Zungenspitzen-r wie im Bayrischen
С	с	ss/ß	scharfes s wie in Messe
Т	т	t	t
У	у	u	kurzes u wie in Bus
Ф	ф	f	f
Х	х	ch	liegt zwischen ch in Bach und h in Hotel
Ц	ц	c/z	wie z in Zahn
Ч	ч	č/tsch	wie in Deutsch
Ш	ш	š/sch	wie in Schuhe
Щ	щ	scht	wie in Stück
Ъ	ъ	ę	dieser Laut klingt wie ein unbetontes e in Mutter oder singen
Ю	ю	ju	ju
Я	я	ja	ja

spruch auf Wissenschaftlichkeit zugrunde, sondern die Absicht, daß die verwendete lateinische Umschrift in deutscher Aussprache dem Klang im Bulgarischen möglichst nahe kommt. Auch wenn dies nicht immer hundertprozentig möglich ist, so hilft es doch bei der Verständigung. Auf Akzente wurde aus Gründen der Lesbarkeit verzichtet.

Seien Sie deshalb nicht überrascht, wenn Sie auf Schildern oder in Broschüren für ein und dasselbe Wort eine unterschiedliche lateinische Umschrift vorfinden (beispielsweise *Warna* statt Varna oder *Weliko Tarnowo* für Veliko Tarnovo). Das Wichtigste ist und bleibt die Möglichkeit einer Verständigung, und jeder Bulgare wird sich freuen, wenn Sie Versuche in der Landessprache unternehmen, seien sie auch noch so unvollkommen.

Für einen ›leichten‹ Einstieg in die bulgarische Sprache sowie als brauchbare Hilfe für die Verständigung unterwegs sei das Bändchen ›Bulgarisch für Globetrotter‹ von Elena Engelbrecht im Peter Rump Verlag empfohlen.

Die folgenden bulgarischen Wörter sind als erste Hilfestellung gedacht. Auch hier wurde bei der lateinischen Umschrift eine Form gewählt, die der bulgarischen Aussprache möglichst nahe kommt.

Wichtige Redewendungen

Zeitbegriffe
Wie spät ist es?
kolko e tschaset?
heute/gestern
dnes/vetschera
morgens/morgen
utre
mittags/nachmittags
na obed/sled obed
abends/nachts
vetscherta/pres noschta

Auskünfte
Ich bin aus Deutschland
as sem ot Germanija
aus Österreich
as sem ot Avstrija
aus der Schweiz
as sem ot Schwejzarija

Das glagolitische (s. S. 68) im Vergleich mit dem kyrillischen Alphabet

Wo ist/liegt…?
kede e…?…
Wie kommt man nach…?
kak se otiva do…?
Wie weit ist es bis…?
kolko daletsche e do…?
Wieviel kostet das?
kolko struva tova?
Wo ist die Toilette?
kede e toaletnata?

Höflichkeitsformeln
bitte/danke
molja/blagodarja
ja/nein
da/ne
viel/ein wenig
mnogo/malko
gut/schlecht
dobre/sle oder *loscho*
groß/klein

goljamo/malko
neu/alt
nov/star
mit/ohne
ses/bes
Ich verstehe nicht
as ne rasbiram
Wie heißen Sie?
kak se kasvate?
Ich heiße…
as se kasvam…
Verzeihung
proschtavajte
Guten Morgen
dobro utro
Guten Tag
dober den
Guten Abend
dober vetscher
Gute Nacht
leka noscht
Auf Wiedersehen
dovishdane

Zahlen

0 *nula*	10 *deset*	80 *osemdeset*
1 *edno*	11 *edinadeset*	90 *devetdeset*
2 *dve*	12 *dvanadeset*	100 *sto*
3 *tri*	13 *trinadeset*	200 *dvesta*
4 *tschetiri*	14 *tscheterinadeset*	300 *trista*
5 *pet*	15 *petnadeset,* usw.	400 *tschetiristotin*
6 *schest*	20 *dvadeset*	500 *petstotin*
7 *sedem*	30 *trideset*	600 *scheststotin*
8 *osem*	40 *tschetirideset*	700 *sedemstotin*
9 *devet*	50 *petdeset*	800 *osemstotin*
	60 *schestdeset*	900 *devetstotin*
	70 *sedemdeset*	1000 *chiljada*

Wichtige Orientierungswörter

Arzt	*lekar*	ЛЕКАР
Krankenhaus	*bolniza*	БОЛНИЦА
Apotheke	*apteka*	АПТЕКА
Bahnhof	*gara*	ГАРА
Bahnsteig	*kolovos*	КОЛОВОЗ
Ankunft	*pristigane*	ПРИСТИГАНЕ
Abfahrt	*tregvane*	ТРЪГВАНЕ
Bus	*avtobus*	АВТОБУС
Hafen	*pristanischte*	ПРИСТАНИЩЕ
Flughafen	*aerogara*	АЕРОГАРА
Tankstelle	*bensinostanzija*	БЕНЗИНОСТАНЦИЯ
Benzin	*bensin*	БЕНЗИН
Diesel	*diselno gorivo*	ДИЗЕЛНО ГОРИВО
Bank	*banka*	БАНКА
Postamt	*poschta*	ПОЩА
Museum	*musej*	МУЗЕЙ
Burg	*krepost*	КРЕПОСТ
Kirche	*zerkva*	ЦЪРКВА
Moschee	*dshamija*	ДЖАМИЯ
Kloster	*manastir*	МАНАСТИР
Hotel	*chotel*	ХОТЕЛ
Camping	*kemping*	КЪМПИНГ
Restaurant	*restorant*	РЕСТОРАНТ
Gaststätte	*mechana*	МЕХАНА
Café	*kafene*	КАФЕНЕ
Bar	*bar*	БАР
Diskothek	*diskoteka*	ДИСКОТЕКА
Geschäft	*magasin*	МАГАЗИН
Bäckerei	*chlebarniza*	ХЛЕБАРНИЦА
Fleischerei	*mesarniza*	МЕСАРНИЦА
Gramm	*gram*	ГРАМ
Kilo	*kilo*	КИЛО
geöffnet	*otvoreno*	ОТВОРЕНО
geschlossen	*satvoreno*	ЗАТВОРЕНО
Männer	*mashe*	МЪЖЕ
Frauen	*sheni*	ЖЕНИ
Achtung!	*vnimanie!*	ВНИМАНИЕ!
Halt!	*stoj!*	СТОЙ!

REISEINFORMATIONEN VON A BIS Z

Auskünfte

Allgemeine Auskünfte sind derzeit in Bulgarien nur schwer zu erhalten. Das dichte Netz der *Balkantourist*-Informationsstellen wurde abgeschafft. Alle Organisationen, die Auskünfte vermitteln, fühlen sich nur für ihren Bereich zuständig bzw. vermitteln Tips, Ausflüge etc., an denen sie unmittelbar verdienen. Ein unabhängiges, allgemeines Informationsnetz muß erst neu aufgebaut werden. Am besten funktioniert dies noch in den großen Seebädern.

Diebstähle und Sicherheit

Wie in allen osteuropäischen Staaten hat sich seit dem Umbruch von 1989 die Zahl der Diebstähle erhöht. Dies trifft vor allem auf das Schwarze Meer und die großen Städte zu. Die Situation unterscheidet sich jedoch nicht wesentlich von den westeuropäischen Touristenzentren: Generell sollte man keine Wertsachen mit an den Strand nehmen bzw. immer ein Auge darauf werfen. Teure Wertgegenstände können an der Rezeption des Hotels abgegeben bzw. im Schließfach verwahrt werden. Ansonsten gelten die normalen Vorsichtsregeln wie überall auf der Welt.

Stark zugenommen hat die Zahl der **Autodiebstähle**. Sofern Sie mit eigenem oder Leihwagen unterwegs sind, sollten Sie am besten einen bewachten Parkplatz oder eine Hotelgarage ansteuern.

Diplomatische Vertretungen

Deutschland
Botschaft der Bundesrepublik Deutschland
Uliza Frederic Juliot Curie 25
Sofia
☎ 02/9 63 45 18

Österreich
Österreichische Botschaft
Uliza Shipka 4
Sofia
☎ 02/9 81 17 21

Schweiz
Schweizer Botschaft
Shipka-Str. 33
Sofia
☎ 02/9 43 30 68

Einkauf und Souvenirs

In allen Touristenorten findet man Läden, die Erzeugnisse bulgarischen Kunsthandwerks anbieten: Handgearbeitete Tischdecken und Blusen, geschnitzte Figuren und Schmuckkästchen sowie die verschiedensten Keramikgefäße. Vielerorts werden Reproduktionen alter Ikonen zu günstigen Preisen angeboten. Ein echter bulgarischer Schnaps oder ein kleines Fläschchen Rosenöl bieten sich als Mitbringsel an. Musikfreunde können Erinnerungen an bulgarische Volksmusik, aber auch mittelalterliche Kirchenmusik, in Form von CD's, Schallplatten oder Musikkassetten mitnehmen.

Elektrizität

Die Stromspannung beträgt 220 V Wechselstrom. Ein Adapter ist nur noch in wenigen Ausnahmefällen notwendig.

Feste und Feiertage

Als gesetzliche Feiertage gelten neben Ostern und Weihnachten der 1. Januar, der 1. Mai sowie der 3. März, der als Nationalfeiertag an die Befreiung von den Osmanen erinnert. Am 24. Mai wird in Erinnerung an die Heiligen Kyrill und Method der Tag der Kultur gefeiert.

Hinzu kommen viele traditionelle Feste, die jedoch keine nationalen Feiertage sind, s. S. 51.

Fotografieren

Fotofreunde sollten sich von zuhause genügend Filmmaterial und Batterien mitnehmen. Zwar wird zunehmend westliches Filmmaterial angeboten, eine flächendeckende Versorgung ist aber bei weitem noch nicht gewährleistet.

Für das Fotografieren gelten die üblichen Regeln der **Wahrung der Privatsphäre** anderer Personen. Vor allem in Regionen mit moslemischer Bevölkerung ist besondere Zurückhaltung geboten.

In **Museen** und **Kirchen** herrscht meist strenges Fotografierverbot. In **Moscheen** ist das Fotografieren zwar in der Regel erlaubt, dennoch sollte man vorher auf jeden Fall anfragen. Wie überall dürfen **militärische Anlagen** nicht fotografiert werden.

Geld und Geldwechsel

Währungseinheit ist der *Lev:* 1 *Lev* sind 100 *Stotinki*. Seit einiger Zeit ist der Lev fest an die DM gebunden, 1 DM = 1000 Leva.

Geldwechsel ist in allen Banken, an den meisten Hotelrezeptionen und in zahlreichen Wechselstuben möglich. Die Unterschiede sind minimal, der aktuelle Wechselkurs hängt zumeist aus.

Da keine Beschränkungen mehr existieren, ist **Schwarztauschen** nicht mehr lukrativ. Dennoch wird man immer noch oft auf der Straße angesprochen; phantastische Kurse werden angeboten, bei denen es sich aber nur um Betrugsmanöver handelt. Vorsicht ist also geboten!

In den großen Hotels kann man die internationalen **Kreditkarten** benutzen. Euro- oder Reiseschecks werden nicht überall akzeptiert. Schrittweise setzen sich Geldautomaten durch, an denen man mit seiner gewohnten Karte Geld in der Landeswährung abheben kann.

Gesundheit

Trotz ständiger Warnungen stellt **Sonnenbrand** immer noch die verbreitetste Gesundheitsschädigung im Urlaub dar. Denken Sie daran, daß vor allem am Wasser die Strahlung sehr intensiv ist und besonders in den ersten Tagen des Urlaubs erhöhte Zurückhaltung beim Sonnenbaden angebracht ist. Fast überall können Sonnenschirme ausgeliehen werden, unerläßlich ist ein Sonnenschutzmittel mit hohem Lichtschutzfaktor. Benutzen Sie es häufig!

Die medizinische Versorgung in Bulgarien ist gut. Jedoch müssen Sie Medikamente, auf die Sie ständig angewiesen sind, mitnehmen, da nicht alle westlichen Produkte vorrätig sind.

Karten

Das zur Zeit erhältliche Kartenmaterial über Bulgarien ist für die eigene Routengestaltung nur bedingt geeignet. Kleinere Orte und Sehenswürdigkeiten sind häufig nicht eingetragen, der Veränderung von Städtenamen und Straßennamen ist oft nicht Rechnung getragen worden. Das gleiche gilt für Wanderkarten. Doch die alten Bezeichnungen sind den Einheimischen so vertraut (z. B. Lenin-Str. oder Karl-Marx-Boulevard), daß man sich auf Nachfrage immer orientieren kann.

Wer mit dem Auto unterwegs ist, wird abseits der Hauptstrecken auf Straßenschilder in kyrillischer Schrift treffen. Grundkenntnisse der kyrillischen Buchstaben sind also hilfreich (s. S. 218).

Kirchen- und Klosterbesuche

Beim Besuch religiöser Stätten sollte man die **Moralvorstellungen der orthodoxen Kirche** berücksichtigen: Strandkleidung, kurze Hosen und ausgeschnittene Blusen sind für einen Kirchenbesuch nicht geeignet. Die anwesenden Gläubigen nicht bei ihrer Andacht zu stören, ist selbstverständlich. Das Allerheiligste hinter der Ikonostase darf nicht betreten werden. Viele Kirchen und Klöster erwarten eine kleine Spende im Opferstock.

Für **Moscheen** gilt im Prinzip dasselbe. Hier muß man die Straßenschuhe ausziehen, will man sich den Gebetsraum ansehen. Frauen müssen eine Kopfbedeckung tragen.

Seit kurzem sind viele der weniger besuchten Kirchen geschlossen, da der Ikonendiebstahl immens zugenommen hat. Man sollte also nicht immer damit rechnen, in jede Sehenswürdigkeit Einlaß zu finden. Meist ist jedoch ein ›Schlüsselverwahrer‹ in nächster Nähe zu finden und öffnet gerne die Tür. Ein kleines Trinkgeld ist dann selbstverständlich.

Nachtleben

In den Touristenzentren haben seit einigen Jahren die Angebote des Nachtlebens zugenommen. Neben Folkloreveranstaltungen, Kinoabenden, Essen am Lagerfeuer stehen Tanzen und Musikaufführungen im Vordergrund. Dies trifft sowohl auf viele Restaurants zu, als auch auf die zahlreichen Diskotheken, die bis in den frühen Morgen hinein geöffnet haben.

Im Landesinneren ist davon aufgrund des geringeren Tourismus wenig zu spüren. Jedoch spielen in vielen Hotels abends Musikgruppen (Folklore und internationale Popmusik). Da kommen dann auch Tanzfreunde zu ihrem Recht.

Notruf

In Notfällen wenden Sie sich am besten an eine Hotelrezeption, da hier die geringsten Verständigungsprobleme zu erwarten sind. Dort kann man Ihnen am besten weiterhelfen.

Die landesweiten Notrufnummern lauten:

Polizeinotruf ☏ 1 66
Unfallrettung ☏ 1 50

Öffnungszeiten

Verbindliche Öffnungszeiten gibt es nicht: Sie sind landesweit nicht einheitlich. Normalerweise sind die Läden werktags von 9–13 und 15–18 Uhr geöffnet, z. T. aber auch durchgehend bis 20 Uhr.

Banken haben meist Mo–Fr, 9–12 und 15–17 Uhr geöffnet, manche Wechselstuben sind durchgehend bis zum Abend geöffnet.

Auch bei den **Museen** unterscheiden sich die Öffnungszeiten. Man kann von einer Kernzeit am Vormittag zwischen 9 und 12 Uhr und am Nachmittag zwischen 14 und 17 Uhr ausgehen. Die meisten Museen sind montags geschlossen.

Post und Telefon

Post nach Westeuropa ist im allgemeinen eine Woche unterwegs, rechtzeitiges Schreiben ist also angesagt, will man nicht die eigene Postkarte einholen. Aus diesem Grunde hat auch das Nachsenden von Zeitungen wenig Sinn.

Von der Hotelrezeption aus kann man direkt in alle Welt telefonieren. Das ist allerdings erheblich teurer als im Postamt. Mehr und mehr setzen sich öffentliche Telefone mit Telefonkarten durch. Zu beachten ist dabei,

daß unterschiedliche Systeme miteinander konkurrieren, die Telefonkarte der einen Gesellschaft nicht im Apparat der anderen Gesellschaft verwendet werden kann.

Telefonkarten sind in zahlreichen Geschäften erhältlich. Mit einer Karte kostet zur Zeit ein Telefongespräch nach Deutschland ca. 3 DM pro Minute.

Vorwahlnummern in Bulgarien nach

Deutschland	00 49
Österreich	00 43
in die Schweiz	00 41

Vorwahlnummern nach Bulgarien

Bulgarien	0 03 59
Sofia	0 03 59-2
Plovdiv	0 03 59-32
Varna	0 03 59-52
Burgas	0 03 59-56
Albena	0 03 59-5 72 26
Goldstrand	0 03 59-52
Sonnenstrand	0 03 59-5 54

Radio

Täglich werden vom bulgarischen Rundfunk kurze Sendungen in deutscher Sprache ausgestrahlt. Ansonsten ist man auf die *Deutsche Welle* über Kurzwellensender angewiesen.

Taxi

Taxifahren ist im Normalfall weitaus billiger als bei uns. Wie vielerorts befinden sich jedoch sehr viele schwarze Schafe unter den Taxifahrern, die von Touristen astronomische Preise verlangen. Fragen Sie also vorher nach dem Preis oder lassen Sie sich von ihrer Hotelrezeption ein zuverlässiges Taxiunternehmen rufen.

Trinkgelder

Wie mittlerweile überall auf der Welt werden bei vielen Dienstleistungen Trinkgelder erwartet. Angemessen sind 5–10 % des Rechnungsbetrages bei zufriedenstellenden Dienstleistungen.

Verhaltensregeln

Daß man als Tourist in einem fremden Land Gast ist und nicht König, d. h. Kultur und Sitte des Gastlandes respektieren sollte, darf als selbstverständlich vorausgesetzt werden.

In einem Land, in dem das monatliche Einkommen umgerechnet oft nur 50 bis 100 DM beträgt, sollte man bedenken, was es für das Selbstwertgefühl der Menschen dort bedeutet, wenn prahlerisch und gedankenlos hohe Geldsummen ausgegeben werden. Ein wenig Zurückhaltung in der Öffentlichkeit ist daher angebracht.

Zeit

In Bulgarien gilt die Osteuropäische Zeit, die der Mitteleuropäischen Zeit eine Stunde voraus ist. Ist es bei uns 8 Uhr, so ist es in Bulgarien bereits 9 Uhr. In der Regel beginnt und endet die Sommerzeit wie bei uns.

Zeitungen

Eine geringe Auswahl deutschsprachiger Zeitungen ist in allen großen Seebädern am Schwarzen Meer erhältlich. Das gleich gilt für Sofia und Plovdiv. Abseits dieser Touristenzentren sollte man auf gedruckte deutschsprachige Zeitungen nicht hoffen.

GLOSSAR

Erläuterung von Fach- und fremdsprachigen Begriffen

Apside: Halbrunder oder vieleckiger Raum am östlichen Ende (Apsis) einer Kirche

Bedesten: Überdachter (türkischer) Markt

Bogomilen: Anhänger einer Sekte, die sich gegen die orthodoxe Lehre stellte und Ideen des Urchristentums vertrat

Bojaren: Adlige Großgrundbesitzer, die im Mittelalter zur Führungsschicht des Landes zählten

Chan/Khan: Herrschertitel im Ersten Bulgarischen Reich, ab Simeon (893–927) dann Zar

Christus Pantokrator: In der byzantinischen Kunst Darstellung Christi als Weltenherrscher

Deesis: (griech. ›Gebet‹); Christus zwischen Jungfrau Maria und Johannes dem Täufer, die für die Menschen Fürbitte einlegen

Derwische: Mitglieder eines islamischen Ordens, der bei uns vor allem für seine ekstatischen Drehtänze bekannt ist

Dromos: Ein oft mehrere Meter langer Gang, der zur Grabkammer thrakischer Gräber führt

Eparchie: Diözese (kirchliches Amtsgebiet) der Ostkirche

Exarch: In der orthodoxen Kirche der Vertreter des → Patriarchen

Gagausen: Eine türkischsprachige Minderheit orthodoxen Glaubens, deren Vertreter nur noch in wenigen Dörfern im Nordosten Bulgariens leben

Han: Türkischer Rastplatz, der Karawanen Unterkunft und Schutz bot

Heiducken: Von Romantik umwobene ›Partisanen‹, die gegen die osmanische Herrschaft kämpften

Hypokausten: Römische Gebäudeheizung, die mit Hilfe von Heißwasserleitungen unterhalb des Fußbodens funktionierte

Ikonostase: In der orthodoxen Kirche eine mit Ikonen verkleidete Trennwand zwischen Hauptschiff und Chorraum

Katholikon: Das Hauptschiff einer orthodoxen Kirche

Konak: Osmanisches Amtsgebäude

Kreuzkuppelkirche: Frühchristliche Kirchenbauweise mit mehreren Kuppeln über dem Grundriß eines griechischen Kreuzes

Krypta: Gewölbe unterhalb einer Kirche, das früher als Grabstätte für Heilige diente

Lünette: Halbkreisförmiges , oft dekoriertes Feld über einer Tür oder einem Fenster

Medrese: Eine islamische Schule, die meist einer Moschee angegliedert ist

Narthex: Durch Säulen, Gitter oder eine Wand abgetrennte Vorhalle der byzantinischen Kirche

›Nationale Wiedergeburt‹: Zeit der Selbstbesinnung auf die eigene Nation am Ende der osmanischen Herrschaft (ca. 1750–1878)

Opus mixtum: Mauerwerk aus verschiedenen Steinarten (meist kleine Natursteine und Ziegelsteine)

Orthodoxie: (›Rechtgläubigkeit‹) Die seit 1054 von der römischen

Kirche getrennten Ostkirchen verstehen sich als rechtgläubig im Sinne der auf dem 2. Konzil von Nikäa (787) fixierten Lehrmeinung

Patriarch: Innerhalb der Ostkirchen Titel des obersten orthodoxen Geistlichen

Pomaken: Angehörige einer bulgarischen Minderheit, die zum Islam übergetreten ist

Protobulgaren: Stammesgemeinschaft, deren Wurzeln in Asien liegen und die zusammen mit den Hunnen nach Westen zogen und dort zu den ›Gründungsvätern‹ Bulgariens zählten

Rotunde: Zentralbau mit kreisförmigem Grundriß

Tschardak: Offene Veranda an einem Wohnhaus

Vojnik-Dörfer: Dörfer, die während der osmanischen Herrschaft besondere Aufgaben wahrnehmen mußten (z. B. Belieferung der Armee), dafür aber Privilegien (z. B. Selbstverwaltung) genossen

ABBILDUNGSNACHWEIS

REGISTER

Personen

Orte

DUMONT
REISE-TASCHENBÜCHER

»Was den DUMONT-Leuten gelungen ist: Trotz der Kürze steckt in diesen Büchern genügend Würze. Immer wieder sind unerwartete Informationen zu finden, nicht trocken eingestreut, sondern lebhaft geschrieben... Diese Mischung aus journalistisch aufgearbeiteten Hintergrundinformationen, Erzählung und die ungewöhnlichen Blickwinkel, die nicht nur bei den Farb- und Schwarzweißfotos gewählt wurden – diese Mischung macht's. Eine sympathische Reiseführer-Reihe.«

Südwestfunk

»Zur Konzeption der Reise-Taschenbücher gehören zahlreiche, lebendig beschriebene Exkurse im allgemeinen landeskundlichen Teil wie im praktischen Reiseteil. Diese Exkurse vertiefen zentrale Themen der Geschichte, Kunst und des sozialen Lebens und sollen so zu einem abgerundeten Verständnis des Reiselandes führen.«

Main Echo

Weitere Informationen über die Titel der Reihe DUMONT Reise-Taschenbücher erhalten Sie bei Ihrem Buchhändler oder beim DUMONT Buchverlag • Postfach 10 10 45 • 50450 Köln
http://www.dumontverlag.de

DUMONT

RICHTIG-REISEN

»Den äußerst attraktiven Mittelweg zwischen kunsthistorisch orientiertem Sightseeing und touristischem Freilauf geht die inzwischen sehr umfangreich gewordene, blendend bebilderte Reihe ›Richtig Reisen‹. Die Bücher haben fast schon Bildbandqualität, sind nicht nur zum Nachschlagen, sondern auch zum Durchlesen konzipiert. Meist vorbildlich der Versuch, auch jenseits der ›Drei-Sterne-Attraktionen‹ auf versteckte Sehenswürdigkeiten hinzuweisen, die zum eigenständigen Entdecken abseits der ausgetrampelten Touristenpfade anregen.«
Abendzeitung, München

»Die Richtig Reisen-Bände gehören zur Grundausstattung für alle Entdeckungsreisenden.«
Ruhr-Nachrichten

»Zum einen bieten die Bände der Reihe ›Richtig Reisen‹. dem Leser eine vorzügliche Einstimmung, zum anderen eignen sie sich in hohem Maß als Wegweiser, die den Touristen auf der Reise selbst begleiten.«
Neue Zürcher Zeitung

Weitere Informationen über die Titel der Reihe DUMONT Richtig Reisen erhalten Sie bei Ihrem Buchhändler oder beim DUMONT Buchverlag • Postfach 10 10 45 • 50450 Köln
http://www.dumontverlag.de

DUMONT KUNST-REISEFÜHRER

Ingrid Nowel
Berlin
Vom preußischen Zentrum zur Weltmetropole –
Architektur und Kunst, Geschichte und Literatur

Der Klassiker – neu in Form: »Man sieht nur, was man weiß« – wer gründlich informiert reisen will, greift seit Jahren aus gutem Grund zu den DUMONT Kunst-Reiseführern. Seit 1968 setzen die DUMONT Kunst-Reiseführer Maßstäbe mit sorgfältig recherchierten Informationen von erfahrenen Autoren. Die neue Gestaltung ist übersichtlicher – die Qualität ist geblieben.

»…brillante Fotografien, detaillierte Zeichnungen und farbige Karten machen den neuen zu einem würdigen Nachfolger des alten Kunst-Reiseführers. Wer ihn benutzt, wird keinen zusätzlichen Museumsführer oder Ortsplan brauchen. Der gelbe Teil mit reisepraktischen Tips wurde ausgeweitet.« *Die Zeit*

»…besser kann ein Kunst-Reiseführer heute nicht sein.« *FAZ*

Ernst Badstübner
Brandenburg
Das Land um Berlin –
Kunst und Geschichte zwischen Elbe und Oder

Walter Pippke · Ida Leinberger
Gardasee
Verona · Trentino
Kunst und Geschichte im Zentrum des Alpenbogens

Susanne Tschirner
Elsaß
Fachwerkdörfer und historische Städte, Burgen und Kirchen im Weinland zwischen Rhein und Vogesen

Arnold Betten
Marokko
Antike, Berbertraditionen und Islam –
Geschichte, Kunst und Kultur im Maghreb

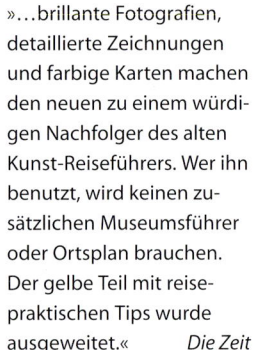

Klaus Zimmermanns
Venetien
Die Städte und Villen der Terraferma

Weitere Informationen über die Titel der Reihe DUMONT Kunst-Reiseführer erhalten Sie bei Ihrem Buchhändler oder beim DUMONT Buchverlag • Postfach 10 10 45 • 50450 Köln
http://www.dumontverlag.de

DUMONT *VISUELL*-REISEFÜHRER

VERZEICHNIS DER KARTEN & PLÄNE

Sofia

1	Banja-Baschi-Moschee	17	Kunstgalerie Kyrill und Method
2	Zentrale Markthalle	18	Universität
3	Synagoge	19	Nationalbibliothek Kyrill und Method
4	Mineralbad		
5	ZUM	20	Vassil-Levski-Denkmal
6	Sveta Petka Samardshiska	21	Gebäude des hl. Synod
7	Sveti Georgi	22	Sveta Sophia
8	Sveta Nedelja	23	Sveti Nikolai
9	Theologische Akademie	24	Naturkundemuseum
10	Nationalmuseum für Geschichte	25	Kunstgalerie und Ethnographisches Museum
11	Städtische Kunstgalerie	26	Archäologisches Nationalmuseum
12	Nationaltheater Ivan Vasov		
13	Denkmal der Befreier	27	Kulturpalast
14	Volksversammlung	28	Telefon- und Telegraphenamt
15	Akademie der Wissenschaften	29	Hauptpostamt
16	Alexander-Nevski-Kathedrale	30	Opernhaus